Beck'sche Reihe
BsR 487

Dieses kleine Lexikon – das erste seiner Art – verzeichnet Hunderte von Wörtern, die seit dem Ausgang des 18. Jahrhunderts aus der deutschen Sprache verschwunden sind. Es gibt dem Leser Auskunft über die einstige Bedeutung der Wörter und geht den Gründen für ihren Untergang nach. Der erfolgreiche Band wird hier in neuer Ausstattung in der Beck'schen Reihe vorgelegt.

Pressestimme zur ersten Auflage:

Nabil Osmans kleines Lexikon ... ist nicht nur gut für deutsche Seminaristen und schon gar nicht gemacht, um in Bibliotheken vergessen zu werden. Es gehört in die Hand eines jeden, der heute Deutsch schreibt oder Deutsch zu sprechen versucht, wenn immer dieser Wert darauf legt, die Sprache seines geschäftlichen Alltags, dieses Konsumdeutsch, durch Einfälle barocker und biedermeierlicher Bildhaftigkeit zu vitalisieren. Besonders jungen Müttern sei es empfohlen, damit sie ihren Söhnen und Töchtern, wenn diese zu lallen anfangen, ein paar Worte beibringen können, die nicht alle in den Mund nehmen, abgesunkene Wörter, seltene, vornehme Wörter, für Urin „Kammerlauge" zum Beispiel oder „Quarre" für Schreihals.
Die Zeit

Nabil Osman, geb. 1934, studierte Deutsche Philologie in München. Er ist heute Leiter des Usrati-Instituts für Arabisch in München.

Kleines Lexikon untergegangener Wörter

Wortuntergang seit dem Ende des 18. Jahrhunderts

Herausgegeben von
Nabil Osman

VERLAG C.H.BECK MÜNCHEN

Die Deutsche Bibliothek – CIP-Einheitsaufnahme

Osman, Nabil:
Kleines Lexikon untergegangener Wörter : Wortuntergang seit dem Ende des 18. Jahrhunderts / hrsg. von Nabil Osman. – 6., unveränd. Aufl. – München : Beck, 1992
(Beck'sche Reihe ; 487)
ISBN 3 406 34079 2
NE: HST; GT

ISBN 3 406 34079 2

Sechste, unveränderte Auflage. 1992
Einbandentwurf von Uwe Göbel, München

Gesamtherstellung: C.H. Beck'sche Buchdruckerei, Nördlingen
Printed in Germany

INHALTSVERZEICHNIS

VORBEMERKUNG

Der Großstädter, durch die Straßen bummelnd, findet an dieser oder jener Ecke den Glanz eines neuen Geschäfts. Er vergißt zu fragen, was da gestern war, wer da hat räumen, ausziehen müssen. Er erinnert sich nicht mehr und plagt sich nicht mit der *„recherche du temps perdu"*. Von dem *„De mortuis nil nisi bene"* gilt oft nur das *„nil"*, der unbemerkte Untergang.

Seit der Wende in der Sprachwissenschaft, die sich zu Beginn unseres Jahrhunderts gleichzeitig mit vielen Neuanfängen in den Künsten und Wissenschaften vollzog, ist viel vom *Leben* der Wörter die Rede. Die alte Auffassung war historisch, und wo sie sich der Bilder bediente, herrschte der Pflanzenvergleich oder die Flußmetapher. Man ging bis auf die *Wurzel* oder auf die *Quelle* zurück. Wörter und Formen waren eigenständige Wesen, deren Dasein bis in die Vorzeit zurückzuverfolgen war, bis zu den erschlossenen Ur-Vokabeln der Indogermanen. *„So gelangen wir zum Ansatz der beiden Wurzeln germ. *gē, *gāi, idg. *ghē, *ghēi, haben es also mit einer urspr. auf -ei ausgehenden Wz. zu tun."* Diese Wurzeln oder Stämme entwickelten sich, lebten durch die Jahrhunderte weiter bis auf den heutigen Tag, welkten nicht, starben höchstens aus oder ab; aber die Gelehrten nahmen ihre eigenen Vergleiche nicht recht ernst, und gewiß waren sie weit davon entfernt, bei ihrem etymologischen Bemühen in den Wörtern Lebewesen zu sehen.

Die *„biologie des mots"* war also wirklich ein neuer Ansatz, und wenn vorher Wurzeln und Stämme als blasse Abstrakta sich entwickelten und kreuzten, so gab es nun zum erstenmal ein urwaldartiges Gedränge und Geschlinge, einen Darwinschen Kampf der Wörter um ihr Dasein, Aufblühen, Wuchern, Überwältigung, Verdrängung und Erstickungstod.

Es liegt in der Natur der Sache (oder: in der Natur der Menschen), daß auch bei dieser Neuorientierung das Leben stärker in den Blick rückte als der Tod, daß *Neu*bildungen, *Neu*-Übernahmen, *neue* Zusammensetzungen das Interesse stärker auf sich zogen und ziehen als die schwer zu verfolgenden Vorgänge des

Verdrängt-Werdens und Erlöschens. Der Wort-Tod vollzieht sich abseits, undramatisch, un-tragisch erst recht. Eines Tages sind die Wörter ‚verschollen', wie jenes Verbum ‚verschallen' selbst, von dem allein das Partizip übriggeblieben ist. Neue Modewörter überschwemmen unsere Redeweise, aber die Modewörter von gestern gehen klaglos zum Orkus hinab.

Es ist zunächst eine sprachwissenschaftliche Neugier, die solches Absterben nicht auf sich beruhen läßt. So ist die vorliegende Abhandlung entstanden, neben wenigen anderen Versuchen, ausgestorbene Wörter oder Wortbildungen lexikalisch zu erfassen. Aber das Interesse reicht weiter, geht von den Wörtern zu den Sachen über, die sie bezeichnen, von den Sachen zu den Mentalitäten, die sich im Wählen und Verwerfen, im Vorziehen und Vernachlässigen, in der bewußten oder fahrlässigen oder unbemerkten Entscheidung für oder wider enthüllen.

Die Wortgeschichte wird zur Kulturgeschichte, der Untergang von Worten zum Epochenspiegel. Gewiß ist nicht alles Sprachliche über sich selbst hinaus bedeutsam; überall wo wir hinblicken, gibt es ein Nebeneinander von Bildungen, ein Luxurieren von Formen, ein Überfließen, das durch eine Art innersprachliches Ausscheidungsverfahren bereinigt wird. So hat es neben der ‚Länge', ‚Kürze', ‚Größe' auch die ‚Kleine', die ‚Kläre' und die ‚Schöne' gegeben; sie verschwanden, weil alle drei Formen offenbar zur Verwechslung Anlaß gaben: statt des Abstraktums konnte eine Dame gemeint sein. In der diagnostischen Sprache dieses Buches heißt das: Wortuntergang Homonymie. Der Linguist ist ein verspäteter Arzt, der nachträglich den Totenschein ausstellt.

Interessanter sind die Fälle, wo der Geschmack, die Mode, der ‚Zeitgeist' wirksam werden. Ich greife aus der Fülle der Beispiele, die der Autor zusammengetragen hat, nur einen Fall heraus: den Sieg von ‚abergläubisch' über ‚abergläubig' (S. 20 f.). Eigentlich sah es so aus, als ob ‚abergläubisch' sterben müßte. Adelung war für -ig, da man ja auch *gläubig, kleingläubig, ungläubig* sage. Campe bemerkte, *abergläubisch* sei wie viele andere Beiwörter auf -isch ‚gemein und niedrig'. Das ist höchst interessant, es gab Standesunterschiede bei den Nachsilben wie zwischen Adligen, Bürgern und Bauern. Adelung wiederum glaubte, daß -isch dasselbe sei wie -ig oder -icht, nur sei das Suffix in eine ‚zischende Mundart' übergegangen. *„Um des wid-*

rigen Zischlautes ... willen vertauscht man in der edlern Schreib- und Sprechart diese Ableitungssilbe, wo man kann, gern mit anderen" besonders mit -ig, weil die Suffixe auf -ig ‚edler' und ‚wohlklingender' seien. Weil *abergläubisch* aber offensichtlich weiterexistierte, wurde dann die ingeniöse Unterscheidung getroffen, daß ‚abergläubig' auf Personen, ‚abergläubisch' auf Sachen anzuwenden sei. Man könnte kühn behaupten, daß Adelungs Adelungsversuch an der Französischen Revolution und ihren Folgen gescheitert sei, die Victor Hugo bekanntlich so umschrieben hat: *„J'ai mis un bonnet rouge au vieux dictionnaire."* – Wahrscheinlicher ist aber, daß die pejorative Endung -isch (kindisch gegen kindlich, weibisch gegen weiblich, herrisch gegen herrlich, hämisch, zänkisch usw.) an der verächtlichen Sache Aberglaube hängen blieb, während eben diese geächtete Suffix im Wissenschaftsbereich mit den zahllosen Bildungen des Typus ‚logisch' eine neue steile Karriere begann.

Nicht ganz nebensächlich ist, daß der Autor dieser Sammlung ein junger Ägypter ist, die Arbeit selbst seine Dissertation. Das ist neben vielen anderen ein weiteres erfreuliches Zeichen für die Internationalisierung der Germanistik, die auch in ihrem linguistischen Teilbereich keiner mythischen Bindung an die Muttersprache mehr bedarf. Auch das ‚Sprachgefühl' stellt sich so als diejenige Art von Sprachbeherrschung und Sprachvertrautheit heraus, die durch langen Umgang erworben wird, und was uns durch Geburt und Erziehung in den Schoß fällt (aber besitzen wir wirklich das Ererbte?), kann von anderen durch ‚studium', durch Fleiß und Eifer, durch Beobachtung und Einfühlung erworben werden.

München, März 1971 Werner Ross

VORWORT

Das Problem des Wortunterganges im Deutschen ist sehr stiefmütterlich behandelt.
Mit dem Wortuntergang im Altenglischen beschäftigen sich die vier Kieler Dissertationen von F. Hemken, W. Offe, J. Oberdörffer und F. Teichert.[1] F. Holthausen, der diese Arbeiten angeregt hatte, faßte ihre Ergebnisse in dem Aufsatz „Vom Aussterben der Wörter“ zusammen (GRM, 7,184 ff.). Zwanzig Jahre später nahm K. Jaeschke die Untersuchungen wieder auf.
Arbeiten, die vom Altfranzösischen ausgehen, sind: G. Hopfgarten: Der Untergang altfranzösischer Wörter germanischer Herkunft; R. Ekblom: Etudes sur l'exstinction des verbes au prétérit en -si et en -ui en français; E. Lippold: „Die Gründe des Wortuntergangs“, die den Crestiien-Wortschatz in der französischen Schriftsprache behandelt. Für den Wortuntergang im Deutschen sind einige Arbeiten erschienen, die aber für uns keinen besonderen Wert haben, da sie die untergegangenen Wörter statistisch aufzählen, aber nicht auf die Untergangsgründe eingehen. Diese Arbeiten sind: P. Abel: Veraltende Bestandteile des mhd. Sprachschatzes; A. Vorkampf-Laue: Zum Leben und Vergehen einiger mhd. Wörter; C. Biener: Untergang ahd. Wörter (In: PBB. Bd. 63 und 66).
K. von Bahder behandelt in seiner Arbeit: „Zur Wahl in der frühneuhochdeutschen Schriftsprache“ die Frage nach dem Wortuntergang. Doch ist die Gruppierung seines frühneuhochdeutschen Materials nach bestimmten Untergangsgründen wenig straff durchgeführt. Der älteste Aufsatz über den Wortuntergang ist Adelungs „Von veralteten Wörtern“ in seinem „Magazin für die deutsche Sprache, Ersten Jahrganges, Zweites Stück, 1782“.
Einige wertvolle Bemerkungen zum Problem bringen folgende Arbeiten und Aufsätze: W. Meyer-Lübke: Einführung in die romanischen Sprachen; H. Hirt: Etymologie der neuhochdeut-

[1] Vollständige Literaturangaben sind im Literaturverzeichnis vermerkt.

schen Sprache, S. 246 ff.; P. Porzezinski: Einleitung in die Sprachwissenschaft, S. 167; A. Darmesteter: La vie des mots, dessen dritter Teil „Comment meurent les mots" betitelt ist; O. Behaghel: Die deutsche Sprache, S. 98 ff.; A. Götze: Grundsätzliches zum Absterben von Wörtern; K. Jaberg: Wie Wörter untergehen; A. Kieft: Die Homonymie als Faktor in der deutschen Sprachentwicklung; E. Öhmann: Über Homonymie und Homonyme und Über die Wirkung der Homonyme im Deutschen; E. Gamillscheg: Sprachgeographie, Kap. VII: Homonymie und Wortschwund, Kap. IX: Weitere Gründe für den Wortuntergang, Kap. XI: Ersatzformen für untergehende Wörter; A. Lindqvist: Kultur- und Gesellschaftsleben im Spiegel der Sprache, S. 104 ff.; H. Sperber: Über den Affekt als Ursache der Sprachveränderung; K. Müller-Fraureuth: Die Wiederbelebung alter Wörter; F. Tschirch: Geschichte der deutschen Sprache, S. 140 ff.; F. Panzer: Der deutsche Wortschatz als Spiegel des deutschen Wesens, S. 51 ff.; M. Freudenberger: Beiträge zur Naturgeschichte der Sprache, S. 27 ff.

Die vorliegende Arbeit beruht fast ausschließlich auf lexikalischen Untersuchungen.[2]

Ich wollte mich nicht auf eine bestimmte Wortart beschränken (wie Hemken auf die Substantiva, Offe auf die Verba, Oberdörffer auf die Adjektiva), da dadurch die sonst so eng zusammenhängenden Wortfamilien auseinandergerissen werden. Auch wollte ich nicht die untergegangenen Glossen eines Literaturwerkes untersuchen (wie Lippold den Crestiien-Wortschatz), da dieses ein bestimmtes subjektiv ausgewähltes Wortmaterial behandelt, das nicht unbedingt den charakteristischen Wortschatz einer bestimmten Zeit widerspiegeln muß. Der Vollständigkeit halber bin ich von dem gesamten Wortschatz einer bestimmten Zeit, den Johann Christoph Adelung in seinem „Wörterbuch der Hochdeutschen Mundart"[3] verzeichnet, ausgegangen.

[2] A. Götze (ZfdWf. II,277): „Ein lexikalischer Beleg ist ein Zeugnis über das Vorkommen eines Wortes zu bestimmter Zeit an bestimmtem Orte in bestimmter Bedeutung. Auf die drei Fragen nach Zeit, Ort und Bedeutung gibt der Beleg gewissermaßen passiv, durch seine bloße Existenz, Auskunft".

[3] Meiner Untersuchung lag die Wiener Ausgabe von 1811 in vier Bänden zugrunde. Diese Ausgabe hat den Vorteil, daß sie von Franz Xaver Schönberg nach Adelungs Grundsätzen der Grammatik und Orthographie berichtigt ist. Sie veröffentlicht zugleich Soltaus „Beiträge zur

Was berechtigt uns nun zur Wahl dieses Werkes? Adelungs Wörterbuch ist das bekannteste und zugleich problematischste lexikalische Werk des 18. Jh. Der Verfasser wollte in diesem Werk eine Kodifizierung der deutschen Sprache seiner Zeit geben. Als Vorbild dafür schien ihm die Sprache der gebildeten Stände Obersachsens gültig zu sein. Natürlich stieß Adelung auf den stärksten Widerspruch vieler seiner Zeitgenossen. Klopstock[4] hat ihn stark kritisiert.

Einen heftigen Gegner fand Adelung auch in J. G. Radlof, der gegen ihn einen Aufsatz in dem „Neuen Teutschen Merkur"[5] veröffentlichte. Joachim Heinrich Campe war der gefährlichste Gegner Adelungs. Er ist der einzige unter allen Kritikern, der ihn durch ein neues Wörterbuch zu übertreffen suchte. Von 1807 bis 1811 erschien Campes Konkurrenzunternehmen „Wöterbuch der deutschen Sprache" in Braunschweig, das als ein Gegenstoß gegen Adelungs Wörterbuch gedacht war. Campes Werk hat die Wissenschaftlichkeit und die Bedeutung seines Vorgängers nicht erreicht. Trotz Adelungs Ansichten über das Wesen des Hochdeutschen, die sich störend auf sein Wörterbuch auswirken, fand das Adelungsche Wörterbuch im allgemeinen die Anerkennung seiner Zeit. Auch Adelungs Gegner J. G. Radlof (a. a. O. S. 246) bestätigte die Tatsache: „Bei dem Mangel eines allgemein-deutschen Wörterbuchs war bekanntlich das Meißner Hrn. Adelungs beinahe einziger Rathgeber aller Deutschen. Schriftenbeurtheiler berichtigten danach die Schriftsteller, diese änderten nach dieser und jenes Ansprüchen ihre Werke, wählten und würdigten zum Theil nach ihm die Sprachformen; seit 1780 fertigte man ausländisch-deutsche Wörterbücher aller Art nach demselben, selbst neue Deutsche kündeten, auf jenes bauen wollend, sich an". J. Grimm schrieb später in dem Vorwort zum Deutschen Wörterbuch (S. XXIII): „es ist nicht zu verkennen, ein so durchgearbeitetes und beharrlich ausgeführtes werk über die deutsche sprache war noch nicht vorhanden und konnte des günstigsten eindrucks

Berichtigung des Adelungschen gr.- kr.- Wb", die sich hauptsächlich mit dem Seewesen beschäftigen.

[4] „Grammatische Gespräche", 1774. Drittes Gespräch, S. 48 f. In: Klopstock sämtliche Werke, Bd. IX.

[5] Über Herrn Adelungs Schutzrede gegen Hrn. Voßens Beurtheilung seines Wöterbuches. In: Der Neue Teutsche Merkur, 1804, Dezember, St. 12, S. 246–282.

nicht verfehlen. seine stärke lag in dem bei aller enthaltsamkeit durch große ordnung reich aufgespeicherten, jede vorausgegangene samlung übertreffenden wortvorrat, dann in ruhiger, umsichtiger, mit wolgewählten beispielen ausgestatteter, obschon breiter entfaltung der bedeutungen. alles trägt das gepräge einer ungestörten, gleichmäßigen arbeit."

In der Tat darf man nicht leugnen, daß Adelungs Wörterbuch trotz der störenden These des Hochdeutschen für die damalige Zeit und für den damaligen Zustand Großes geleistet hat, und daß Adelung unter allen Lexikographen seiner Zeit uns das zuverlässigste Zeugnis für den damaligen Sprachgebrauch bietet.

Diese Arbeit beschränkt sich auf Wörter, die seit dem Ausgang des 18. Jh. aus der allgemeinen Schriftsprache verschwunden sind.

Wenn der Leser einigen Stichwörtern begegnet, die in seiner Mundart, in den Fach- und Sondersprachen, in Städte- und Familiennamen, in einigen syntaktischen Fügungen, in Sprichwörtern oder in Redewendungen bis heute fortleben, sollte ihn das nicht stören, da diese Wörter nur sprachliche Versteinerungen sind, die keine Geltung in der allgemeinen Schriftsprache der Gegenwart mehr genießen.

Aus diesem Grund habe ich in meiner Arbeit folgende Wörter aus Adelung aufgenommen:

1. Untergegangene Wörter, die bei Adelung als hochdeutsch bezeichnet sind;
2. Untergegangene Wörter, die bei Adelung als veraltet bezeichnet sind, die aber später als bewußte Archaismen oder parodistische Nachahmungen neu belebt wurden;
3. Untergegangene Wörter, die bei Adelung als veraltet bezeichnet sind, die aber von späteren Wörterbüchern als hochdeutsch angeführt werden;
4. Untergegangene Wörter, die bei Adelung als Dialektwörter bezeichnet sind, die aber später als hochdeutsch belegt sind.

Diese Wahl habe ich vorgenommen, um mit einer gewissen Sicherheit feststellen zu können, daß die von mir herangezogenen Wörter *zur damaligen allgemeinen Schriftsprache* gehörten.

Es wären sicherlich außerordentliche Schwierigkeiten zu überwinden, deren Bewältigung die Möglichkeiten eines einzelnen Bearbeiters erheblich überschreiten, wenn man den gesamten

Wortschatz, der seit dem Ausgang des 18. Jahrhunderts nicht mehr lebendig ist, festlegen wollte.

Dennoch hoffe ich, mit der hier getroffenen Wortwahl den Leser weitgehend zufriedenstellen zu können.

Schließlich sollen die in der Arbeit verwendeten grundlegenden Begriffe kurz definiert werden:

Der Begriff *Untergang* darf hier nicht zu eng gefaßt werden. Wörter wurden als untergegangen betrachtet, wenn sie in den allgemeinen Sprachwörterbüchern nicht vorhanden sind, oder wenn sie dort als veraltet bezeichnet sind, weil veraltete Wörter auch schon erloschen sind und nur noch innerhalb gewisser Kreise, unter besonderen Umständen, auftauchen, d. h. daß sie keineswegs zum allgemeinen hochdeutschen Sprachgut gehören.

In meiner Untersuchung habe ich mich hauptsächlich mit solchen Wörtern befaßt, die in den heutigen allgemeinen Sprachwörterbüchern nicht mehr verzeichnet sind.

Der Begriff *Sache* soll im weitesten Sinn verwendet werden, wie es Meringer im Vorwort zur Zeitschrift „Wörter und Sachen" bestimmt: „Unter Sachen verstehen wir nicht nur die räumlichen Gegenstände, sondern ebenso wohl Gedanken, Vorstellungen, Institutionen, die in irgendeinem Wort ihren Ausdruck finden".

Unter *allgemeiner Schriftsprache* verstehen wir die „auf hochdeutscher Grundlage ruhende, seit dem 14./15. Jahrhundert allmählich entwickelte und im 18. Jahrhundert zu allgemeiner Gültigkeit gelangte nhd. Gemeinsprache, soweit sie heute als Norm für die Schreibenden und unter Umständen auch für die Redenden gilt" (Henzen, Schriftsprache und Mundart, a. a. O. S. 10). Sie ist heute in den verschiedenen allgemeinen Wörterbüchern verzeichnet.

Zum Schluß möchte ich auf die großen Schwierigkeiten hinweisen, die sich einer Beantwortung der Frage nach dem Wortuntergang gegenüberstellen. Wir haben es hier, wie bei allen sprachwissenschaftlichen Problemen mit vielen komplexen Gegenständen zu tun, da das Leben eines Wortes an verschiedenartige Bedingungen geknüpft ist. So kann man nicht in allen Fällen behaupten: diese und nur diese allein ist die einzige Erklärungsmöglichkeit für den Untergang eines Wortes. Oft treten mehrere Untergangsmöglichkeiten nebeneinander auf, die nicht immer einander auszuschließen brauchen. Um mit einer gewissen Sicherheit diese Gründe zu erkennen, verlangt Jaeschke (a. a. O. S. 82):

„die Herkunft des Wortes, seine Stellung innerhalb der Wortsippe, seine geographische Verbreitung, seine genaue lautliche, auch dialektische, Entwicklung in allen ihren Übergangsstufen, mit ungefährer Angabe, wann diese Stufen erreicht sind, seine ursprüngliche Bedeutung, seine etwaige Bedeutungsentwicklung, auch in den Dialekten, mit Angabe der vorherrschenden Bedeutung in den einzelnen Zeiträumen, unter gleichzeitiger Scheidung der vorherrschenden von den gelegentlichen Bedeutungen, seine Beeinflussung, sei es in formaler, sei es in semasiologischer Hinsicht, durch gleichklingende, ähnlichklingende, sinnesgleiche, sinnesähnliche oder überhaupt irgendwelche Wörter der eigenen oder einer fremden Sprache, der Umgang seines Gebrauches bei verschiedenen Schriftstellern, unter Berücksichtigung des Gebrauches der entsprechenden einheimischen oder entlehnten Synonyme bei den gleichen Schriftstellern, der ungefähre Zeitpunkt seines Absterbens, endlich die genaue geographische Bestimmung seines dialektischen Weiterlebens, unter gleichzeitiger Angabe seiner Lautgestalt und seiner Bedeutung". Erst mit der Erfüllung dieser Bedingungen könnte man die Untergangsgründe des verschollenen Sprachgutes genauer festlegen. Das wäre eine der wichtigsten Aufgaben einer deutschen Sprachakademie.

ABKÜRZUNGEN UND ZEICHEN

I. Abgekürzt zitierte Bücher und Zeitschriften

AASF	=	Annales Academeiae Scientiarum Fennicae
ADS	=	Allgemeiner Deutscher Sprachverein
Aufriß	=	Dt. Philologie im Aufriß, hrsg. v. F. Maurer u. F. Stroh
Du.	=	Duden
DWb.	=	Deutsches Wörterbuch von Jacob Grimm und Wilhelm Grimm
GRM	=	Germ.-Roman. Monatsschrift
P./B.	=	Paul, H.: Deutsches Wörterbuch, bearbeitet von W. Betz
PBB	=	(Pauls u. Braunes) Beiträge z. Gesch. d. dt. Spr. u. Lit.
Tr. Wb.	=	Trübners deutsches Wörterbuch
Wb. d. Ggw	=	Deutsches Wörterbuch der Gegenwartssprache
ZfdPh	=	Zs. f. dt. Philologie
ZfdWf.	=	Zs. f. dt. Wortforschung
ZfdSpr.	=	Zs. f. dt. Sprache.

Adj.	=	Adjektiv	n.	=	neutral
Adv.	=	Adverb	nd.	=	niederdeutsch
ahd.	=	althochdeutsch	N.D.	=	Niederdeutsch (bei Campe)
Akk.	=	Akkusativ	nhd.	=	neuhochdeutsch
Dat.	=	Dativ	Nom.	=	Nominativ
dt.	=	deutsch	obd.	=	oberdeutsch
eng.	=	englisch	O.D.	=	Oberdeutsch (bei Campe)
f.	=	fehlt	O.S.	=	Obersächsisch (bei Campe)
frz.	=	französisch	Pl.	=	Plural
Gen.	=	Genitiv	Präp.	=	Präposition
germ.	=	germanisch	refl.	=	reflexiv
got.	=	gotisch	s.	=	siehe
hd.	=	hochdeutsch	S.	=	Seite
idg.	=	indogermanisch	ugs.	=	umgangssprachlich
Inf.	=	Infinitiv	vlt.	=	veraltet
Ind.	=	Indikativ	v.	=	Verb
lat.	=	lateinisch	Wb.	=	Wörterbuch
m.	=	maskulin	vgl.	=	vergleiche
mhd.	=	mittelhochdeutsch	Zs.	=	Zeitschrift

II. Erklärung der Zeichen

a) Bei Campe

(+) „Landschaftliche Wörter, (wozu wir auch die den Gewerben eigentümlichen Kunstwörter rechnen), welche entweder von guten Schriftstellern verdienter oder unverdienter Weise, gebraucht worden sind, oder auch, noch ungebraucht, der Einführung in die Schriftsprache werth zu sein scheinen, z. B. drall von Lessing, risch von Bürger, pladdern, das Geräusch eines starken Regens ausdrücken:
Wenn's pladdert und gießet, wenn es stürmet und kracht. Wenn der Gebrauch solcher landschaftlicher Wörter nicht mehr selten ist, so bleibt die Bezeichnung weg, und sie treten in die Reihe gewöhnlicher Wörter, wie z. B. lullen, einlullen, düster, stracks, flugs, usw."

(*x*) „Niedrige, aber deswegen noch nicht verwerfliche Wörter, weil sie in der geringern (scherzenden, spottenden, launigen) Schreibart, und in der Umgangssprache brauchbar sind, z. B. Schnickschnack, von Lessing, beschlappern, von Goethe gebraucht".

(–) Vom Autor vor Zitate gesetzt bedeutet: „schriftsprachlich".

(*) Veraltete Wörter, „die aber entweder von guten Schriftstellern schon wieder erneuert worden sind, oder die Erneuerung zu verdienen scheinen".

b) Bei Adelung

(*) Wörter, die mit einem Stern versehen sind: „ungewöhnlich".

(†) Wörter, die durch ein Kreuz markiert sind: „niedrig", d. h. sie gehören zu der niederen außermeißnischen Umgangssprache.

WÖRTERVERZEICHNIS

A

abergläubig abergläubisch

Adelung 1,31 bevorzugt diese Lautform und rechtfertigt sie folgendermaßen: so wie man gläubig, kleingläubig, ungläubig sagt, so sollte man doch abergläubig und nicht abergläubisch sagen. Abergläubisch ist wie viele andere Beywörter auf -isch wenigstens gemein und niedrig.

Heynatz 1,15: abergläubig ist Oberdeutsch. Die Niederdeutschen Sprachlehrer sind theils für abergläubig, wie Adelung, theils für abergläubisch, welches den Gebrauch der besten Schriftsteller auf seiner Seite hat. – Campe (Verdeutschungswb. unter *superstitiös*): abergläubig und abergläubisch. Ad. verwirft diese letzte: ... „Abergläubisch ist, wie viele andere Beiwörter auf- isch wenigstens gemein und niedrig". Ich stimmte ehemals in dieses Urtheil mit ein, aber ein minder bekannter, als verdienter Sprachforscher in Schwaben, Gerstner, überzeugte mich, daß es ein Irrthum sei ... Der Unterschied wäre also überhaupt der: abergläubig kann nur von Menschen, abergläubisch aber kann von Menschen und muß von Dingen gebraucht werden. – Oertel 1,9: dem Ab. ergeben, im Abg. gegründet. Beides zeigt etwas Tadelhaftes an. Andere wollen abergläubig nur von Menschen, abergläubisch von Menschen und Sachen gebraucht wissen. – DWb. 1,32: *superstitiosus* ... auch bei Herder. mehr aber im gebrauch ist das folgende *(abergläubisch)*. – DWb. ²1,199: in jüngster sprache neben *abergläubisch* ungebräuchlich.

Untergangsgrund: Der abschätzige Charakter des Suffixes *-isch* bildete sich im 18. Jh. voll heraus (vgl. Henzen, Wortbld. § 132; Fr. Kainz in: Dt. Wortgesch. II,197). Adelung (Wb. 2,1399 ff.) ist der Meinung, dieses Suffix vereinige die Bedeutung der Suffixe *-ig, -icht, -lich*, es sei nichts anderes als die *-ig* und *-icht*, die in eine zischende Mundart übergegangen seien. In der anständigen Schreibart vermeide man diese Ableitungen, die in so vielen Fällen etwas Gemeines und Niedriges hätten. In Adelungs „Magazin für die deutsche Sprache" (4. Stück, S. 69) heißt es: „Um des widrigen Zischlautes ... willen vertauscht man in der edlern Schreib- und Sprechart diese Ableitungssylbe, wo man kann, gern mit andern besonders mit *-ig*, weil die Suffixe auf *-ig* edler und wohlklingender seien. Trotzdem hat sich diese pejorative Wirkung von *-ig* durchgesetzt.

Unter dem Einfluß des unbekannten schwäbischen Sprachforschers Gerstner unterscheidet Campe, wie wir oben gesehen haben, zwischen *abergläubig* und *abergläubisch* folgendermaßen: „abergläubig kann nur von Menschen, abergläubisch aber kann von Menschen, und muß von Dingen gebraucht werden". In seinem Verdeutschungswörterbuch (1813) zitiert Campe folgende Stelle aus der neuesten Ausgabe seiner *Entdeckungen von Amerika*: „Kolumbus abergläubige Gefährten sahen die Entdeckungen dieser Seeungeheuer als Etwas an, welches ihnen bedeute. Aber trotz dieser abergläubischen Furcht aßen sie doch mit großer Gierigkeit davon." So bezeichnet *abergläubig* nur einen spezielleren Begriff (auf die Menschen bezogen), während *abergläubisch* einen generelleren (auf Menschen und Sachen bezogen) hat. Das DWb. ²1,199 kennt diese semantische Unterscheidung: anders als *abergläubisch* wird *abergläubig* von personen gebraucht, seltener mit sachlichem bezug. *abergläubisch* ist also im Gebrauch allgemeiner und hat sich die speziellere Form, die es beinhaltet, assimiliert und überflüssig gemacht.

abfällig abtrünnig

Adelung 1,34 f. verzeichnet es ablehnend: am häufigsten wird dieses Beywort in der figürlichen Bedeutung, und auch hier oft sehr unrichtig gebraucht; z. B. ein Abfälliger in der Religion, von einem, der wirklich abgefallen ist, besser ein Abgefallener.

Heynatz 1,18: ist fast nur in der einzigen Bedeutung noch einigermaßen gebräuchlich, wenn es so viel heißt, als von einem Oberherrn, oder von einer Partei abfallend; er hatte die christliche Religion angenommen, war aber wieder abfällig geworden: (d. i. abgefallen, wie die meisten lieber sagen werden). Wirklich ist das etwas härtere Wort abtrünnig viel gewöhnlicher, und man wird einen Renegaten, viel lieber einen Abtrünnigen, als einen Abfälligen nennen. Ein Abgefallener paßt häufig, aber nicht immer. – Campe und Oertel kennen das Wort in dieser Bedeutung nicht. – DWb. 1,37 führt ältere Belege in der Bedeutung von „abtrünnig, treulos" an. – DWb. ²1,232 bringt einen Beleg

aus dem Jahr 1854: wer dies (den koran halten) nicht thut, in dem sieht er stets einen ... *abfälligen.*
Untergangsgrund: semantischer Übergang (aus dem religiösen in den weltlichen Bereich). *abfallen* in der Bedeutung von „seine Partei verlassen, abtrünnig werden" stammt ursprünglich aus dem religiösen Bereich. Dann ging die Bedeutung des Wortes im 16. Jh. in die weltliche Verwendung „sich von etwas abtrennen" über (s. Tr. Wb. 1,12). Dieses Schicksal hat offensichtlich das davon abgeleitete Adjektiv geteilt. Heute ist das Wort durch *abtrünnig* ersetzt.

Abgängling Abortus
Adelung 1,44 hat das Wort für eine „unzeitige Leibesfrucht" (unter *abgehen*) beiläufig angeführt.
Heynatz 1,23: Opitz sagt Frühgeburt, welches man von Abgängling so unterscheiden könnte, daß die Frühgeburt genug herangereift ist, um beim Leben zu bleiben, der Abgängling hingegen schlechterdings umkommen muß; daher man z. B. wohl sagen kann, König Ludwig der zweite von Ungarn war eine Frühgeburt, aber nicht, er war ein Abgängling. – Campe 1,20: (*x*) eine unzeitig abgegangene Leibesfrucht. – DWb. 1,43: gebrauchen einige von abgegangener unreifer leibesfrucht. – Hyrtl (1884): Der Abortus hat sich im Deutschen nationalisiert. – DWb. ^{2}1,283 zitiert Adelung als letzten Beleg.
Untergangsgrund: Mißlungene Verdeutschung. *Abgängling* ist ein Kunstwort aus der Anatomie. Heute ist es durch das lateinische Wort *Abortus* verdrängt. Das Wort scheint eine mißlungene Verdeutschung zu sein. Im 16. und 17. Jh. wurden die großen epochemachenden Werke der Anatomie ins Deutsche übertragen. Hyrtl (Die alten deutschen Kunstworte der Anatomie. 1884, S. VII) schreibt dazu: „Da aber jeder Übersetzer hierin ganz nach seinem Belieben verfuhr, entstand in der anatomischen Sprache eine solche Menge von gleichsinnigen Worten, wie sie in keiner anderen Kunstsprache zu finden ist. Als nun noch im 18. Jh. die Chirurgenschulen errichtet wurden, führten die Lehrer der Anatomie an denselben ihre eigenen deutschen Compendien ein, durch welche der Vorrat von witzigen und albernen, launigen und derben Ausdrücken einen sehr namhaften Zuwachs erhielt, und die Zahl der Synonyme eines Organs auf 10–20, und darüber heranwuchs. Die nothwendige Folge dieser Vielseitig-

keit der alten Terminologie war, daß zuletzt die Anatomen sich selbst nicht mehr verstanden, und notgedrungen zu der alten lateinischen Nomenclatur zurückkehrten."

Abgötter Götzendiener
Adelung 1,48 nimmt es an.
Heynatz 1,29: ein ziemlich übliches Wort, um einen abgöttischen Menschen zu bezeichnen, ob es gleich die Bequemlichkeit hat, in der Mehrheit mit der Mehrheit von Abgott gleich zu lauten, woraus Zweideutigkeiten entstehen. Deshalb kann ich aber doch der Abgötter nicht billigen, welches in einigen Schriften des 15. Jh. dafür vorkömmt. Campe 1,24 versieht es mit einem Stern: dieses Wort (von abgöttern) war sonst schon gewöhnlich, und es entstand daraus wahrscheinlich durch eine Zusammenziehung Abgötter, welches aber zu verwerfen ist, da es mit der Mz. von Abgott gleich lautet und keinen Grund für sich hat. – König und Oertel verzeichnen das Wort. – DWb. 1,51: verwerflich, weil es mit *abgötter* den pl. von *abgott* mischt. Es führt zwei Belege aus Claudius und Klinger an. – DWb. ²1,322: und ich finde die *abgötter* hier im heidnischen tanze um das goldene kalb ... Tieck (1828).
Untergangsgrund: Homonymie. Das Wort ist lautlich mit dem Pl. von *Abgott* „Götze, falscher Gott" zusammengefallen und verursachte eine störende Homonymie. *Götzendiener* ist heute an die Stelle des untergegangenen Wortes getreten.

abhelflich
Adelung 1,54 versieht das Wort mit einem Stern: nur in den Kanzelleyen in der R. A. üblich ist, einer Sache abhelfliche Maße geben oder verschaffen, d. i. ihr abhelfen, sie aufhören machen.
Heynatz 1,32: abhelflich ist in den Redensarten, einer Sache abhelfliche Maße geben oder schaffen, zuweilen auch verschaffen, in der alltäglichen rechtsgelehrten Sprache leider nur allzugebräuchlich. Wir andern begnügen uns mit abhelfen und sagen: Möchte doch diesen kauderwelschen Gewirr endlich einmal abgeholfen oder ein Ende gemacht werden! Möchte doch dem Übel abgeholfen werden, daß oft Menschen, die keinen Sinn haben, auf Richterstühlen sitzen. – Campe 1,26: (landschaftlich) es wird aber bloß in Kanzleien in der Redensart gebraucht: Einer Sache abhelfliche Maße geben oder verschaffen, d. h. ihr abhelfen. –

DWb. 1,56 bringt Belege aus Wieland und Bürger. – DWb. ^{2}1,386 gibt mehrere Belege aus dem 18. Jh. und bemerkt: seit dem 19. Jh. unüblich.
Untergangsgrund: Mit dem Veralten vieler kanzleisprachlicher Fügungen ist die schleppende Wendung „einer Sache abhelfliche Maße geben" untergegangen. Heute ist „Abhilfe schaffen" an ihre Stelle getreten.

Abhub
Adelung 1,55: an einigen Höfen nennet man die Speisen, welche von der herrschaftlichen Tafel abgetragen werden, den Abhub.
Heynatz 1,33: an einigen fürstlichen Höfen die abgetragenen Speisen: – Campe 1,16: was abgehoben wird, die Speisen von den herrschaftlichen Tafeln. – Sanders führt Belege aus Heine, Luther und Goethe an. – DWb. 1,58 führt Belege aus Musäus und Goethe an. – Kluge, Et. Wb. (1921), verzeichnet es als vlt. und führt einen Beleg aus Grillparzer an. Das Wort ist heute untergegangen. Im übertragenen Sinn lebt das Wort heute in dieser Bedeutung als Bezeichnung der moralischen Minderwertigkeit fort. – DWb. ^{2}1,401 bringt einen Beleg aus dem Jahr 1917.
Untergangsgrund: Kulturgeschichtliche Bedingungen. Die eigentliche Bedeutung ist mit dem Untergang der Sache verlorengegangen.

ablang länglich, oblong
Adelung 1,62 versieht das Wort mit einem Kreuz: ... was mehr Länge als Breite hat. Es scheint, daß dieses Wort erst in den neueren Zeiten, aus dem Lateinischen oblongus gebildet worden, daher es auch nicht überall aufgenommen ist. ... eine ablange Rundung, für ein Oval.
Heynatz 1,38: hin und wieder auch ablängig; besser länglich, ablangrund besser länglich rund. – Campe 1,32 markiert es durch einen Stern. – Oertel 1,20: eine ablange Rundung, ein Oval, eine ablange Vierung, quadratum oblongum. – DWb. 1,66 bringt Belege aus Hohberg und Pierot (18. Jh.). – DWb. ^{2}1,478 führt einen Beleg aus Wackernagel (1872) an.
Untergangsgrund: Man bildete *oblang* zu *oblongus*, wovon man das heute veraltete Verb *oblong* ableitete. Das deutlichere *länglich*, wo das Suffix *-lich* eine Annäherung an den Begriff meint (s. Henzen, Wortbildung § 133) hat das Wort verdrängt.

ableeren abtragen
Adelung 1,66: leer machen.
Heynatz 1,38: ich glaube aber nicht, daß je ein guter Hochdeutscher Schriftsteller das Wort gebraucht hat, welches ich auch weiter in keinem Wörterbuche finde ... Man würde sagen (den Tisch leeren) als ihn ableeren. – Campe verzeichnet es als bekannt. – Oertel 1,21: Baum, Tisch leer machen. – DWb. 1,70 kennt es nicht in dieser Bedeutung. – Das Wort fehlt bei Muret-Sanders (1905) und bei Thibaut (1898). – Es fehlt auch in Wb. d. Ggw., Du. 1,9,15,16.

Absatz Kontrast
Adelung 1,87 verzeichnet es ablehnend: In dieser Bedeutung ist es von einigen Neuern versucht worden, das ausländische Contrast zu ersetzen, wozu es aber wegen seiner Vieldeutigkeit eben nicht sehr geschickt ist.
Heynatz 1,46 f.: ... ist von verschiedenen Neuern besonders Wieland, versucht worden, ohne daß sie Beifall damit gefunden haben, woran theils Schuld ist, weil Absatz mehrere Bedeutungen hat, und nicht selten Zweideutigkeit verursacht, theils weil wir das bessere Abstich haben. – Campe, das DWb. 1,94 und Engel (Verdeutschungswb.) kennen es in diesem Sinn nicht.
Untergangsgrund: mißlungene Verdeutschung. Der Begriffsinhalt des Fremdwortes ist in *Absatz* zu eng gefaßt.

Absteuer Abfahrtsgeld
Adelung 1,118 hat das Wort mit einem Stern versehen: an einigen Orten ... eine Art des Abschosses oder des Abfahrtsgeldes, welche ein Unterthan bey seinem Abzuge aus einer Gerichtsbarkeit erleget.
Heynatz 1,57: hat Adelung als Märkisch besternt. Es bedeutet das Abzugsgeld, welches ein Kossaet bezahlen muß, wenn er aus einem Orte abzieht. Indessen ist in der Mark Abschoß und Abzug fast nur allein gebräuchlich. – Campe 1,62 versieht es mit einem Kreuz. – Oertel 1,39: eine geringe Art der Nachsteuer. – Das DWb. 1,131 führt einen Beleg aus Möser an: die absteuer der geschwister. – Vergleiche auch ZfdWf. 13,40.
Untergangsgrund: Kulturgeschichtliche Bedingungen. Das Wort ist mit dem Untergang der Sache untergegangen.

Abwesen Abwesenheit

Adelung 1,135: sehr aus dem Gebrauch gekommen.

Braun verzeichnet nur *Abwesenheit*. – Heynatz 1,64: das Abwesen für die Abwesenheit ist sehr aus dem Gebrauch gekommen, und man hört selten, in meinem, deinem u. Abwesen. – Campe 1,71: jetzt ist Abwesen dafür gebräuchlich. – DWb. 1,153: später und heute entschieden durch *abwesenheit* verdrängt, während sich *anwesen* neben *anwesenheit* etwas länger behauptete. – Paul, Wb. (1897): früher statt des jüngeren *Abwesenheit*. – Tr. Wb. 1,43: aus den Rechtstexten wandert das Wort in die nhd. Literatur und hält sich hier ins 18. Jh. hinein. (vgl. ZfdWf. 10,71).

Untergangsgrund: Verdrängung durch Erweiterung der Lautform. *abwesen* ist ein substantivierter Infinitiv aus *abwesend*. Es erschien in Formeln, die lat. *in absentis*, „in sinem affwesene", (Dt. Rechtswb. I, 1932, 341 f.), nachbildeten. Dann wanderte das Nomen aus den Rechtstexten in die nhd. Sprache und hielt sich dort bis ins 18. Jh. (s. ZfdWf. 10,71). Das Wort erhielt später die Erweiterung *-heit*, wie nhd. *Unwissenheit*, *Wohlhabenheit*, *Wohlredenheit* u. a. m. (s. W. Wilmanns, Dt. Gramm. 2, [1891] 389).

Afterkind ein uneheliches Kind

Adelung 1,178 kennzeichnet es als vlt. mit einem Stern.

Campe 1,89: (–) Ein unechtes, uneheliches Kind, entweder ein Aftersohn oder eine Aftertochter. – Oertel 1,54: unechtes Kind. – DWb. 1,188 führt einen Beleg aus Günther (1735) an, den Sanders später übernimmt.

Untergangsgrund: Homonymie. Der Untergang vieler Zusammensetzungen mit *After-* ist auf die kompromittierende Wirkung des Substantivs *After* zurückzuführen (vgl. E. Öhmann, in: PBB 55,230 ff.; P./B. Wb. S. 15). Einen Massenuntergang zeigen die 110 *After-* Zusammensetzungen, die J. H. Kaltschmidt in seinem „Gesammt-Wörterbuch der deutschen Sprache" (1851) verzeichnet.

Afterwelt Nachwelt

Adelung 1,181 markiert es durch einen Stern: ein veraltetes Wort für Nachwelt, welches einige Neuere, um des bequemen Sylbenmaßes willen, wieder in Gang zu bringen gesucht haben.

... Wegen der Zweydeutigkeit des after, welches in neuern Zusammensetzungen allemahl den Begriff einer unächten Beschaffenheit hat, sollte man sich dieses Wortes lieber enthalten. Adelung führt folgende Stelle aus Günther an:

Herzen, die der Himmel bindt,
Füllen keine Wollustflammen,
Die die Afterwelt empfindt.

d. i. die ausschweifende, ausgeartete Welt.
Heynatz 1,71: für Nachwelt hat Hagedorn in einer sonst guten Verbindung gebraucht. Bei Ramler kömmt es ein paarmal vor, und eine Menge von Dichtern und Dichterlingen äfft es nach. Da, wie Adelung bemerkt, Günther Afterwelt schon in dem weit natürlichern Sinne der ausgearteten, ausschweifenden Welt gebraucht hat, so sollte man im Gebrauch dieses Ausdrucks sehr vorsichtig sein. Man denkt bei After immer am ersten an das Unächte, an das eines gewissen Namens unwürdig, und der Zusammensetzungen dieser Art werden immer häufiger. Ich will nur an Afterarzt, Aftergelehrsamkeit, Afterkegel, Afterkenner und Afterkönig erinnern. Indessen kann After freilich die Bedeutung nach in solchen Wörtern behalten, wo sie durch den Gebrauch eingeführt ist, dergleichen Afterlehen und Afterpacht sind. Nur da, wo Zweideutigkeit entsteht, und man am natürlichsten auf die Bedeutung des Unächten verfallen würde, muß man lieber mit Nach zusammensetzen, oder sich einer Umschreibung bedienen. – Oertel 1,54: ausgeartete Welt. – DWb. 1,188 belegt sie nur im Sinne von „posterio itat" und bemerkt: heute völlig verdrängt durch nachwelt.
In mehreren Wörterbüchern vor Grimm, die Eberhard Reichmann in (ZfdSpr. 22,126 f.) erwähnt, hat das Wort die zusätzliche Bedeutung einer ausgearteten Welt.
Untergangsgrund: Homonymie. Der lautliche Zusammenfall mit *After* „Anus" rief eine störende Homonymie hervor. E. Reichmann (ZfdSpr. 22,126 f.) ist der Überzeugung, daß die tödliche Nähe des physiologischen Verwandten *After*, daran schuld sei, daß das Wort untergegangen ist. Dann stellt Reichmann (a. a. O.) die seine Überzeugung bekräftigende Frage: „Wie ließe sich anders die Tatsache erklären, da fast keine der ehemals *After*-Zusammensetzungen sich über das Zeitalter des guten Geschmacks hinaus retten konnte?"

ähnlichen ähneln

Adelung 1,88 versieht es mit einem Kreuz: nur im gemeinen Leben, wo man dafür auch ähneln hat.

Campe 1,93 bringt es ohne Vorzeichen. – DWb. 1,196 führt Belege aus Klopstock und J. Paul an. – P. Fischer (Goethe-Wortschatz): von Luther bis 19. Jh. – Trübner 1,58: seit 1652 erscheint dafür ähneln, das das ältere ähnlichen ganz verdrängt.

Untergangsgrund: Verdrängung durch eine kürzere Lautform. Die kürzere Form *ähneln* hat das Wort verdrängt (vgl. Fr. Kluge ZfdWf. 10,226).

Alberkeit Albernheit

Adelung 1,196: im Hochdeutschen nicht so gewöhnlich, als das gleich bedeutende Hauptwort, Albernheit.

Braun verzeichnet nur *Albernheit.* – Heynatz 1,74: heißt in den besten Schriftstellern beständig Albernheit. – Campe 1,96: so viel als das bessere Albernheit. – *Alberkeit* fehlt bei Oertel, und ist bei Sanders als vtl. bezeichnet. – DWb. 1,202 bringt nur einen älteren Beleg aus Simplicissimus.

Untergangsgrund: Lautliche Änderung. Die frühnhd. Form ist *alber* (auch bei Luther, Kramer 1678, Stieler 1691; s. Weigand-Hirt, Wb. Bd. 1,36) Daraus konnte man *Alberkeit* und *Alberheit* ableiten. Im 18. Jh. gelangt – *n* aus den obliquen Formen in den Nominativ; nd. *alvern* geht dabei voran. (s. Tr. Wb. 1,60.) Seitdem ist *albern* die Grundform für die Ableitung *Albernheit,* das nun das ältere *Alberkeit* ersetzt.

allerseitig allseitig

Adelung 1,215: Allerseitig ist wider die neuere Analogie, und daher im Hochdeutschen unrein und unedel.

Heynatz 1,81: wider die Analogie kann es nicht sein, da wir von diesseits, diesseitig, von jenseits, jenseitig ... sagen. Und unrein kann man es auch nicht wohl nennen, da alle diejenigen, welche sich bei zwei Leuten ihrer beiderseitigen Gewohnheit empfehlen, es bei vielen ohne Bedenken ihrer allerseitigen zu thun pflegen. – Campe 1,101: (*x*) auf oder an allen Seiten, die Nachricht von ihrem allerseitigen Wohlsein freut mich sehr. – DWb. 1,227 f. bringt Belege aus Klopstock, Lessing, Schiller, Kant, Goethe, Tieck. – P. Fischer (Goethe-Wortschatz): das jetzt ungangbare *allerseitig* war im 18. Jh. nicht ganz ungewöhnlich und findet sich bei Goethe.

Untergangsgrund: Mangel an Analogie. Das Adjektiv *allerseitig* ist eine Ableitung aus dem Adverb „aller seits". *allerseitig* geht auf den aneinandergerückten Gen. Pl. *aller Seiten* mit dem angetretenen Adverb *-s* zurück. Man kann aus Adverbien dieser Art wie z. B. *allerdings*, *allerorts* kein Adjektiv bilden (s. Weigand-Hirt, Wb. 1909, 40 f.). Deshalb ist *allerseitig*, das 1663 bei Schottel verzeichnet ist, aus Mangel an Analogie allmählich untergegangen.

altvettelisch nach Art der alten Vetteln oder alten Weiber.

Adelung 1,242 versieht es mit einem Kreuz: ein niedriges Wort, welches man im Hochdeutschen mit allem Rechte veralten lasse...

König verzeichnet es als (terme de mépris): ein altvettelisches Gezänk, une querelle de vieilles femmes. – Heynatz 1,89: ein vermuthlich von Luther (1. Tim. 4,7) gemachtes Wort, welches häufig noch gebraucht werden kann. – Campe 1,115: noch brauchbar, wenn man sehr verächtlich und im Ton des gemeinen Mannes sprechen oder schreiben will. – Oertel 1,60 kennt es als Bibelwort für altweibisch. – DWb. 1,275 führt Belege aus Hohberg (1716) und Wieland an.

Untergangsgrund: Geringe Deutlichkeit des Grundwortes *Vettel*. Während ähnliche Bildungen wie z. B. *altväterisch* noch lebendig sind, ist *altvettelisch* wegen des allmählich veraltenden *Vettel* untergegangen.

Ammern Loderasche

Adelung 1,250 versieht es mit einem Stern: ein in Niedersachsen übliches Wort, glühende Asche anzudeuten.

Heynatz 1,90: Man soll mit Ammern vorsichtig umgehen. – Campe 1,118: Niederdeutsch für glühende Asche. – DWb. 1,279 bringt einen Beleg aus Luther.

Untergangsgrund: Das Wort *Ammern* bezeichnet den spezielleren Begriff „glühende Asche", der in dem allgemeineren *Asche* mitenthalten ist. Das Wort *Ammer* ist in der Schriftsprache untergegangen, da es jederzeit durch das andere ersetzt werden kann (vgl. v. Bahder, Wortwahl S. 75).

anderns zweitens

Adelung 1,280 versieht es mit einem Stern, für zweytens, welches aber im Hochdeutschen nur sparsam gefunden wird.

Braun: zum andermal. – Heynatz 21,99: anderns und andertens für zweitens ist oberdeutsch. Ich habe ihn nicht mit gebeten, erstlich weil ihn niemand leiden kann, anderns weil er doch nicht kommen würde. Indessen kömmt er doch in Lessings Juden gegen das Ende vor: Erstlich weil ich die Wahrheit nicht wußte, und anderns weil man für eine Dose, die man wiedergeben muß, nicht viel Wahrheit sagen kann. – Campe 1,131: O. B. für zweitens, ist verwerflich. – DWb. 1,311: schreibt Lessing öfter... für *zweitens*, dessen analogie, sowie der von *erstens, drittens, viertens* es folgt, seit aber *der Zweite den anderen* verdrängt hat, ist auch diese, in der älteren sprache unbegründete bildung ganz auszer gebrauch gerathen.

Untergangsgrund: Untergang des Grundwortes. DWb. 1,311: seit... *der zweite* den *anderen* verdrängt hat, ist auch diese, in der älteren sprache unbegründete bildung ganz auszer gebrauch gerathen.

Anerkenntnis Anerkennung

Adelung 1,285 (heute anerkennen): die deutliche Erkenntniß, Apperception.

Heynatz 1,104: statt Anerkenntniß des Rechts sagt man lieber Anerkennung. – Campe 1,133: (–) das Anerkenntnis des Sittengesetzes. – Oertel 1,68 deutliche Erkenntniß. – DWb. 1,320 führt einen Beleg aus Bettine an. – Paul (Wb. Dt. Gr. V. S. 72) führt einen Beleg aus Bettine an. Dort bemerkt er: (es gibt) noch viele (Wörter) mit *-nis* gebildet, die wieder untergegangen oder auch niemals in allgemeineren Gebrauch gekommen sind z. B. *Anerkenntnis, Bedrücknis, Begabnis, Bestrebnis, Beklagnis, Bewegnis, Bezeichnis, Bitternis, Empfindnis, Entbehrnis, Erfahrnis, Entgeltnis, Erfindnis, Erschaffnis, Erschrecknis, Erwerbnis, Quälnis, Schlechtnis, Störnis* u. a.

Untergangsgrund: Verdrängung durch ein allgemeineres Wort. Das Wort *Anerkenntnis* stammt aus der Rechtssprache. (Dt. Rechtswb. 1935, 213). Es lebt bis heute im juristischen Sinn fort; sonst ist es im allgemeinen Gebrauch durch das allgemeinere *Anerkennung* verdrängt. So sagt man heute z. B. *Anerkennung finden, verdienen, ernten, erwerben, genießen* und nicht *Anerkenntnis finden* usw.

Angel Stachel
Adelung 1,301: in vielen Fällen für einen jeden Stachel gebraucht.
Braun kennt es nicht in dieser Bedeutung. – König verzeichnet es für *Aiguillon*. – Heynatz 1,110: für Stachel ist oberdeutsch. – Campe 1,143: (+) Die Angeln der Bienen, Wespen u. sind sehr spitzig. – Oertel 1,72: Stachel der Bienen und Wespen. – DWb. 1,344 bringt nur ältere Belege. – M. Heyne: früher und mundartlich noch jetzt ... Stachel, Spitze.
Untergangsgrund: Verdrängung durch ein etymologisch durchsichtigeres Wort. *Angel*, ahd. *ango*, mhd. *ange*, ags. *anga* ist ursprünglich als Stachel bekannt. Diese Bedeutung kam bis ins 18. Jh. vor. Dann verschwand es aus der Schriftsprache. *Stachel*, das besonders durch Luther bekannt wurde und dessen Zusammenhang mit *stechen* man empfand, hat *Angel* abgelöst. (vgl. K. v. Bahder. Wortwahl, S. 128). Auch die Ausbildung des Wortes Angel zum „Scharnier" trug zum Wortuntergang bei. (vgl. Tr. Wb. 1,81).

Angelöbnis Gelöbnis
Adelung 1,304 versieht es mit einem Stern: die Handlung des Angelobens.
Heynatz 1,111: mir ist es nur in Oberdeutschen Büchern vorgekommen. – Campe 1,144 führt das Wort ohne Vorzeichen. – Oertel 1,72: feierliches Versprechen. – DWb. 1,346 bringt Belege aus Schweinichen und Goethe. – P. Fischer (Goethe-Wortschatz): selten.
Untergangsgrund: unnötige Verlängerung (vgl. anheute, annoch).

Angelstern Polarstern
Adelung 1,304 versieht es mit einem Stern: Eine veraltete Benennung des Polar-Sternes, welche bey den Dichtern des siebzehnten Jahrhunderts häufig vorkommt, und zuweilen auch noch von den neuern Dichtern gebraucht wird.
Heynatz 1,111 heißt *Angelstern* willkommen. – Campe 1,144: wird von Dichtern für Polarstern gebraucht. – DWb. 1,347 bringt Belege aus Wieland, Schiller, J. Paul.

Untergangsgrund: Mißlungene Verdeutschung. Durch die Ausdehnung des ursprünglichen Sinnes „Angel" auf: 1. „Fischangel"; 2. „Türangel" ist der bestimmende Teil der Zusammensetzung undeutlich geworden. Daher konnte sich diese Verdeutschung aus dem 17. Jh. nicht halten.

ängsten ängstigen
Adelung 1,310: ängstigen im Hochdeutschen ist gewöhnlicher als ängsten.
Braun: ängsten ist gut, obgleich ängstigen gewöhnlicher ist. – Campe 1,146: (–). – DWb. 1,360: in der prosa ist *ängstigen* mehr gebraucht. – Tr. Wb. 1,83: ängsten weicht vor dem jüngeren „ängstigen" zurück, nur in der Sprache oberdeutscher Dichter hält es sich. – Das Wort ist noch in Du. 1 verzeichnet, in Du. 9 bis Du. 16 nicht mehr.
Untergangsgrund: Verdrängung durch eine Verlängerung. *ängsten*, ahd. *angusten*, mhd. *engesten* ist durch *ängstigen* verdrängt worden, das aus dem Adj. *engstig*, ahd. *angustig* abgeleitet ist. Das neue Wort ist heute durch andere Ableitungen wie *ab-*, *be-*, *verängstigen*, versichert.

anhaltsam ununterbrochen, beharrlich, anhaltend
Adelung 1,313: beharrlich, anhaltend.
Heynatz 1,114: schwerlich wird man das Wort in einem guten Schriftsteller anders als aus Übereilung gebraucht, nachweisen können. – Campe 1,148: (+) ununterbrochen fortfahrend, beharrlich, anhaltend. Ein anhaltsamer Mensch. – Oertel 1,74: anhaltend, beharrlich, Mensch. – DWb. 1,366 verzeichnet es ohne Belege. – Kaltschmidt: anhaltend, beharrlich, ununterbrochen fortdauernd.
Untergangsgrund: Es gibt im Nhd. eine große Zahl von Adjektiven auf *-sam*, die man als verbale Ableitung empfindet. Sie bezeichnen gewöhnlich Neigung und Geschicklichkeit zu einer Tätigkeit. Als Beispiele führt Wilmanns (Dt. Gr. II, S. 495) folgende Wörter an: *achtsam, arbeitsam, duldsam, erfindsam, empfindsam, folgsam, fügsam, enthaltsam, heilsam, überlegsam, genügsam, regsam, wirksam. anhaltsam* zeigt auch diese Neigung. Trotzdem ist es untergegangen und durch das Part. Präs. vertreten. Der Untergangsgrund bleibt in diesem Fall schwer zu erklären.

anheute heute
Adelung 1,318 versieht es mit einem Stern: das ganz ohne Noth verlängerte heute, welches im Oberdeutschen am üblichsten ist. Heynatz 1,116: Oberdeutsch für heute. – Campe 1,151: (landschaftlich) O. D. für heut. – DWb. 1,375: Goethe. – P. Fischer Goethe-Wortschatz): das der älteren Amtssprache angehörige Wort schon im ersten der Kindheitsgedichte (von Goethe) ... und dann wieder ein paarmal in des Dichters Spätzeit.
Untergangsgrund: unnötige Verlängerung.

anländen anlanden
Adelung 1,329 verzeichnet beide Formen: Die Hochdeutschen gebrauchen beides.
Braun: anlanden (nicht anländen). – Campe 1,157: (+). – DWb. 1,389: *anlanden* ist die heutige form; früher galt, und richtig *anländen.*
Untergangsgrund: Lautliche Änderung durch Anlehnung. Das Grundwort *länden* mhd. *lenden, lenten,* ahd. *lenten* hat sich zu der umlautlosen Form *landen* entwickelt. Diese Form wäre schwerlich durchgedrungen, wenn das Substantiv *Land* daneben nicht stünde (s. O. Behaghel 1901 Zf. f. dt. Wortf. 1,2; H. Paul, Dt. Grammatik 2,252).

annahen herannahen
Adelung 1,342 kennt es als ein hochdeutsches Wort.
Braun verzeichnet die umgelautete form *annähen.* – Heynatz 1,123: annahen wird von herannahen, sich nahen und sich nähern immer mehr verdrängt. – Campe 1,163: (+) gewöhnlicher ist es sich nahen, oder nähern dafür zu gebrauchen. – DWb. 1,413 bringt einen Beleg aus Goethe.
Untergangsgrund: Das Wort ist durch *herannahen* – mit der verdeutlichenden Richtungssilbe *her* – verdrängt worden.

annoch noch
Adelung 1,344 versieht es als ein Kanzleiwort mit einem Stern.
Braun: besser noch. – Heynatz 1,125: ist Oberdeutsch für noch, wird aber auch zur Veransehnlichung der Niederdeutschen Geschäftsschreibart häufig angewandt. – Campe 1,164: (–). – DWb. 1,418 bringt Belege aus Fleming, E. von Kleist, Lichtwer, Wernike, Uz, Lessing, Bürger, Voß, Schiller, Tieck. – P. Fischer,

(Goethe-Wortschatz): aus dem Amtsd. des 15. Jh.; vor im 17. u. 18. Jh. gebr.
Untergangsgrund: unnötige Verlängerung.

ansiegen besiegen
Adelung 1,371: ein Wort, welches im Hochdeutschen jetzt völlig unbekannt ist, aber in der Oberdeutschen Mundart häufig vorkommt.
Heynatz 1,131: einen ansiegen, für ihn besiegen. – Campe 1,180: Oberdeutsch. – DWb. 1,462 bringt folgenden Beleg aus Wieland:

> der riese, ist er wieder aufgeweckt,
> vergebens würdet ihr ihm anzusiegen hoffen.

Untergangsgrund: Präfixumtausch. *besiegen* im heutigen Sinn ist schon bei Stieler verzeichnet. Dasypodius und Maaler haben es noch nicht, während *ansiegen* mhd. bezeugt ist (s. DWb. 1,461).

anstören anstiften, anreizen
Adelung 1,385 versieht es mit einem Kreuz.
Heynatz 1,135 bringt folgendes Zitat, das er in einer Übersetzung der Apostelgeschichte von 1779. Kap. 14. fand: Die hartnäckigen Juden störten an, und wiegelten die Juden gegen die Christen auf. – Campe 1,186: (+) so viel als anreizen, anstiften. – DWb. 1,486: heute wenig im gebrauch.

Apologist Apologet
Adelung 1,413: der Schutzredner, Verfechter.
Heynatz 1,142: Aber das heißt Apologet. – Sonst fehlt das Wort in allen Wörterbüchern.
Untergangsgrund: Fehlerhafte Bildung.

argwöhnig argwöhnisch
Adelung 1,428 hält *argwöhnig* für edler als *argwöhnisch.*
Braun verzeichnet nur *argwönisch.* – Heynatz 1,144: argwönig hat den Hauptvorzug, daß sich daraus besser Argwönigkeit ... machen läßt. – Campe 1,203 f: (–) Andere gebrauchen es *(argwöhnisch)* mit argwöhnig gleichbedeutend, wovon es aber wie abergläubisch von abergläubig, unterschieden werden sollte. – Oertel 1,96 (unter *argwöhnisch*): richtiger argwähnisch (oder gar nur argwöhnig). – DWb. 1,551 führt nur ältere Belege an.

Untergangsgrund: Bewußte Vermeidung der *-isch*-Nachsilbe. Zesen schreibt *argwähnisch*. Die nach Adelungs Meinung mundartlich zischende Nachsilbe haben Adelung, Campe, Heynatz bewußt vermieden und durch die *-ig*-Nachsilbe ersetzt. Diese bewußte Vermeidung hat sich nicht behaupten können, da wir heute noch den tadelnden Sinn lieber durch *-isch*-Nachsilbe als durch *-ig* ausdrücken.

artlich artig
Adelung 1,443: Im Hochdeutschen ist dieses Wort völlig veraltet; man höret es nur zuweilen in Niedersachsen und in den gemeinen Sprecharten.
Braun verzeichnet nur artig. – Heynatz 1,144 f: artlich hört man in Ober- und Niedersachsen in gemeinen Reden noch häufig für artig, besonders bei Bewunderung künstlicher Arbeit, und wenn man etwas ein wenig sonderbar, zudringlich usw. findet. Eine artliche Dose! – Campe 1,209: so viel als artig. – DWb. 1,574 f: ältere form für *artig* ... seit dem letzten jh. weicht *artlich* dem gleibedeutenden *artig*, wie die jüngere sprache überhaupt geneigt *lich* in *ig* zu wandeln (*adlig* für *adellich*, *billig* für *billich*, *völlig* für *völlich*).
Untergangsgrund: Suffixumtausch. Das *-ig*-Suffix hat das ältere *-lich* abgelöst.

Aufacht Aufmerksamkeit, Acht
Adelung 1,474 versieht das Wort mit einem Stern: Hochdeutsches ungewöhnliches Wort für Achtung, Acht, oder Aufmerksamkeit.
Heynatz 1,150: für Acht, Aufmerksamkeit ist von Adelung als veraltet besternt. – Campe 1,219 versieht es mit zwei Sternen: ehemals für Acht, Achtung, Aufmerksamkeit, gewöhnlich. – DWb. 1,617: heute außer gebrauch, obgleich kürzer als *aufmerksamkeit*.
Untergangsgrund: Sprachökonomie. Das Wort ist heute durch die kürzere Form *Acht* gut vertreten.

aufenthalten aufhalten
Adelung 1,484: im Hochdeutschen nicht mehr gewöhnlich.
Heynatz 1,152: ist veraltet. – Campe 1,226 kennzeichnet es mit zwei Sternen für: sich aufhalten, verweilen. – Oertel und Kalt-

schmidt verzeichnen es nicht. DWb. 1,638: jetzt besteht das Wort längst nicht mehr.
Untergangsgrund: unsichere Konjugation. Die Verknüpfung der Vorsilben *auf-* und *ent-* in verbalen Zusammensetzungen kennt die Gegenwartssprache nicht, wahrscheinlich wegen der unsicheren Konjugation in der finiten Form oder wegen ihrer artikulatorischen Schwierigkeit (vgl. auch *aufentdecken, aufentlehnen).*

auferbauen aufbauen, erbauen
Adelung 1,489 nennt es oberdeutsch und versagt ihm neben *auferheben, auferrichten, auferstei gen* volle Anerkennung.
Braun: besser aufbauen oder erbauen. – Heynatz 1,152: ist verwerflich. – Campe 1,226: (+) O. D. aufbauen. Uneigentlich, erbauen, fromme Empfindungen und Betrachtungen erwecken. – Oertel 1,103: bibl. erbauen. – DWb. 1,638: Goethe hat ihm aber seinen stempel aufgedrückt.
Untergangsgrund: unnötige Verlängerung. *Unnützer Überfluß* ist nach Ad. ein Grund für den Wortuntergang (s. Ad. Magazin, Ersten Jahrganges, Zweites Stück S. 71). Dort heißt es: „In den Verbis mit aufer- und auser- ist die eine Vorsylbe überflüssig, daher sind die meisten damit zusammen gesetzten Verba veraltet."

auferwachen aufwachen, erwachen
Adelung 1,486: im Hochdeutschen nur in der biblischen Bedeutung von dem Erwachen von dem Tode am jüngsten Tage üblich.
Heynatz 1,153: Es kömmt aber in Luthers Bibel gar nicht, freilich aber in Predigten und Erbauungsschriften ziemlich häufiger vor. – Campe 1,226 weist es als Dichterwort aus: aufwachen, erwachen. – DWb. 1,640 führt nur ältere Belege an.
Untergangsgrund: unnötige Verlängerung (s. *auferbauen).*

auffragen erfragen, ausfragen
Adelung 1,490: ich habe diesen Menschen noch nicht auffragen können.
König: ausfindig machen. – Campe 1,229: besser erfragen und ausfragen. – Oertel und Wenig verzeichnen das Wort nicht. – Kaltschmidt: erfragen, ausfragen, fragend aufrufen. – DWb.

1,647 übernimmt folgendes Beispiel aus Adelung: ich habe diesen menschen noch nicht auffragen können.
Untergangsgrund: Da das Wort in keinem hd. Wörterbuch belegt ist, kann es möglich sein, daß es sich um einen Druckfehler handelt, zumal das *s* in der gotischen Schrift häufig mit dem *f* verwechselt wird. Auch der einzige Beispielsatz, den Grimm bringt, ist aus Adelung übernommen.

auffußen auftreten
Adelung 1,491 kennzeichnet es als niederes Wort mit einem Kreuz. Heynatz 1,154: hat Adelung bekreuzt, es hätte aber wohl besternt werden sollen. – Campe 1,230: (+) aufrecht stehen, sich erheben. – DWb. 1,649 bringt einen Beleg aus Rückert. – Sanders führt einen anderen Beleg aus Rückert an: leicht ohne aufzufußen schwebt sie nur (Mak. 2,137).
Untergangsgrund: Bedeutungsverengung. Das Grundwort *fußen* ist mnd. *vueten* „gehen". In dieser Bedeutung lebt es nur mundartlich fort. (s. Tr. Wb. II,490). In der Bedeutung „den Fuß fest aufsetzen" ist das Wort 1540 bei Diefenbach (Gloss, lat-germ. 1875, 420) verzeichnet. Adelung (Wb. 2,375) kennt es noch in dieser Bedeutung, die heute veraltet ist. (s. Wb. d. Ggw.). Im allgemeinen Schriftdeutschen heißt *fußen* „sich auf etwas gründen, stützen": *die Theorie muß auf der Praxis fußen.* So ist die Vorstellung des Gehens längst verblaßt. *auftreten* hat daher das Wort verdrängt.

aufhüllen enthüllen
Adelung 1,501: nur in figürlicher Bedeutung und in der höhern Schreibart.
Campe 1,236: (–) durch Zurückschlagen, Wegnehmen der Hülle öffnen, entblößen, sichtbar lassen. – DWb. 1,672 bringt Belege aus C. F. Weiße und Klopstock. – Sanders bringt weitere Belege aus Voß und Wieland. – P./B. Wb. kennzeichnet es als vlt. mit einem Kreuz.
Untergangsgrund: Präfixumtausch. *ent-* drückt in vielen Fällen das Gegenteil von der Bedeutung des Grundwortes aus. z. B. *entdecken, entehren, enterben, entfalten, entfärben, entfesseln, entheiligen, entkleiden, entkräften, entladen, entlasten, entvölkern, entwaffnen, entweihen* u. a. m. Dieser derivative Charakter des *ent*-Präfixes konnte *auf-* verdrängen.

Aufkunft Genesung
Adelung 1,504: das Aufkommen, in der Bedeutung der Genesung.
Heynatz 1,158: Man kann das Aufkommen dafür sagen, noch besser aber gebraucht man eine Umschreibung mit dem Zeitworte. Ich erinnere mich noch der Zeit, als die Mode aufkam; und nicht der Aufkunft dieser Mode. Die Aufkunft von einer Krankheit ist gut gesagt. – Campe 1,240: (+) Das Aufkommen von einer Krankheit. Anfangs zweifelte man an seiner Aufkunft. – DWb. 1,679 führt ältere Belege an. – Sanders meldet es als vtl.
Untergangsgrund: Mit dem gut ausgerüsteten *Genesung* konnte das vieldeutige *Aufkunft:* „Aufkommen; Genesung; Einführung; Anfang; Einkünfte" (s. Ad. Wb. I,505) nicht konkurrieren.

aufmahnen aufmuntern
Adelung 1,512 kennt das Wort als oberdeutsch.
Heynatz 1,159: ist zwar eigentlich Oberdeutsch, verdient aber in der Bedeutung des Aufmunterns durch Ermahnungen die Aufnahme in die Schriftsprache. Wir werden also mit Geßner sagen dürfen, zur Freude aufmahnen. – Braun: f. – Campe 1,243: (–) ermahnen, ermuntern. – DWb. 1,690 kennt das Wort in diesem Sinn nicht. – Kaltschmidt: ermahnen.

ausantworten überliefern
Adelung 1,572: mehr in der Sprache der Kanzelleyen und des gemeinen Lebens, als in der edlern Schreibart.
Braun: ist nur in Kanzelleyen üblich. – Heynatz 1,172: ausantworten ist in der Rechtssprache fast und allein üblich. – Campe 1,287: (landschaftlich) in den Kanzeleien, für überliefern, übergeben. Einem etwas ausantworten. – DWb. 1,825 gibt Belege aus Mascou, Simon Hahn und Goethe (1780). – P. Fischer (Goethe-Wortschatz) bemerkt: jetzt noch Gerichtswort.
Untergangsgrund: kulturgeschichtliche Bedingungen. Das Wort war nur in den Kanzleien üblich. Es gehört zu den vielen untergegangenen Kanzleiwörtern, die mit dem Untergang der Sache aus der allgemeinen Schriftsprache verschwunden sind und die heute nur als Gerichtswörter fortleben.

auserſinnen ersinnen, aussinnen
Adelung 1,536: im Hochdeutschen ungewöhnlich.
König verzeichnet es neben ersinnen. – Campe 1,295 versieht es mit einem Stern: ersinnen. – Oertel bringt es nicht. – DWb. 1,851 führt einen Beleg aus Canitz an. – Das Wort fehlt bei Heyne, Paul, P./B., Duden und im Wb. d. Ggw.
Untergangsgrund: Die Schriftsprache der Gegenwart zeigt eine deutliche Abneigung gegen Verknüpfung der Vorsilben *aus-* und *er-* in verbalen Zusammensetzungen. Der Rest, der heute fortlebt, ist wenig gebraucht, da er meistens in die gehobene Sprachschicht gehört, z. B. *auserkiesen, auserlesen, ausersehen, auserwählen* (s. Wb. d. Ggw.).

ausfenſtern ausschalten
Adelung 1,536 versieht das Wort mit einem Stern.
Bei Campe 1,297 gehört es zu den niederen Wörtern die nicht verwerflich sind. – DWb. 1,856 führt einen Beleg aus Lessing an, den Sanders später übernimmt.
Untergangsgrund: Kulturgeschichtliche Bedingungen. Das Wort ist mit dem Untergang der Sache untergegangen. Die übertragene Bedeutung „ausschelten" ist durch das Verblassen des alten Bildes ausgestorben. J. Grimm beschreibt dieses alte Bild folgendermaßen: *ausfenstern* heißt nachts am fenster der geliebten harren, seufzen, so bedeutet *ausfenstern* oder *wegfenstern* ursprünglich den am fenster flehenden geliebten schnöde abfertigen, ausschelten (DWb. 1,855). Das Wort *fenstern* taucht zum erstenmal 1535 in Nürnberg bei Hans Sachs auf (s. Tr. Wb. II,325). Im Anschluß daran ist *ausfenstern* gebildet.

ausheimiſch ausländisch, fremd, auswärtig
Adelung: nur in einigen Gegenden, für ausländisch.
Braun: f. – Campe 1,306: (–) Was nicht daheim, nicht einheimisch ist, ausländisch, fremd. In engerer Bedeutung, außerhalb des Ortes, wo man selbst ist, befindlich. Voß gebraucht es auch für, im Elend lebend (exil). – Bei König fehlt es; bei Oertel ist es vorhanden. – DWb. 1,885 bietet Beispiele aus Voß, Goethe, Niebuhr. – P. Fischer beschränkt es auf das 18. Jh. – Bei Duden und Klappenbach fehlt das Wort.
Untergangsgrund: Vorhandensein vieler Konkurrenzwörter.

ausſehen ausersehen, auswählen
Adelung 1,643 notiert es als bekannt.
König verzeichnet es für *élire*. – Campe 1,335: (–) gewöhnlicher ausersehen. – Oertel kennt es nicht in diesem Sinn. – DWb. 1,968 führt folgenden Beleg aus Hippel an: man muß die jugend zu geschäften aussehen, besonders solchen, die zu andern stellen geschickter machen.
Untergangsgrund: Die Konkurrenzwörter *auswählen, ausersehen* sind sinnlich anschaulicher als *aussehen*. Sie haben das Wort leicht verdrängen können.

ausſprechlich
Adelung 1,653 verzeichnet es als hochdeutsches Wort, welches doch mehr in dem Gegensatze unaussprechlich, als für sich allein üblich ist.
König verzeichnet nur *unaussprechlich*. – Campe 1,341: obwohl dieses Wort seiner Natur nach älter sein muß, als das davon abgeleitete unaussprechlich, so ist es doch minder gewöhnlich geblieben, als dieses, weil die Fälle, da wir desselben bedürfen, seltener sind. DWb. 1,979 führt nur ältere Belege an.
Untergangsgrund: s. *un*-Bildungen.

austräglich einträglich
Adelung 1,663 bucht es als hochdeutsch, wofür man doch lieber einträglich sagt.
König: plus usité ‚einträglich'. – Campe 1,348: besser einträglich. Oertel 1,133: richtiger beträglich und einträglich. – DWb. 1,1001 f.: heute sagt man *einträglich*.
Untergangsgrund: Präfixumtausch.

auswarten bis zu Ende warten
Adelung 1,666: bis zu Ende warten, im gemeinen Leben. Die Predigt, die Komödie auswarten.
Braun: ich warte dich aus. – Campe 1,350: (*x*) Die Predigt, das Spiel auswarten. – DWb. 1,974: ein im 15. jh. so häufiges, wie heute seltenes wort, an dessen stelle wir uns lieber des einfachen *warten* oder *abwarten, aufwarten* bedienen. – Paul, Wb. und P./B. Wb. verzeichnen es als vlt. und bemerken: im 18. 19. Jh. absterbend.
Untergangsgrund: Die Neigung der Schriftsprache der Gegen-

wart, insbesondere bei transitiven Verben die Vorstellung, daß ein Vorgang bis zu seinem gehörigen Abschluß gelangt, auszudrücken, (s. Paul Wb. 1897, 42; P./B. S. 55), ließ das Wort untergehen.

B

Ballenfieber Podagra
Adelung 3,799 (unter *Podagra*): Ein gewisser neuer Schriftsteller nennt es das Ballenfieber, weil es sich vornehmlich in den Ballen der Füße äußert.
Campe 1,368: (–). – DWb. verzeichnet es nicht.
Heute durch das Fremdwort *Podagra* oder das einheimische Wort *Fußgicht* vertreten.
Untergangsgrund: Mißlungene Verdeutschung. Der Begriffsinhalt des Fremdwortes ist in dieser Verdeutschung zu eng gefaßt.

bändig zahm
Adelung 1,712 f.: einen Hund bändig machen, zähmen.
Braun: was Bande leidet. – König: bändig, domptable. – Campe 1,375 versieht es mit einem Stern. – Oertel 1,140: was sich binden, zähmen, bezwingen läßt. – DWb. 1,1100: heute fast außer gebrauch, desto häufiger *unbändig.* – Wenig (1870) bemerkt: vorzüglich gebräuchlich in der Verneinung unbändig. – Weigand-Hirt: jetzt nur noch in unbändig. – Paul und P./B. (unter *bändigen):* abgeleitet aus einem bis ins 17. Jh. vorkommenen Adj. *bandig.*
Untergangsgrund: bändig, mhd. *bendec,* gebrauchte man von Jagdhunden, die man am *bant* „Leitseil" hielt. Während das Wort *bändig* um die Mitte des 18. Jh. in der Literatursprache ausstirbt, ist die negierte Form *unbändig* bis heute noch lebendig geblieben. Die Übertragung in *unbändig* auf Menschen, Begriffe, Sachen und schließlich die allgemeine Bezeichnung der Größe gewährleistete der Zusammensetzung das Weiterbestehen. *bändig,* das solche Verbreitung nicht hatte, ist mit dem Verblassen des alten Bildes untergegangen.

-bar Bildungen

Im Mhd. ist *-bar* „baere" gekennzeichnet durch eine auffallende Polysemie oder Plurivalenz. Im Nhd. ist diese Polysemie durch eine Monosemie abgelöst. Hotzenköcherle (Entwicklungsgeschichtliche Züge, a. a. O. S. 321 ff.) beschreibt diesen Verlagerungsvorgang folgendermaßen: „Bei *-baere* sind viele Bedeutungen in einer Form vereinigt: so heißt *fruchtbaere* „Frucht tragend, – bringend", *klagebaere* „1. Klage von sich gebend, 2. beklagendwert"; *grouzbaere* „1. einen Gruß bringend, 2. zu grüßen verpflichtet ..." Im Nhd. erfolgt eine klare Funktionalisierung von *-bar* um die Achse passivisch-potentieller Bedeutung (Typus *lenkbar* = gelenkt werden könnend, was gelenkt werden kann). „Wo *-bar* andere als passivisch-potentielle Bedeutung hat, wird es weitgehend durch andere Bildungen verdrängt; wo passivisch-potentielle Bedeutung vorliegt, setzt sich *-bar* durch, selbst auf Kosten anderer Bildungen." Dadurch, daß das *-bar*-Suffix diesen ausgeprägten semantischen Charakter bekommen hat, hat es in der allgemeinen Schriftsprache der Gegenwart viele weniger deutliche Suffixe verdrängt.

Bärmutter Gebärmutter

Adelung 1,735 lehnt *Gebärmutter* ab.

Campe 1,382 (–) registriert *Gebärmutter* nur als Nebenform. – Oertel 1,142: auch Gebärmutter genannt. – DWb. 1,1136 verzeichnet es für die heute herrschende Form Gebärmutter. – (Hyrtl: noch im vorigen Jahrhundert dominierte die Bärmutter in der Anatomie, wurde aber durch Gebärmutter verdrängt, welche der deutsche Bartholin, pag. 283, in Vorschlag brachte, und welche gegenwärtig allein herrscht. Der Anlaut Ge- kann hier keine cumulative Bedeutung haben, wie in Gebein, Gedärm, Geäder u. v. a., sondern ist eine aus dem Alemannischen übernommene müßige Verlängerung, welche an der Bedeutung des Wortes Bärmutter nichts ändert. Das Zeitwort gebären = partum edere, hat der Gebärmutter gewiß nicht zu ihrer Existenz verholfen, denn seine Wurzel ist nicht bären, sondern gibiran = hervorbringen (10. Jh., Notker), dessen Andenken noch nicht gänzlich erloschen, denn es heißt ich gebäre, du gebierst.

Untergangsgrund: Verdrängung durch die erweiterte Lautform *Gebärmutter,* die durch Anlehnung an die Grundform *gebären,* mhd. *gebern,* ahd. *giberan* entstanden ist.

Die Möglichkeit, mit der Vorsilbe *be-* neue Wörter zu bilden, ist unbeschränkt (s. Wilmanns Dt. Gr. II. § 107). Tr. Wb. (1,248) schreibt: „Viele derartige Zusammensetzungen sind, so leicht sie zusammengefügt sind, sobald wieder verschwunden: *beleien, befarben, beblicken, beblitzen,* von Campe als Neubildung gebucht, leben nicht mehr, verdienter Vergessenheit sind auch die sicher schon von den Zeitgenossen als geschmacklos empfundenen Gebilde wie *beangenehmigen, beantlitzen ...*" Die überragende Gruppe von ornativen Verben aus Substantiven erlebt beständig den Untergang vieler Wörter und das Aufkommen von anderen neuen.

Untergegangen sind: ***beblechen, bebrücken, beeisen, befeilen, beflammen, begittern, begliedern, beleibzüchtigen, bemorgengaben, bepurpern, berosten, beschäftigen, bewittumen.***

Junge Wörter sind: ***beflaggen, beflügeln, begrenzen, beleben, benebeln, benummern, bepflastern, bepudern, besamen, besäumen, beschwingen, beseelen, besohlen, bestiefeln, betiteln, bewalden, bewimpeln, beziffern*** u. a. m. (s. Wilmanns Dt. Gr. II, S. 139).

Neuprägungen sind u. a. ***beauflagen, benoten, beschildern, betexten*** (s. Wb. d. Ggw.).

Einigen *be*-Bildungen wohnt der Begriff der Trennung inne. Viele dieser Bildungen brauchen eine Verdeutlichung für diesen privativen Charakter. Da *ab-* und *ent-* diesen Inhalt besser ausdrücken (s. O. Behaghel, Von deutscher Sprache. 1927, S. 191), so wird dies meist durch Präfixumtausch bewirkt, z. B. ***berupfen*** (heute ***abrupfen***), ***beschälen*** (heute ***abschälen***), ***bekappen*** (heute ***abkappen***).

Untergegangen sind weitere Gruppen wegen:

1. Präfixumtausch:

a) *be-/an-*: ***beekeln*** „anekeln"

b) *be-/auf-*: ***befressen*** „auffressen"

c) *be-/aus-*: ***behändigen*** „aushändigen"

d) *be-/ein-*: ***bemengen*** (refl.) „einmengen" (refl.)

e) *be-/er-*: ***befechten*** „erfechten"

f) *be-/ge-*: ***bescheben*** „geschehen", ***bemeldet*** „gemeldet"

g) *be-/über-*: ***belisten*** „überlisten"

h) *be-/ver-*: ***bebrämen*** „verbrämen", ***beschulden*** „verschulden"

2. Untergang des Grundwortes: ***bezwisten*** „bestreiten"

3. *Verzicht auf die Vorsilbe be-*: *beschwängern* „schwängern", *sich berühmen* „sich rühmen", *beliegen* „liegen"

4. *Umtausch des Grundwortes*: *besteifen* „bestärken"

beabsichten beabsichtigen

Adelung 1,773 versieht das Wort mit einem Stern.

Braun verzeichnet nur *beabsichtigen*. – Heynatz 1,999: beabsichten und beabsichtigen hat Adelung besternt. Indessen wird beabsichtigen wirklich täglich gebräuchlicher.

Campe 1,400: (–). – Bei Oertel 1,145 sind *beabsichten* und *beabsichtigen* Synonyme für ‚zur Absicht haben'. – Flügel verzeichnet nur *beabsichtigen*. – DWb. 1,1205 bringt folgenden Beleg aus Schiller: die zwecke, welche die natur mit den menschen beabsichtet. P./B.: mehrmals bei Schiller, auch bei H. Kleist, statt der Weiterbildung *beabsichtigen*. – Du. 9–16 und Wb. d. Ggw. verzeichnen es nicht.

Untergangsgrund: Das Wort ist durch die erweiterte Lautform *beabsichtigen* verdrängt worden.

bebinden umbinden

Adelung 1,774: vermittelst eines angebundenen Körpers bedecken.

Untergangsgrund: Präfixumtausch. Die Bedeutung von „circum" ist durch *um-* verdeutlicht.

beblechen mit Blech bekleiden

Von Adelung 1,774 als hochdeutsch bezeichnet: doch meisten Theils nur im figürlichen Scherze, mit Tressen besetzen. Es gebe da (am Hofe) viel beblechte Herren. Weiße.

Campe 1,402: (–). – Oertel 1,146 kennt das Wort nur im eigentlichen Sinn. – DWb. 1,1211 verzeichnet keine neueren Belege. – M. Heyne 1,298 führt das Part. Perf. an und bringt einen Beleg aus Iffland. Muret-Sanders, Sachs-Villatte verzeichnen es, Thibaut hingegen nicht. – Das Wort ist in Du. 1, 7, verzeichnet; in der 16. Auflage ist es nicht mehr vorhanden.

Untergangsgrund: s. *be-*

bebluten

Adelung 1,775: mit seinem eigenen Blut benetzen; so wohl im gemeinen Leben, auch in der dichterischen Schreibart einiger Neueren.

Campe 1,402: (–). – Es fehlt bei König und Oertel. – DWb. 1,1211 führt einen Beleg aus Götz an, den Sanders später übernimmt. – Das Wort ist bei M. Heyne, Du. 1, 9, 16, und im Wb. d. Ggw. nicht mehr verzeichnet.
Untergangsgrund: s. *be-*

bebrämen verbrämen
Bei Adelung 1,775 und Campe als hochdeutsch aufgenommen.
Es fehlt bei König und Oertel. – DWb. 1,1212 bringt Belege aus Brockes, Fr. Müller. – Sanders bringt weitere Belege aus Burmann, und Mendelssohn. – *bebrämen* fehlt bei M. Heyne, Thibaut, Muret-Sanders, Sachs-Villatte, Du. 16, und im Wb. d. Ggw.
Untergangsgrund: s. *be-*

bebrücken
Bei Adelung 1,775 und Campe 1,402 als hochdeutsch verzeichnet.
Oertel 1,146: den Fluß mit einer Brücke versehen. – DWb. 1,1212 bringt folgenden Beleg aus Brockes: *die fluth bebrückt,* den Sanders später übernimmt. – Das Wort fehlt bei Flügel, M. Heyne, Thibaut, Du. 1, 9, 16, und im Wb. d. Ggw.
Untergangsgrund: s. *be-*

beeisen mit Eis verkleiden
Adelung 1,785 und Campe verzeichnen es als hochdeutsch.
Oertel 1,148 verzeichnet es auch für „mit Eisen versehen“: beeiste Stiefel. – DWb. 1,1242 bietet Belege aus Klopstock, Goethe, Fr. Müller, Humboldt. – M. Heyne bringt andere Belege aus Schiller und Doste. – Du. 7 verzeichnet es: mit Eisen überziehen. – Du. 16 und das Wb. d. Ggw. nehmen es nicht auf.
Untergangsgrund: s. *be-*

beekeln anekeln
Adelung 1,785: ein außer der dichterischen Schreibart ungewöhnliches Wort.
Campe 1,409: (–). – Es fehlt bei König und Oertel. – DWb. 1,1242 führt Belege aus Haller und Klopstock an.
Das Wort fehlt bei M. Heyne, Du. 1, 7, 16, und im Wb. d. Ggw.
Untergangsgrund: s. *be-*

befechten erfechten, bekämpfen
Von Adelung 1,789 durch einen Stern markiert.
Heynatz 1,206: erfechten besser. – Campe 1,411: (*x*). – Oertel 1,149 verzeichnet es für: bekriegen, bestreiten, angreifen. DWb. 1,1251: heute außer gebrauch und durch *bekämpfen, erfechten* vertreten. – Das Wort fehlt bei M. Heyne, Du. 1, 7, 16, und im Wb. d. Ggw.
Untergangsgrund: s. *be-*

befeilen
Bei Adelung 1,790 und Campe 1,412 ist das Wort hochdeutsch.
Oertel 1,149: mit der Feile bearbeiten. – DWb. 1,1256 führt einen Beleg aus J. Paul an. – Das Wort fehlt bei M. Heyne, Du. 1, 7, 16, und im Wb. d. Ggw.
Untergangsgrund: s. *be-*

befischen
Bei Adelung 1,792 und Campe 1,412 ist das Wort hochdeutsch.
König und Oertel verzeichnen es nicht. – DWb. 1,1263 führt einen älteren Beleg aus Lohenstein an. – Das Wort fehlt bei Flügel, M. Heyne, Du. 1, 7, 16, und im Wb. d. Ggw.
Untergangsgrund: s. *be-*

beflammen mit Flammen versehen
Adelung 1,792 und Campe 1,412 weisen es als ein dichterisches Wort aus.
Es fehlt bei König und Oertel. – DWb. 1,1263 bringt Verse aus Fleming, Klopstock, Bürger, J. Paul. – *beflammen* fehlt bei Flügel, M. Heyne, Du. 1, 7, 16, und im Wb. d. Ggw.
Untergangsgrund: s. *be-*

befressen auffressen
Bei Adelung 1,794 und Campe 1,414 ist das Wort hochdeutsch.
DWb. 1,1271 führt ältere Belege an. – Bei Sanders als vlt. bezeichnet. – Es fehlt bei M. Heyne, Du. 1, 7, 16, und im Wb. d. Ggw.
Untergangsgrund: s. *be-*

befrieren mit Frost oder Eis überzogen werden
Bei Adelung 1,795 und Campe 1,415 ist das Wort hochdeutsch.

Es fehlt bei König, Oertel und Flügel. – Kaltschmidt: überfrieren, beeisen, bereifen. – DWb. 1,1273 führt einen Beleg aus Goethe an. – M. Heyne, Du. 1, 7, 16, und das Wb. d. Ggw. verzeichnen es nicht.
Untergangsgrund: s. *be-*

begittern vergittern
Bei Adelung 1,803 und Campe 1,418 ist das Wort hochdeutsch. König: fermer avec une grille. – Es fehlt bei Oertel. – DWb. 1,1298: begitterte fenster. – Es fehlt bei M. Heyne, Du. 1, 7, 16, und im Wb. d. Ggw.
Untergangsgrund: s. *be-*

beglauben beglaubigen
Adelung 1,803 f. verzeichnet es als Synonym für *beglaubigen* und führt einen Beleg aus Wieland an.
Braun lehnt *beglauben* ab. – Campe 1,419: (–). – *beglauben* und *beglaubigen* sind bei König und Oertel zwei Synonyme. DWb. 1,1298 führt einen Beleg aus Goethe an. – M. Heyne (unter *beglaubigen*): älter beglauben, glaubhaftig machen, beglaubte Zeugen. Henisch, und noch im 18. Jh. – P./B. bringt Belege aus Lessing, Herder, Goethe und Wieland. – *beglauben* wird nicht mehr in Wörterbüchern verzeichnet (vgl. Du 1 mit Du. 7–16).
Untergangsgrund: Das Wort ist durch die erweiterte Lautform *beglaubigen* verdrängt worden.

begliedern mit Gliedern versehen
Bei Adelung 1,804 und Campe 1,419 ist das Wort hochdeutsch. DWb. 1,1300 verzeichnet es ohne Belege. – Es fehlt bei Flügel, M. Heyne, Du. 1, 7, 16, und im Wb. d. Ggw.
Untergangsgrund: s. *be-*

begüten begütigen, besänftigen
Adelung 1,808: Das Verb begüten, von welchem dieses *(begütigen)* das Frequentativum ist, ist auch noch hin und wieder üblich.
Heynatz 1,215: ist von begütigen aus dem guten Sprachgebrauch fast verdrängt. Die Richter dürfen es noch ohne Anstoß gebrauchen. – Campe 1,422 kennzeichnet es mit einem Stern. – Oertel 1,152 verzeichnet es als poetisches Wort. – DWb. 1,1315:

heute begütigen. – Das Wort wird in den Wörterbüchern nicht mehr verzeichnet (vgl. M. Heyne, Du. 1, 7, 9, und das Wb. d. Ggw.).
Untergangsgrund: Das Wort ist durch die erweiterte Lautform *begütigen* verdrängt worden.

behändigen aushändigen
Adelung 1,811: indessen spottet noch Luther in der Vorrede zum ersten Theile des alten Testaments von 1524 sehr nachdrücklich über die neuen Wörter behändigen, beherzigen.
Heynatz 1,217: ist durch einhändigen fast völlig verdrängt. – König verzeichnet es für „einhändigen", „zustellen". – Campe 1,424: gewöhnlicher einhändigen. – Oertel 1,152 bemerkt dazu: richtiger einhändigen, übergeben. – DWb. führt nur ältere Belege an. – M. Heyne: in die Hand geben, übergeben, jüngere Form für behänden, mhd. behenden, von Luther 1524 als neu aufgenommen bespöttelt, aber 1484 in der Wetterau vorhanden (Weist. 5,318). – Das Wort ist im Du. 16 verzeichnet für „an sich nehmen" in der schweizerischen Amtssprache. Der Sprachbrockhaus 4. führt es mit der Anmerkung (Lutherzeit), und in der siebenten Auflage ersetzt er diese Anmerkung durch (Kanzleistil). – Das Wb. d. Ggw. verzeichnet es nicht.
Untergangsgrund: s. *be-*

behangen
Bei Adelung 1,811 durch einen Stern markiert: welches mit dem Zeitwort bleiben nur noch zuweilen im gemeinen Leben für das einfache hangen üblich ist. Behangen bleiben, hangen bleiben.
Untergangsgrund: s. *be-*

beheulen
Adelung 1,815 bucht es als hochdeutsch.
Untergangsgrund: s. *be-*

behörig gehörig
Adelung 1,816: gleichfalls am häufigsten in der Oberdeutschen und Niedersächsischen Mundart, für gehörig, was sich gehöret, oder geziemet. Sich behörig betragen.
Heynatz 1,219: oder noch etwas schlechter behörlich muß in der guten Schreibart mit gehörig vertauscht werden. – König: er hat seinen behörigen Antheil, il a sa portion congrue; er hat das be-

hörige Alter zum Heirathen. – Campe 1,427: O. D. für gehörig. – DWb. 1,1342 bringt folgenden Beleg aus Wieland: daß du in deiner bilanz an behörigem orte erwähgung thätest. – Trübner 1,264: behörig und Behör waren bis ins 18. Jh. üblich. – Es fehlt bei Du. 1, 7, 16, und im Wb. d. Ggw.
Untergangsgrund: s. *Zugehör.*

Beichtiger der Beichtende, der Beichtvater
Von Adelung 1,819 mit einem Stern markiert: 1. Beichtkind, 2. Beichtvater. In seiner Anmerkung schreibt Adelung (a. a. O.): In der Bedeutung eines Beichtvaters ist dieses Wort so wohl wider die Natur der Beywörter auf -ig, als auch wider den Gebrauch.
Heynatz 1,223: der Beichtiger sowohl für Beichtvater oder Beichtsitzer, als auch für Beichtkind oder Beichtender ist theils veraltet, theils nur in Oberdeutschland gebräuchlich. In Göthens Erwin und Elmire kömmt es in der letzten Bedeutung vor. – Campe 1,430: (landschaftlich) 1. ungewöhnlich, einer der beichtet, 2. einer, der des andern Beichte anhört. – Das Wort fehlt bei König, ist bei Oertel 1,154 verzeichnet für: 1. Beichter, Beichtkind; 2. Beichthörer, Beichtvater. – DWb. 1,1360 bringt Belege aus Goethe für *Beichtiger* und *Beichtigerin.* – M. Heyne 1,330 führt es nur für *Beichtvater* an und bringt einen Beleg aus Schiller: bereuen Sie ... bei Ihrem Beichtiger. – Das Wb. d. Ggw.: vlt. für Beichtvater.
Untergangsgrund: Homonymie. – *Beichtiger* „Beichtkind" ist mit *Beichtiger* „Beichtvater" lautlich zusammengefallen und verursachte eine störende Homonymie. Zwei konträre Bedeutungen werden sehr ungern mit einem Wortkörper ausgedrückt. Wenn wir von der Voraussetzung ausgehen, daß die Zweckmäßigkeit ein wichtiges Gesetz der sprachlichen Entwicklung ist, so können wir verstehen, daß die Sprache zweideutige Wörter mit konträrem Inhalt ablehnt. Statt *Beichtiger* hat die Sprache die verdeutlichenden Zusammensetzungen *Beichtkind* und *Beichtvater* bevorzugt, weil das zweideutige Simplex irreführende Vorstellungen hervorrief.

beidlebig amphibisch
Von Adelung 1,981 durch einen Stern markiert: was sowohl auf dem festen Lande als im Wasser lebet. Ein beydlebiges Thier. Ein

Wort, welches zu buchstäblich, und wider den Sprachgebrauch nach dem Latein. oder vielmehr Griech. amphibium zusammen gesetzet worden. Weil man indessen kein besseres hat, eben denselben Begriff auszudrucken, so wird man es wohl so lange behalten müssen, bis einmahl, ein schicklicheres eingeführt wird.
Heynatz 1,223 nimmt diese Verdeutschung an und bemerkt: beidlebiges Thier, ist sehr allgemein eingeführt, so daß es selbst Adelung nicht ganz zu verwerfen wagt. – Campe 1,430: (–). – Oertel 2,154: Beidlebiges Thier, Amphibium. Ist nicht erst von Göthe und Richter gebraucht, sondern schon von Comenius, vor mehr als 150 Jahren! – DWb. 1,1367 bringt einen Beleg aus Goethe. – Das Wort wird von Engel (Verdeutschungswb.) begrüßt, von Du. 1, 7, verzeichnet. Du. 5, 16, und das Wb. d. Ggw. bringen es nicht.
Untergangsgrund: mißlungene Verdeutschung. Der Begriffsinhalt des Fremdwortes ist in der Verdeutschung zu eng gefaßt.

beiten warten
Bei Adelung 1,826 f. durch einen Stern markiert: ein im Hochdeutschen völlig veraltetes Wort, welches ehedem in allen Deutschen Mundarten üblich war, und warten bedeutete.
Campe 1,439: mundartlich. – Oertel 1,157 verzeichnet es neben *Beite* für „Wartezeit“. – DWb. 1,1403: dieses uralten, starken worts gehen wir seit dem 17. / 18. jh. verlustig und ersetzen es überall durch das ungefügere, oft doppelsinnige *warten* oder durch *harren* und *verziehen*; die oberdeutsche volkssprache bewahrt es noch heute. – Grimm (a. a. O.) bedauert den Verlust des Wortes folgendermaßen: ein verbum, das so gut und so lange in der sprache gewaltet hat, auch unter einem großen theil des volks fortlebt (Schm. 1,218, Stald. 1,155, Höfer 1,72), könnte von den dichtern an rechter stelle leicht wieder eingeführt werden. – Sanders bezeichnet es als vlt. und führt folgenden Beleg aus Rückerts Makamen an: Beiten ist ein Wort für weilen, alt und gut, wähle nach Gefallen zwischen beiden.
Untergangsgrund: warten ist nach Karl von Bahder (Wortwahl, S. 93 f.) sinnlich anschaulicher als *beiten*, da es ursprünglich heißt „auf jemand, den man erwartet, hinsehen“ (s. DWb. 13,2149). Infolgedessen hat es das wenig deutliche *beiten* verdrängt (vgl. Dornseiff, Bezeichnungswandel a. a. O. S. 94).

bekappen abkappen

Bei Adelung 1,829 und Campe 1,442 als hochdeutsch verzeichnet für 1. die Gipfel der Bäume abhauen; 2. mit einer Kappe versehen. – Es fehlt bei Oertel. – DWb. 1,1414 bringt einen Beleg aus Goethe. – Das Wort fehlt bei Flügel und M. Heyne, ist wieder bei Thibaut, Muret-Sanders und Sachs-Villatte angeführt, fehlt dann bei Du. 1, 7, 16, Sprachbrockhaus 4, 7, Wahrig und im Wb. d. Ggw.

Untergangsgrund: s. *be-*

beklügeln

Adelung 1,834: über etwas klügeln.

Untergangsgrund: s. *be-*

bekrauten

Adelung 1,836 und Campe 1,445 (hd.): einen Acker bekrauten . . ., das Kraut auf demselben abschneiden.

Untergangsgrund: s. *be-*

beleibzüchtigen

Adelung 1,842: in den Rechten, mit einer Leibzucht versehen. Campe 1,449 kennt es als landschaftliches Wort. – DWb. 1,1443 übernimmt Adelungs Definition ohne Belege. – Das Wort fehlt bei M. Heyne, Du. 7, 16, (bei Konrad Duden war es noch verzeichnet), Sprachbrockhaus 4, 7, Wahrig und im Wb. d. Ggw.

Untergangsgrund: s. *be-*

beliegen liegen

Bei Adelung 1,843 f. als niederes Wort mit einem Kreuz gekennzeichnet: 1. intr. für das einfache liegen. Er mußte auf dem Weg beliegen bleiben; 2. tr. etwas beliegen, wegen einer Sache zu Bette beliegen müssen. Ich habe den Zorn lange beliegen müssen.

Campe 1,450: (+) wenn ich nicht irre, so beliegt sein Garten an der Landstraße. – Oertel 1,161: nicht sehr gewöhnlich. – DWb. 1,1450: kommt heute fast nur im part. *belegen* und im inf. neben *bleiben* vor . . . man sagt aber gewöhnlicher *liegen bleiben*. – Es fehlt bei Flügel, M. Heyne, Du. 1, 7, 16, Sprachbrockhaus 4, 7, Wahrig und im Wb. d. Ggw.

Untergangsgrund: s. *be-*

belisten überlisten
Adelung 1,844: jemanden belisten.
König: attraper, prendre par finesse, surprendre, subtilement, tromper. Campe 1,450: (–). – Oertel 1,161: überlisten. – DWb. 1,1450: führt Belege aus Rückert, Klinger und Tieck an. – M. Heyne 1,352: mit List überwinden (Stieler); daß du mich also belistet (hast). Voß. – Es fehlt bei Du. 15, 16, Sprachbrockhaus 4, 7, Wahrig und im Wb. d. Ggw.
Untergangsgrund: s. *be-*

bemeldet erwähnt, gedacht
Adelung 1,847: von welchem (von *bemelden*) im Oberdeutschen und den Hochdeutschen Kanzelleyen das Mittelwort bemeldet, für gemeldet, erwähnt, gedacht, üblich ist. Die bemeldete Sache. König verzeichnet es für *susdit.* – Heynatz 1,243: für erwähnen ist Oberdeutsch und Kanzleisprache. Campe 1,452: (+) O. D. – Oertel 1,162: erwähnt, angeführt. – Kaltschmidt (unter *bemelden*): erwähnen, anführen, nennen. – DWb. 1,1459 führt Belege aus Wieland und Klopstock an. – Sanders verzeichnet es als vlt.- Flügel: to mention. – Paul Fischer (Goethe-Wortschatz) führt Belege aus Goethe an und bemerkt: in älterem Geschäftsdeutsch. – Es fehlt bei M. Heyne, Du. 5, 16, Sprachbrockhaus 4, 7. – Nur Wahrig verzeichnet *bemeldet* als vlt.
Untergangsgrund: s. *be-*

bemengen, refl. einmengen, refl.
Adelung 1,847: welches nur in der figürlichen Bedeutung des einfachen Verbi mengen gebraucht wird ... Bemenge dich nicht mit solchen Sachen, wozu dich die Natur nicht bestimmt hat.
Campe 1,452: (–). – Oertel 1,162: sich damit, sich darein mengen, sich damit befassen. – Kaltschmidt: sich bemengen, befassen, einmischen. – DWb. 1,1460 f. bringt Belege aus Lessing, Möser, Wieland, Kant, Tieck. – Hittmair verzeichnet es als vlt. – M. Heyne 1,354: jetzt mit niedrigem Klange. – Küpper II,65 verzeichnet es neben bemengeln vorwiegend als mundartlich. – Das Verb wird in den allgemeinen Wörterbüchern nicht mehr verzeichnet.
Untergangsgrund: s. *be-*

bemorgengaben

Adelung 1,848 markiert es durch ein Kreuz: mit einer Morgengabe versehen; ein ebenso sprachwidriges Wort wie bemitleiden, welches indessen in manchen Kanzelleyen gebraucht wird.

Heynatz 1,235: wird von Adelung mit bemitleiden in Eine Klasse gesetzt, hat aber im Grunde, wenn es bloß auf Sprachähnlichkeit ankömmt noch mehr für sich, als bemitleiden, indem es mit benachrichtigen völlig gleichförmig gebildet ist. – Bei König und Oertel fehlt das Wort. – DWb. 1,1461 verzeichnet es ohne irgendeine Bemerkung.

Untergangsgrund: s. *be-*

benebst

Bei Adelung 1,850 mit einem Kreuz versehen: am häufigsten nur im Oberdeutschen und den Hochdeutschen Kanzelleyen gebraucht. Die Abänderungen beneben, benebst, anbenebst, beynebens usw. sind noch niedriger.

Heynatz 1,235 beneben, benebst, ist eine ärgerliche in den Kanzleien besonders Oberdeutschlands häufig vorkommende Dehnung. – Campe 1,454: (+) in den Kanzeleien, vorzüglich O. D. eine unnötige Verlängerung des Wortes nebst. – Oertel 1,162: Kanzl. nebst. – DWb. 1,468: gleicher bedeutung mit den vorausgehenden partikeln *(beneben, benebend, benebens, benebenst)*. Es bringt Belege aus Goethe, A. W. Schlegel, Klinger. – Paul und P./B. (unter neben): altertümelnd benebst.

Untergangsgrund: s. *be-*

bepurpern

Adelung 1,853: mit Purpur bekleiden; doch nur figürlich, bey einigen neuern Dichtern.

Bei Campe gilt es als dichterisches Wort. – Oertel 1,163: 1. mit Purpur ... bekleiden, 2. purpurlich färben, poet. – DWb. 1,1481 führt Verse aus Brockes, Uz, Zachariä, Herder, Schiller, Goethe, Platen an. – Flügel: 1. to dress in purple; 2. to colour with purple. – Das Wort fehlt bei M. Heyne, Du. 1, 7, 16, im Wb. d. Ggw. und bei Wahrig.

Untergangsgrund: s. *be-*

Bequemheit Bequemlichkeit

Adelung 1,854 f. verzeichnet es als niedersächsisches Wort (vgl. Anmerkung zu *Bequemlichkeit* 1,855): Die Niedersachsen haben auch das Hauptwort Bequemheit, welches aber im Hochdeutschen unbekannt ist, so wie die Kommlichkeit der Oberdeutschen, für Bequemlichkeit.

Braun verzeichnet nur Bequemlichkeit. – Heynatz 1,237: Einige haben es von Bequemlichkeit zu unterscheiden versucht, und es von der bequemen Beschaffenheit einer Sache zu einem gewissen Zwecke gebrauchen wollen. Die Bequemheit des Flusses zur Schiffahrt. Allein da Bequemlichkeit schon lange in Besitz dieser Bedeutung ist, so hat es sich daraus bisher nicht wollen verdrängen lassen. – Campe 1,457: (–). – Oertel 1,164: bequeme Beschaffenheit. – DWb. 1,1484: das wort hat schon Melissus ps. C 66 und neuerdings wieder Bettines tageb. 126. – Bei Flügel, M. Heyne, Du. 1, 7, 16, im Wb. d. Ggw., und bei Wahrig nicht vorhanden.

Untergangsgrund: Das allgemeinere *Bequemlichkeit,* das früher die Sonderbedeutung von „bequeme Beschaffenheit" hatte, hat das versuchte *Bequemheit* überflüssig gemacht. Das Wort mußte schnell untergehen. Die Bildung *Bequemheit* für „bequeme Beschaffenheit" ist gut und verdient heute eine Neubelebung, vor allem weil *Bequemlichkeit* die Bedeutung von „bequeme Beschaffenheit" verloren hat.

berosten verrosten

Adelung 1,884 mit Rost überzogen werden. Das Eisen ist berostet.

Campe 1,473: (–). – Oertel 1,166: von Rost überzogen werden. – DWb. 1,1527 verzeichnet es ohne Belege. – Sanders: ungewöhnlich. – Hittmair: vlt. – Das Wort fehlt bei M. Heyne, Du. 1, 7, 16, im Wb. d. Ggw. und bei Wahrig.

Untergangsgrund: s. *be-*

berühmen refl. sich rühmen

Adelung 1,888: im gemeinen Leben sich mit Dingen berühmen, die man niemahls genossen hat. Weiße.

Braun: sich einer Sache berühmen, ist schon veraltet. – Campe 1,475: (*x*). – Oertel 1,167: sich rühmen. – Kaltschmidt: sich rühmen. – DWb. 1,1553 f. führt Belege aus Schuppius, Lessing, Kant, Wieland, Schiller und Goethe an. – M. Heyne 1,370 bringt Belege aus Goethe und Freytag. – Bei Paul ist es ‚unüblich'. – Paul Fischer (Goethe-Wortschatz) verzeichnet mehrere

Belege aus Goethe. – In Du. 16, im Wb. d. Ggw. und bei Wahrig nicht aufgenommen.
Untergangsgrund: s. *be-*

berupfen abrupfen
Adelung 1,889: oft an etwas rupfen, durch rupfen kahl machen. Eine Gans berupfen. Figürlich und im Scherze, einen berupfen, ihn durch List des Seinigen berauben.
Campe 1,476: (–). – Kaltschmidt: kahlrupfen, abfedern, berauben. – DWb. 1,1528 bringt Belege aus Hagedorn, J. Paul, Klopstock, Goethe. – Sanders bringt Belege aus Hagedorn, J. Paul, Schlegel, Goethe, und Laube. – Bei Hittmair (S. 59) wird als die zeitliche Verbreitung das 18.–19. Jh. angegeben. – M. Heyne 1,370 bringt einen Beleg aus Freytag. – Es fehlt in Du. 1, 7, 16, im Sprachbrockhaus 4, 7, im Wb. d. Ggw. und bei Wahrig.
Untergangsgrund: s. *be-*

beschäften
Adelung 1,891: mit einem Schafte versehen.
Campe 1,477 übernimmt Adelung. – Oertel 1,168: Gewehr mit einem Schafte versehen. – DWb. 1,1544 verzeichnet es ohne Belege und bemerkt: man sagt lieber bloß *schäften*. – Flügel: to furnish with a shaft. – Es fehlt bei M. Heyne, Du. 1, 7, 16, im Wb. d. Ggw. und bei Wahrig.
Untergangsgrund: s. *be-*

beschälen abschälen
Adelung 1,892: hin und wieder der Schale berauben. Einen Baum, einen Apfel beschälen.
Campe 1,477: (–). – Oertel 1,168: Apfel, Baum abschälen. – DWb. 1,1544 übernimmt Adelungs Beispiele, sonst keine Belege. – Flügel: to peel. – M. Heyne 1,372: Schale ablösen. – Sonst fehlt es in Du. 1, 7, 16, im Wb. d. Ggw. und bei Wahrig.
Untergangsgrund: s. *be-*

beschehen geschehen
Adelung 1,893 versieht das Wort mit einem Stern: nur im Oberdeutschen üblich für geschehen ... In der Hochdeutschen Kanzelleysprache ist dieses Wort noch jetzt nicht selten.
Heynatz 1,241: für geschehen kömmt in der Kanzleisprache, wie im Oberdeutschen und in älteren geschichtlichen Schriften

häufig vor. – Campe 1,878: in den Kanzellein. – Oertel 1,168: Kanzl. für geschehen. – DWb. 1,1549 bringt Belege aus Goethe (Götz), Schweinichen, Schuppius, und Tieck. – Bei M. Heyne, Du. 1, 7, 16, im Wb. d. Ggw. und bei Wahrig nicht mehr verzeichnet.
Untergangsgrund: s. *be-*

beschlingen
Adelung und Campe (hd.)
Untergangsgrund: s. *be-*

beschmausen
Adelung 1,903: einen Freund beschmausen, bey ihm schmausen, und ihm dadurch Kosten verursachen.
Untergangsgrund: s. *be-*

beschönen beschönigen
Adelung 1,904: schön, d. i. scheinbar machen, doch nur in der figürlichen Bedeutung, durch einen scheinbaren Vorwand entschuldigen. Ein Vergehen, eine böse That beschönen wollen. Im Hochdeutschen ist dieses Wort veraltet, seitdem das folgende schönigen üblicher geworden ist.
Braun bringt *beschönen* neben *beschönigen.* – Heynatz 1,243: beschönen wird von einigen für eine bessere Form gehalten, als beschönigen. Adelung erklärt es aber mit recht für veraltet. – Campe 1,484: (–) gewöhnlicher ist beschönigen. – Oertel 1,170 verzeichnet nur *beschönigen.* – DWb. 1,1590 f. bringt Belege aus Brockes, J. E. Schlegel, Klopstock, Lessing, Wieland, Goethe, A. W. Schlegel, und bemerkt: heute wird in prosa für excusare *beschönigen* vorgezogen. – M. Heyne 1,379 (unter *beschönigen*): das ältere beschönen ... hatte sowohl den Sinn des Schmückens, als auch des Bemäntelns. – Trübner 1,293 (unter *beschönigen*) bringt einen Beleg aus Goethe (1803) und bemerkt: Im 18. Jh. tritt dafür (für *beschönen*) die Erweiterung beschönigen auf ... Die Neigung, neue Zeitwörter auf -igen zu schaffen, zeigt sich auch sonst vielfach.
beschönen wird in den neuen Wörterbüchern nicht mehr verzeichnet (s. Du. 1, 7, 16, Wb. d. Ggw., Wahrig).
Untergangsgrund: Das Wort ist durch die erweiterte Lautform *beschönigen* verdrängt worden.

beschulden verschulden
Adelung 1,906: 1. mit Schulden beschweren; beschuldete Güter, wofür doch verschuldet üblicher ist. 2. Oberdeutsch für beschuldigen.
Heynatz 1,244: ist sowohl für verschulden, als auch für beschuldigen bey guten Schriftstellern nicht gewöhnlich. Beschuldete Güter, der eines Ehebruchs beschuldigte. – König: peu usité. – Campe 1,485: gewöhnlicher verschuldet. – Oertel 1,170: 1. mit Schulden beschweren, 2. poet. für beschuldigen. – DWb. 1,1598: nunmehr schwindet diese im canzleistil des 15. 16. jh. häufige bedeutung (mercri) und wird durch *verschulden* vertreten. *beschulden* aber heißt bei Stieler 1940 arguere, accusare; ... wofür heute *beschuldigen* gilt. – Das Wort fehlt bei Du. 1, 7, 16, im Wb. d. Ggw. und bei Wahrig.
Untergangsgrund: s. *be-*

beschwängern schwängern
Adelung 1,907: schwängern im gemeinen Leben. Eine Weibsperson beschwängern.
Campe 1,486: gewöhnlicher schwängern. – Es fehlt bei König und Oertel. – Kaltschmidt: beschlafen, schwanger machen, schänden. – DWb. 1,1601: man sagt heute meistens *schwängern*. – Das Wort fehlt bei M. Heyne, Du. 1, 7, 16, im Wb. d. Ggw. und bei Wahrig.
Untergangsgrund: s. *be-*

besteifen verstärken
Adelung 1,930: nur im gemeinen Leben für bestärken üblich.
König: pop. affermir, appyer, sich in seiner Meinung besteifen. – Campe 1,497: (*x*). – DWb. 1,1672 führt einen Beleg aus Wieland an. – Es fehlt bei Oertel, Flügel, M. Heyne, Du. 1, 7, 16, im Wb. d. Ggw. und bei Wahrig.
Untergangsgrund: s. *be-*

bethun refl. sich besudeln
Adelung 1,940 markiert es mit einem Kreuz: sich mit seinen Excrementen besudeln, als ein höflicher Ausdruck der niedrigen Spracharten.
Campe 1,564: (*x*). – Oertel 1,175: sich mit seinem Unrathe beschmutzen. – DWb. 1,1704: es war ihr (der älteren Sprache)

aber auch euphemismus für concarare. – Das Wort fehlt im Sinne von „concarare" bei Du, 1, 7, 16, im Wb. d. Ggw. und bei Wahrig. – Küpper verzeichnet es und führt nur ältere oder mundartliche Belege an.
Untergangsgrund: Euphemismus. (s. Inhalt).

Beute Bienenstock
Adelung 1,957: im gemeinen Leben für Bienenstock.
Campe 1,512: (–). – Oertel 1,178: Bienenstock. – Das Wort ist in diesem Sinne dem DWb. unbekannt. – Flügel: a wooden beehive. – Das Wort lebt heute als Imkerwort fort (s. Wb. d. Ggw. Du. 16, Wahrig).
Untergangsgrund: Homonymie. Der lautliche Zusammenfall mit dem häufigeren *Beute* „das Erbeutete" hat eine störende Homonymie hervorgerufen. Das Simplex ist untergegangen und die deutliche Zusammensetzung *Bienenstock* hat es ersetzt.

Bewegungsgrund Beweggrund
Adelung 1,967 (unter *Beweggrund*): der Bewegungsgrund, der Grund, der das Gemüth in Bewegung setzet, der Grund des Wollens und Nichtwollens.
Heynatz 1,255: der Beweggrund für Bewegungsgrund ist ungeachtet einiges nicht abzuleugnendes Übelklanges bei einigen Neuern nicht unbeliebt. Lambert, Wieland und andere in Oberdeutschland geborene Schriftsteller gebrauchen es und finden Nachahmer, zu denen sich seit kurzem auch Campe gesellt hat. – Campe 1,517: so viel als Beweggrund. – Oertel 1,179: besser Beweggrund. – DWb. 1,1776 führt Belege aus Hagedorn, Lessing, Wieland, Schiller, Lichtenberg an. – M. Heyne 1,415 verzeichnet nur *Beweggrund.* – E. Engel (Verdeutschungswb.) übersetzt *Motiv* mit „Beweggrund".
Untergangsgrund: Das Wort ist durch die kürzere Lautform *Beweggrund* verdrängt worden. (s. H. Moser: Dt. Wortg. II, 475 ff.).

bewitthumen
Adelung 1,971: mit einem Witthum, das ist Witwensitz oder Witwengehalt, versehen; ein größten Theils veraltetes Wort.
Heynatz 1,256: kömmt nur noch selten vor. Eine Dame mit großen Einkünften bewitthumen. – Campe 1,519: (–). – Oertel

1,180: mit einem Witthum versehen. – DWb. 1,1787 bringt einen Beleg aus Hahn (1721). – Sanders: vlt. – Das Wort ist nicht mehr in späteren Wörterbüchern aufgenommen.
Untergangsgrund: s. *be-*

bezwisten bestreiten
Adelung 1,1000: Zwist über etwas erregen. Ich will das nicht bezwisten.
König: disputer. – Campe: 1,523: (+) ein wenig gebräuchliches Wort. – Oertel 1,181: streitig machen. – Kaltschmidt: bezanken, bestreiten, behadern. – DWb. 1,1805 bringt folgenden Beleg aus Hippel: allein dieses läßt sich noch bezwisten. – Das Wort fehlt bei Flügel, M. Heyne, Du. 1, 7, 16, im Wb. d. Ggw. und bei Wahrig.
Untergangsgrund: s. *be-*

bidmen beben
Adelung 1,774 (unter *beben*): Die Oberdeutschen sprechen es (*beben*) noch jetzt bidmen aus, daher auch das Erdbeben bey ihnen Erdbidmen lautet.
DWb. 1,1810: im laufe des 17. jh. gab die schriftsprache diese wortgestalt wieder auf, unter dem volk hat sie sich in Baiern (Schm. 1,155) und der Schweiz (Stald. 1,170) forterhalten und Goethe hat sich von neuem ihrer bedient. – Weitere Belege bei Goethe findet man bei Paul Fischer (Goethe-Wortschatz).
Diese Wiederaufnahme hat trotzdem in die Schriftsprache keinen Eingang gefunden. Es lebt heute nur als oberdeutsches Wort fort (vgl. v. Bahder, Wortwahl, S. 15 f.).
Untergangsgrund: Kluge (Von Luther bis Lessing. 1918 S. 99) stellt fest, daß durch Luthers Bibelübersetzung der oberdeutsche Wortschatz zurückgedrängt worden sei und das Mitteldeutsche den Sieg in der Schriftsprache davongetragen habe. Ausdrücke wie md./nd. *Lippe, Stoppel, beben* und md. *Topf, Töpfer* treten unter diesem Einfluß an die Stelle von obd. *Lefze, Stupfel, bidmen, Hafen, Hafner.* (s. Hugo Moser, Dt. Sprachgeschichte 1965, S. 158)

Biergeld Trinkgeld
Adelung 1,1009: im gemeinen Leben so viel als Trinkgeld.
Campe 1,529: (*x*). – DWb. 1,1823: verzeichnet es für Trinkgeld und bringt einen Beleg aus Arnim.

Untergangsgrund: Biergeld bezeichnet einen spezielleren Begriff, der in dem allgemeineren *Trinkgeld* enthalten ist. Da *Biergeld* jederzeit durch *Trinkgeld* ersetzt werden konnte, mußte *Biergeld* als überflüssig betrachtet werden.

bildern blättern
Adelung 1,1017: im gemeinen Leben, die Bilder oder Kupferstiche in einem Buche aufsuchen. In einem Buche bildern.
Campe 1,533: (–). – Oertel 1,183: Bilder aufsuchen und besehen. – DWb. 2,17 bringt einen Beleg aus Lessing. – Das Wort wird in den Wörterbüchern nicht mehr verzeichnet (vgl. M. Heyne, Du. 1, 7, 16, Wb. d. Ggw., Wahrig).
Untergangsgrund: Mißlungene Neubildung. *bildern* ist eine mißlungene Nachbildung (nach *blättern* gebildet). An diesem Beispiel wird deutlich, daß nicht alle Nachbildungen unbedingt zu lebendigem Sprachgut werden müssen, denn sie sind eben so wie die Verdeutschungen bewußt gebildet. Ihr Schicksal ist vom Geschmack abhängig, obwohl sie sprachrichtig sind.

bittlich bittend
Adelung 1,1039: einen bittlich um etwas angehen, ihn bittlich ersuchen, am häufigsten in den Kanzelleyen.
Heynatz 1,264: bittlich für bittend ist kanzleideutsch ... Adelung hat nicht angemerkt, daß es auch als ein Beiwort vorkomme. Man findet aber bittliches Gesuch u. d. g. häufig genug. – Campe 1,544: (–). – DWb. 2,57 führt Belege für das Wort im Sinn von supplex und suppliciter an. – *bittlich* fehlt bei M. Heyne, Du. 1, 7, 16, und im Wb. d. Ggw. – Wahrig bucht es für Österreich: wenn ich bittlich sein darf.
Untergangsgrund: bittlich oder *bittweise* aus bittlicher Weise (Stieler 176) erinnert an den damit verbundenen äußeren Umstand. Im 18. Jh. vermied man die schleppende Form und die davon abgeleiteten abgekürzten Formen, die an die Kanzleien erinnerten. Heute hat sie das Part. Präs. ersetzt.

Blume Menstruation
Adelung 1,1087: die monatliche Reinigung des andern Geschlechtes wird von einigen ... die Blume, aber auch im Plural Blumen genannt; eine Bedeutung, welche vielleicht ein Überbleibsel des allgemeinen Gebrauches des Wortes blühen ist.

Oertel 1,193: weibliche Reinigung. – DWb. 2,160: blume ist auch die menstruation. – Hyrtl: meist nur in Hebammenbüchern ... zu finden für Menstruation.
Untergangsgrund: Euphemismus. Dieser Euphemismus trägt schon den Todeskeim in sich, da der verhüllende Ausdruck infolge seiner häufigen Anwendung unter dem sieghaftem Durchbruch des wirklich Gemeinten in seiner Bedeutung sinkt und selbst wieder durch einen neuen Euphemismus ersetzt werden muß. Neben *Menstruation* stehen nun die Euphemismen: *Periode, Zeit, Tage,* u. a. m.

Brachmonat Juni
Adelung 1,1143: der sechste Monat im Jahr, welcher mit einem Römischen Nahmen Junius heißt. Carl der Große hat ihm diesen Nahmen gegeben, weil man schon vor Alters in demselben das Feld zu brachen pflegte.
Du. 16: fehlt.
Untergangsgrund: s. *Wintermonat*

Brandader vena cruralis
Adelung 1,1150: Ein Nahme desjenigen Astes der unteren Hohlader, welcher über die Schenkel gehet, und daher auch die Schenkelader, Vena cruralis, genannt wird. Zuweilen führet die Krummdarmader, Vena iliaca, welche ein Ast oben dieser untern Hohlader ist, diesen Nahmen.
Campe 1,601: (–). – DWb. 2,296: vena cruralis, die schenkelader, vena iliaca, weil man diese beiden adern in der krankheit des brandes schlägt. – Grimm führt keine Belege an. – Hyrtl: dieser Ausdruck kam erst am Beginn des 17. Jh. auf.
In der zweiten Hälfte des 18. Jh. wird er nicht mehr erwähnt.
Untergangsgrund: Mißlungene Verdeutschung. Adelung (Wb. 1,1150) vermutet, die Bezeichnung komme daher, weil man die Öffnung dieser Ader in der „Krankheit des Brandes" für heilsam halte. Grimm (DWb. unter *Brandader*): „weil man diese beiden adern in der krankheit des brandes schlägt". Hyrtl (die alten deutschen Kunstwörter der Anatomie 1884, 24f.): „Was mag das Wort wohl zu bedeuten haben? Die Autoren, welche sich seiner bedienen, sagen nichts hierüber. Ne longum faciam, vermuthlich, dass, als im 17. Jahrhundert anatomische Untersuchungen viel häufiger vorgenommen wurden, man auch den patho-

logischen Zuständen der Organe einige Aufmerksamkeit schenkte. Da konnte es wohl vorgekommen sein, daß man bei Gangrän einer unter Gliedmasse, die Hauptstämme der Blutgefäße mit geronnenem Blut verstopft fand, und bei der Amputation einer solchen Gliedmasse im Gesunden, die Arterien nicht bluteten. Es lag somit ganz nahe, in der Thrombose der Hauptgefäßstämme der unteren Extremität die Ursache des Brandes zu sehen, wo sodann diesen Gefässen der Name Brandadern von selbst zufallen mußte. Ja, man ging noch weiter, und nannte auch die Aeste der Cruralvene am Unterschenkel, Brandadern."
Die Verdeutschung ist mißlungen, weil der Begriffsinhalt undeutlich war.

brandmahlen brandmarken
Adelung 1,1153: mit einem Brandmahle versehen; besonders einen Verbrecher durch ein angebrenntes Zeichen kenntlich machen.
König verzeichnet es als Synonym zu *brandmarken*. – Campe 1,602: (–). – Oertel verzeichnet nur *brandmarken*. – DWb. 2,299 bringt Belege aus Lessing, Wieland, Tieck. – M. Heyne bucht nur *brandmarken*. – P./B.: brandmalen und brandmarken, von denen ... das erstere, welches im 18. Jh. ganz üblich war, gegen das letztere zurückgetreten ist. – Das Wort wird nicht mehr in den Wörterbüchern gebucht (vgl. Du. 1, 7, 16, Wb. d. Ggw., Wahrig).
Untergangsgrund: Homonymie. Die alte Sitte, einen Verbrecher durch ein angebranntes Zeichen kenntlich zu machen, ist heute untergegangen. Die oben bei Grimm belegten Beispiele sind nur im figürlichen Sinn angegeben. Während *brandmarken* fortlebt, ist *brandmalen* untergegangen. Auch *Brandmal* wird heute in den Wörterbüchern verzeichnet. Der Untergangsgrund für *brandmalen* kann der lautliche Zusammenfall mit *brandmalen* „zu Brandmalerei" und die daraus entstandene störende Homonymie sein.

Braſt Gram, Sorgen
Bei Adelung 1,1159 als veraltet gebucht: welches Kummer, Gram, Sorgen, bedeutete.
Das Wort fehlt bei Braun, König, Campe und Oertel. – Heynatz 1,271 f.: kömmt jetzt nur hauptsächlich in der Redensart, das ist

der ganze Brast, vor, womit man gemeiniglich sagen will: da ist der ganze Vorrath, so gut oder schlecht er ist. In dem Kirchenliede: Ich bin ganz voller Brast, so viel heißen zu sollen, als ich bin mit Kummer überladen. – DWb. 2,308: führt folgenden Beleg aus Schuppius (1684): *das must dem könig ein großer brast,* ein großes herzleid gewesen sein, und bemerkt: noch heute: *das ist mir ein rechter brast, ein wahrer herzensbrast,* und mit unrecht enthalten sich neuere schriftsteller des kräftigen ausdrucks. – Das Wort ist heute mundartlich (vgl. Kluge, Et. Wb. 1921, S. 66).
Untergangsgrund: Etymologische Isolierung. *Brast,* mhd. *brast* zu *gebresten* ist wegen etymologischer Isolierung untergegangen. Heute stehen dafür *Sorgen* und *Gram* als Ersatzwörter.

Brau das Brauen, das Gebraute
Bei Adelung 1,1161 mit einem Stern versehen: an einigen Orten, z. B. in Hamburg, soviel als ein Gebräude, so viel als auf Ein Mahl gebrauet wird.
König: se dit proprement de la quantité de bière qu'on brasse à la fois. – Campe 1,606: (+) an manchen Orten so viel als Gebräude. – Oertel 1,202: das Gebraude, soviel als auf einmal gebraut wird. – DWb. 2,313 bringt einen Beleg aus Schlegel (Sommernachtstraum). – Sanders führt einen Beleg aus Rückert an: Kein ägyptischer Gerstenbrau. Es heißt nun bairisch *Bräu.* – M. Heyne 1,479: mit dem allgemeinen Emporkommen des bairischen Bieres ist die bairische Form, aber nun in der Bedeutung zunächst bairische, dann auch andere Biersorte und in näher bestimmender Zusammensetzung allgemein geworden, ein Glas Hofbräu, Augustinerbräu usw.
Untergangsgrund: Das Wort ist bis zum 17. Jh. bekannt. Im 18. Jh. mundartlich. *Bräu* ist die oberdeutsche Form, die sich von Bayern aus verbreitet hat. Das Wort ist versteinert in *Braumeister, Braukessel,* usw. Sonst ist es vielleicht wegen der Wortkürze durch deutlichere Formen wie das *Brauen,* das *Gebraute,* das *Gebräu,* verdrängt worden.

bräuchlich brauchbar, gebräuchlich
Adelung 1,1163: 1. Was gebraucht werden kann. In dieser Bedeutung ist es im Hochdeutschen völlig veraltet, weil brauchbar üblicher geworden ist. 2. Was im Gebrauche ist, was der Gebrauch, die Gewohnheit mit sich bringt. Es ist einmahl bräuchlich

gewesen. Auch in dieser Bedeutung ist es im Hochdeutschen veraltet, und durch gebräuchlich verdrängt worden.
Untergangsgrund: Homonymie. *bräuchlich* „zur Verwendung geeignet" aus *Brauch* (Verwendung: Warum, wozu das ungeheure Roß? Zu welchem Brauch? Schiller bei M. Heyne) ist lautlich zusammengefallen mit *bräuchlich* „gewöhnlich, üblich" aus *Brauch* „Übung, Sitte". Die beiden homonymen Wörter sind untergegangen. Im ersten Fall ist es durch *brauchbar* zurückgedrängt, im zweiten durch die Erweiterung *gebräuchlich*.

Bruch Hose
Bei Adelung 1,1211 mit einem Stern versehen: ein in Ober- und Niederdeutschland bekanntes, im Hochdeutschen aber seltenes Wort, eine Art langer weiter Beinkleider zu bezeichnen, welche in Niedersachsen noch von den Schiffern, in Ober- und Niederdeutschland aber noch an einigen Orten von den Bauern getragen werden.
König und Oertel verzeichnen es nicht. – DWb. 2,411: im 18. jh. stirbt das im 16. noch lebendige, im 17. seltene wort fast aus. Doch heißt es in Zürich bis heute: *niemand geht baden ohne bruech.* – Campe 1,627: (+). – Sanders verzeichnet es als vlt. – Das Wort gilt heute nicht mehr als allgemein schriftsprachlich (vgl. Fr. Kluge, Et. Wb. 1921).
Untergangsgrund: Homonymie. Der lautliche Zusammenfall mit den häufiger gebrauchten Wörtern 1. *Bruch* (durch Ablaut aus *brechen* gebildet), das meist in Zusammensetzungen steht, z. B. *Damm-, Schiff-, Wolkenbruch; Windbruch; Marmor-, Schwefel-, Steinbruch; Ehe-, Eid-, Friedens-, Treu-, Wortbruch,* dazu die Redensart *in die Brüche gehen*; 2. *Bruch, „Sumpfgelände"*; dazu *bruchig*, auch in Verbindung mit Flußnamen z. B. *Oderbruch*, und in Verbindung mit Bäumen z. B. *Birkenbruch* ... Dieser lautliche Zusammenfall verursachte eine störende Homonymie (vgl. E. Öhmann, Homonymie und Homonyme a. a. O. S. 9; O. Weise, Unsere Muttersprache a. a. O. S. 208).

Brühl Bruch, Morast, Sumpf
Adelung 1,1218 markiert es nicht mit einem Stern: ein sumpfiger, morastiger Ort, besonders wenn er mit Gebüsch bewachsen ist. Dieses Wort ist zwar größten Theils veraltet, aber es kommt noch in vielen Städten vor, wo theils Gassen, theils unbebaute Plätze diesen Nahmen führen.

Jahn: Der Brühl kommt Bruch am nächsten. Brühl ist ein sumpfiger, morastiger Ort, der mit Gebüsch bewachsen ist; ein Bruch kann auch Gehölz von großen Bäumen haben. Kleinere Strecken solchen Landes nennt man lieber Brühle, ganze Gegenden hingegen Brüche. Auch nach der Urbarmachung behalten oft solche Oerter den selben Nahmen. Der Brühl, eine bekannte Straße in Leipzig, und der Querbruch, eine fruchtbare, wohlangebaute Gegend in der Mark. – Bei Campe 1,630 mit einem Stern versehen. – Kaltschmidt: Bruch, sumpfiger Waldgrund, Morast, Sumpf. – DWb. 2,426 führt ältere Belege an. – M. Heyne 1,502: bewässerte, bruchige Wiese ... Sumpfwiese; in neuerer Sprache noch als Straßen- oder Platzname in Städten.
Untergangsgrund: Etymologische Isolierung. Außer dem wurzelverwandten *Bruch* steht *Brühl* etymologisch isoliert.

C

Christmonat Dezember
Adelung 1,1332: der letzte Monath im Jahre, in welchen das Christ- oder Weihnachtsfest fällt, mit einem Römischen Nahmen der Dezember. Wb. d. Ggw.: veraltet.
Untergangsgrund: s. *Wintermonat.*

D

dahlen tändeln, kindische Dinge vornehmen, läppisch reden, Scherz treiben
Adelung 1,1374: in der vertraulichen Sprechart der Obersachsen üblich ...
Heynatz 1,279: ist Sächsisch für scherzen oder tändeln. – Campe 1,671: (*x*). – DWb. 2,696 führt Belege aus Wieland, Bürger, Goethe an. – Sanders bringt folgenden Beleg aus Börne: Der Engländer schnarrt, der Franzose schwatzt, der Spanier röchelt,

der Italiener dahlt, nur der Deutsche redet. – Kluge, Et. Wb., (1921) markiert es mit einem Kreuz als „schriftsprachlich nicht allgemein". – Das Wort ist aufgenommen in Du. 1, 7; Brockhaus 4, 7 als mundartlich. In Du. 15, 16, Wb. d. Ggw. und Wahrig ist es nicht mehr vorhanden.
Untergangsgrund: Etymologische Isolierung. *dahlen*, engl. *dally* „tändeln, spielen", mittelengl. *dalien* stammt aus afrz. *dalier* „plaudern". Es ist noch nicht sicher, ob dies auch die Quelle des nhd. Wortes ist (s. F. Kluge, Et. Wb. 1921). Weigand (Dt. Wb., I, 1909, 325) vermutet, daß das Wort wurzelverwandt ist mit got. *dwals* „töricht", ahd. *gitwola* „Betörung", ahd. *tol* „toll". Die nhd. Sprache kennt keine Ableitungen oder Zusammensetzungen mit *dahlen*.

Danknehmigkeit
Adelung 1,1388: im Oberdeutschen üblich, im Hochdeutschen veraltet.
Heynatz 1,280: sowohl für angenehm oder mit Dank anerkannt, als auch für dankbar ist es aus guten Schriftstellern längst verschwunden. – Campe 1,678: (landschaftlich). – DWb. 2,738 bringt folgenden Beleg aus Goethe an Zelter: über das alles darf ich nicht vergessen, daß zu unserer danknehmigkeit die köstlichen rübchen angekommen sind. – Paul Fischer (Goethe-Wortschatz) bringt einen anderen Beleg aus Goethe und merkt an: älter nhd. = dankbare Entgegennahme.
Untergangsgrund: Untergang des Grundwortes. Das Wort ist eine Ableitung aus dem alten Adjektiv *danknehmig*, ahd. *dancnāmi*, das noch in den Urkunden des 15., 16. Jh. als formelhafter Abschluß von fürstlichen Briefen (s. DWb. 2,738) vorkam.

dannenhero daher
Adelung 1,1389: eine Oberdeutsche Partikel, welche mit daher einerley ist ... Aichinger versichert in seiner Sprachkunst, daß dannenher im Oberdeutschen gar nicht, wohl aber dannenhero gebräuchlich sey. Beide Wörter kommen im Hochdeutschen nur in den Kanzelleyen vor.
Heynatz 1,282: ist schlecht und den Oberdeutschen zu überlassen, es mag für deshalb oder für weshalb gesetzt sein. – Campe 1,678: (landschaftlich) sind verwerfliche O.-D.-Verzerrungen für daher. – Oertel 1,229: vlt. statt daher. – DWb. 2,748: im 17.

und noch im 18. jh. üblich... es wird jetzt nur in ironischer nachahmung gebraucht, wie von Wieland.
Untergangsgrund: unnötige Verlängerung.

darsetzen hinsetzen
Adelung 1,1402: nur im Oberdeutschen und der höheren Schreibart der Hochdeutschen üblich..., hinsetzen, vorsetzen.
Heynatz 1,248: ist veraltet und muß mit vorsetzen oder hinsetzen vertauscht werden. – Campe 1,684: Dichterwort. – DWb. 2,790 bringt einen Beleg aus Schuppius. – Das Wort ist heute in der Schriftsprache abgestorben. (s. M. Heyne, Du. 1, 7, 16, Wb. d. Ggw., Wahrig, P./B.).
Untergangsgrund: Die Vorsilbe *dar-* in der Bedeutung „hin" ist heute in verbalen Zusammensetzungen unproduktiv geworden. Sie wird meistens durch *hin-* ersetzt. (s. Wb. d. Ggw.).

darwägen hinwägen, aufwägen, vorwägen
Adelung 1,1407: welches aus der Oberdeutschen Mundart entlehnt ist, aber auch in der höheren Schreibart der Hochdeutschen gebraucht wird.
Heynatz 1,285: heißt außer der erhabenen Schreibart lieber zuwägen. – Campe 1,686: Dichterwort. – DWb. 2,207 bringt Belege aus Musäus, J. E. Schlegel, Gellert. – M. Heyne 1,542 (unter *dar-*): in älterer Sprache mit Verben der Bewegung in sinnlicher Bedeutung, wo die neuere *hin* setzt. – Das Wort ist heute schriftsprachlich vlt. (vgl. P./B.).
Untergangsgrund: s. *darsetzen.*

Demütigkeit Demut
Adelung 1,1445: ein größten Theils veraltetes, wenigsten unnöthiges Wort für Demuth.
Das Wort fehlt bei König und Oertel. – Heynatz 1,290 nimmt Adelungs Beurteilung an. – Campe 1,701: (–). – DWb. 2,924: im 18. jh. erscheint es nicht mehr. – Frisch und Steinbach führen es nicht an. – Sanders: Demütigkeit der Gelehrten (Börne).
Untergangsgrund: Unnötige Verlängerung *Demütigkeit* ist eine Weiterbildung des Adjektives *demütig.* Es ist gleichbedeutend mit *Demut.* Wegen dieser unnötigen Verlängerung ist das Wort untergegangen.

Denkzeit Epoche

Adelung 1,1450: ein schon von Schotteln gebrauchtes Wort, welches aber wenig mehr vorkommt.

Heynatz 1,291 f.: Denkzeit ward von den Gottschedern nicht übel statt Epoche gebraucht. – Campe 1,704: ein denkwürdiger Zeitpunkt in der Geschichte, und deßhalb darin gemachter Abschnitt (Epoche); auch Gedenkzeit. Da Denkzeit aber auch eine Zeit zum Denken und Bedenken, eine Bedenkzeit, oder auch eine Zeit, in welcher man denkt, bedeuten kann, und folglich die Bedeutung mehrdeutig wird, so gebraucht man in der ersten Bedeutung vielleicht besser Zeitabschnitt oder Zeitstufe. In seinem Verdeutschungswörterbuch (1813) schlägt Campe *Zeitstufe, Zeitabschnitt, Zeitmahl, Zeitscheide* vor. – DWb. 2,944: man gebrauchte es für epoche ... die vierte denkzeit *(der sprachgeschichte)* wird mit herrn Luthero einfallen. Schottelius *Haubtsprache* 49. Klopstock überschrieb eine oder anfänglich *die epoken*, später *die denkzeiten.* – Das Wort ist heute ausgestorben (vgl. M. Heyne, Du. 1, 7, 16, Wb. d. Ggw., Wahrig, Eduard Engel, Verdeutschungswb. S. 122).

Untergangsgrund: Mißlungene Verdeutschung. Die Verdeutschung ist zweideutig, da – nach Campes Worten – *Denkzeit* auch eine Zeit zum Denken und Bedenken, eine Bedenkzeit, oder auch eine Zeit, in welcher man denkt, bedeuten kann.

Docke Puppe

Adelung 1,1508: eine Puppe, doch mehr im Oberdeutschen und Niedersächsischen, als im Hochdeutschen.

Braun: die Docke ist auch eine Puppe. – König: Puppe. – Campe 1,726: (–). – Oertel 1,246: eine Puppe, womit kleine Mädchen spielen. – DWb. 2,1208 gebraucht es für „Puppe“: was man jetzt lieber gebraucht. – Sanders bringt Belege aus Auerbach und Nicolai. – M. Heyne 1,583: ahd. ist nur die Bed. Puppe bezeugt, die im älteren Nhd., mundartlich bis heute sich erhält. – Trübner 2,65: Das 18. Jh. versteht Docke noch ganz allgemein ... Auch das 19. Jh. kennt die Docken noch ... Dann aber geht Docke ins Mundartliche über und verschwindet aus dem allgemeinen Schriftdeutsch.

Untergangsgrund: Häufig werden unverständlich gewordene Wörter durch allgemein bekannte von gleicher Bedeutung ersetzt (vgl. v. Bahder, Wortwahl, S. 58). In der Bedeutung der heutigen

Puppe (s. P./B.) ist *Docke* unverständlich geworden. Es beschränkt sich heute auf: 1. ein zopfartig gedrehtes Bündel von Garn, Fäden; 2. lange Holzrolle, um die die Wäsche zum Rollen gelegt wird (s. Wb. d. Ggw.).

doppelherzig falsch

Adelung 1,1520: ein Wort welches nur selten gebraucht wird, so wie das davon gemachte Doppelherzigkeit.
Campe 1,732 bezeichnet es als ein neues Wort, das „wegen einer fehlerhaften Eigenschaft die Aufnahme nicht zu verdienen scheint". – DWb. 2,1265: uneigentlich für falsch gesinnt. – Das Wort fehlt bei M. Heyne, Du. 1, 7, 16, Wb. d. Ggw., Wahrig.
Untergangsgrund: Das Simplex *falsch* ist deutlicher als die zweideutige Zusammensetzung, die dadurch verdrängt worden ist.

doppeln verdoppeln

Adelung 1,1520: in der anständigen Sprechart der Hochdeutschen ist dieses Zeitwort von dem zusammen gesetzten verdoppeln verdränget worden.
Heynatz 1,304: für doppelt machen, ist von verdoppeln verdrängt. Campe 1,733: (–). – DWb. 2,1267: gewöhnlicher ist jetzt *verdoppeln.*
Heute ist es durch *verdoppeln* verdrängt. *doppeln* lebt als österreichisches Wort im Sinne von „neu besohlen" fort. (vgl. Wb. d. Ggw.).
Untergangsgrund: Das Wort ist durch die erweiterte Lautform *verdoppeln* zurückgedrängt. s. *Fahr.*

Dränger Bedränger

Adelung 1,1537: das Hauptwort der Dränger ... ist im Hochdeutschen ungewöhnlich.
Campe 1,742: (–). – DWb. 2,1338 bringt u. a. einen Beleg aus Schiller. – M. Heyne 1,595 führt weitere Belege aus Grillparzer und Treitske an. – Paul und P./B.: vlt. und poetisch.
Untergangsgrund: Mangelhafte oder nicht ausgebildete Wortbildung. s. *Fahr.*

Duns Dummkopf

Adelung 1,1579: ein in den neuern Zeiten aus dem Engl. Dunce, einen Dummkopf bedeutet, im Deutschen aber vornehmlich von einem schwachköpfigen, blödsinnigen Gelehrten gebraucht wird.

Campe 1,766: (–). – Oertel 1,256: aufgeblasener dummer Mensch, leerer Kopf, Dummkopf. – DWb. 2,1557 f.: man bezieht *duns* auch auf den philosophen Johannes Duns, der im 13. jh. lebte und seiner spitzfindigkeiten wegen doctor subtilis genannt ward. – P./B.: vlt. nach der Dunciade (Spottgedicht auf einen dunce) des englischen Dichters Pope um 1750 übernommen und Anf. 19. Jh. wieder ausgestorben.

Untergangsgrund: Kulturgeschichtliche Bedingungen. Untergang des Wortes mit dem Untergang der Sache.

Durst Kühnheit

Adelung 1,1621: ein im Hochdeutschen völlig veraltetes Wort für Kühnheit, Verwegenheit.

Oertel 1,260: altd. Keckheit, Kühnheit, Heftigkeit. – DWb. 2,1746 f. bringt Verse aus Logau und Gryphius und bemerkt: die bedeutung geht von kühnheit, entschlossenheit im edlen sinn über in keckheit, verwegenheit, frechheit. es gehört zu *durren.*

Untergangsgrund: Homonymie. O. Wiese (Unsere Muttersprache, a. a. O. S. 208) schreibet: „*durstig* ‚kühn' von mhd. *turren* ‚wagen' ist vielleicht dem gleichklingenden, von *Durst* abgeleiteten Worte gewichen; in diesem Fall hätte also deutsche *Kühnheit* dem deutschen *Durste* das Feld geräumt." (vgl. E. Öhmann, Homonymie a. a. O. S. 9).

E

e-Abstrakta

Die Femininbildungen auf ahd. *-î*, mhd. *-e* (Typus ahd. *scôni, suozi*, mhd. *schoene, sueze*) werden immer häufiger durch andere Ableitungen ersetzt. Die Tatsache, daß dieses mhd. *-e* oft der Apokope ausgesetzt war, steigert das Bedürfnis nach deutlicheren Ableitungen wie *-heit, -keit, -ung.* Wie dieses geschah, beschreibt Emil Öhmann in dem Aufsatz: „Über die Wirkung der Homonymie im Deutschen." In: Wi. Wo. 1962 S. 146 f.: „Die in althochdeutscher Zeit beliebte Bildungsweise von Adjektivabstrakten mit dem Suffix *-î* ist bekanntlich im Mittelhochdeutschen vor der Bildungsweise mit dem Suffix *-heit* in schnellem

Rückzug begriffen, und heute ist von der früheren großen Anzahl dieser Bildungen nur ein kleiner Rest übriggeblieben. Die Ursache zu diesem Massentode ist in der mittelhochdeutschen Abschwächung der Endung *-î* zu *-e* zu suchen. Dadurch verlor das Suffix sein charakteristisches unterscheidendes Merkmal, und die Folge davon war, daß diese Adjektivabstrakta meistens mit mehreren Formen des entsprechenden Adjektivs lautlich zusammenfielen. Und gerade unter den von Homonymie betroffenen Adjektivabstrakten auf *-î* hat der Tod am schlimmsten gewütet. So werden z. B. ahd. *reinî* „Reinheit" und *snellî* „Tapferkeit", „Schnelligkeit" im Mittelhochdeutschen zu *reine* und *snelle*, wodurch sich der Zusammenfall mit den entsprechenden mittelhochdeutschen Adjektiven *reine* und *snelle* ergibt und als Folge davon das Zurückweichen vor *reinheit* und *snelheit*."

Ehehaft gesetzliches Hindernis

Adelung 1,1644: ein zum Theil veraltetes Wort, welches nur noch in einigen Gegenden üblich ist. – Campe 1,817: (+). – Oertel 1,263: Ehehaften; gesetzliches Hindernis. – DWb. 3,43 bringt dafür (im Sinne von *justa causa*) Belege aus Schweinichen, Goethe, Hippel, Gotter. – M. Heyne 1,657: als altes Rechtswort bisweilen noch vorkommend. – Paul Fischer (Goethe-Wortschatz) bringt Belege aus Goethe und bemerkt: Ehehaften ... altes Rechtswort. – Das adj. *ehehaft* ist von Du. 16 als vlt. schweizerisches Wort für gesetzlich, rechtsmäßig verzeichnet. Bei P./B. ist das Wort vlt.

Untergangsgrund: Das Wort ist untergegangen, weil die Bedeutung „gesetzliche Hindernisse" aus der Wortbildung nicht ersichtlich ist. (vgl. Ad. Magazin für deutsche Sprache, Ersten Jahrganges. Zweites Stück 1783, S. 69).

ehrbarlich ehrbar

Bei Adelung 1,1649 vlt.

Heynatz 1,322: kömmt bei Luther einigemal vor, wo es bequem mit ehrbar oder anständig vertauscht werden kann. – Campe 1,819: (–). – DWb. 3,53 bringt Belege aus Lessing und Pfeffel. – Sanders bringt einen Beleg aus Merck. – M. Heyne, 1,659 bringt einen „altertümelnden" Beleg aus Wieland. – Das Wort fehlt bei Duden 1, 9, 16, im Wb. d. Ggw. und bei Wahrig.

Untergangsgrund: Unnötige Verlängerung. Die passivisch-potentielle Bedeutung von *-bar* macht die ältere Verlängerung überflüssig (vgl. *-bar*).

Eidam Schwiegersohn

Adelung 1,166: ein Oberdeutsches Wort, welches im Hochdeutschen zu veralten anfängt, den Ehemann der Tochter, einen Schwiegersohn zu bezeichnen.

Braun: Der Tochtermann. – Heynatz 1,324: für Tochtermann, Schwiegersohn ist veraltet. Luther hat es mehrmals, aber der Schweizer hat allemal Tochtermann daraus gemacht, weshalb man das Wort nicht ganz sicher für Oberdeutsch erklären kann. – Campe 1,829: in der höheren Schreibart gewöhnlich. – Oertel 1,266: Schwiegersohn, Tochtermann. – Sanders bringt Belege aus Heine, Immermann, Rückert, Rost. – DWb. 3,83: heute verschwindet das gute, alte wort beinahe vor den schleppenden zusammensetzungen *schwiegersohn* und *tochtermann*.

Die neuen Wörterbücher verzeichnen das Wort als veraltet. Den letzten Beleg, den das Wb. d. Ggw. bringt, stammt aus Schiller. Für die heutige Verbreitung des Wortes außerhalb der Schriftsprache vgl. Kretschmar a. a. O. S. 454.

Untergangsgrund: Nach Debus (a. a. O. S. 36) sind folgende Untergangsgründe möglich: 1. Die allgemeine Neigung besonders der Städte, Wurzelwörter durch Komposita oder Ableitungen zu ersetzen. 2. Als korrespondierende Bezeichnung zu Schnur „Schwiegertochter“ teilt Eidam mit dieser das gleiche Schicksal.

Eigenwille Monarchie, **eigenwillig** monarchisch

Adelung 1,1677 (unter *eigenwillig*): Eigenwille für Monarchie, und eigenwillig für monarchisch, welches einige aufbringen wollen, sind unbequem, und haben daher auch wenig Beyfall gefunden; vermutlich weil eigen in den meisten Zusammensetzungen einen nachteiligen Nebenbegriff hat.

Das Wort scheint eine Gelegenheitsbildung zu sein, da es lexikalisch nur bei Adelung bezeugt ist.

Untergangsgrund: Homonymie. Wegen des lautlichen Zusammenfalls mit dem abstrakten *Eigenwille* „Wille zum selbständigen Entschließen und Handeln“ (Wahrig) und der daraus entstandenen Homonymie ist die Gelegenheitsbildung *Eigenwille* „Monarchie“ untergegangen.

Eigner Besitzer
Adelung 1,1671: der eigenthümliche Besitzer, der Eigentümer.
Campe 1,832: (–). – DWb. 3,97 führt einen Beleg aus Goethe an. – Sanders bringt diesen Beleg aus Rückert: Der Eigner dieser Welt, das ist ein Geist, der eignet, sich dauernd alles zu, was flüchtig sich ereignet.
Untergangsgrund: Das Wort ist untergegangen, weil die Bedeutung „Besitzer", „Eigentümer" aus der Wortbildung nicht ersichtlich ist (vgl. Ad. Magazin für deutsche Sprache. Ersten Jahrganges. Zweites Stück. 1783, S. 69). Heute hat *Eigner* nur die Spezialbedeutung von „Schiffseigentümer" (Du. 16).

einbildisch eingebildet
Adelung 1,1689 (unter *einbilden*): in den niedrigen Sprecharten, ein einbildischer oder einbilderischer Mensch.
Heynatz 1,331 bringt einen Beleg aus Don Quixote Th. 3, S. 429 und bucht die Erweiterung *einbilderisch*. – Campe 1,838: (*x*) in der härteren Sprechart, einbilderisch. – DWb. 3,152 bringt Belege aus Wieland, Schiller und mehrere Belege aus Goethe.
Untergangsgrund: Seit dem 18. Jh. hat das Part. Prät. *eingebildet* außer dem passiven Sinn „eine eingebildete Krankheit" auch eine aktivische Bedeutung. Mit diesem aktiven Sinn folgt *eingebildet* dem alten Sprachgebrauch, nach dem das Part. Prät. nicht nur dem Passiv angehört, z. B. ein gelernter Bäcker, der Bediente (s. Tr. Wb. 2,148). So hat die Sprache auf das ältere *einbildisch*, dem die besonders im 18. Jh. unbeliebte *-isch*-Nachsilbe anhaftet, verzichtet.

einbinden empfehlen, einschärfen
Adelung 1,1689: sorgfältig empfehlen, genau anbefehlen, einschärfen, im gemeinen Leben. Ich habe es ihm sorgfältig, scharf, eingebunden.
Braun: ich binde dir das ein. – Campe 1,839: (*x*). – DWb. 3,153 bringt Belege aus Gryphius, Hohberg, Lessing, Hippel, Goethe. – Paul Fischer (Goethe-Wortschatz) bringt weitere Belege aus Goethe und bestimmt das Alter des Wortes: von Luther bis ins beginnende 19. Jh. Paul: jetzt nicht mehr üblich. – P./B. markiert es als veraltet mit einem Stern.
Untergangsgrund: Verblassen des ursprünglich Gemeinten. Der Begriff des Einbindens bezieht sich auf die alte Sitte, ein Geld-

geschenk sorgfältig in das Tuch des Patenkindes einzubinden (s. Ad. Wb. 1,1689). Die übertragene Bedeutung *einschärfen* ist heute mit dem Verblassen der alten Sitte untergegangen.

Einkindschaft unis prolis

Adelung 1,1714: ein im Hochdeutschen veraltetes, aber im Oberdeutschen noch völlig übliches Wort, diejenige Anordnung zu bezeichnen, durch welche Kinder verschiedener Ehen in der Erbschaft einander gleich gemacht werden.

Heynatz 1,337: zeigt in Oberdeutschland die völlige Gleichmachung der Kinder aus verschiedenen Ehen an, daher dergleichen Kinder zuweilen Einkinder genannt werden. Das Wort wird dadurch zweideutig, weil man nicht merken kann, ob *ein* das Zahlwort oder das Vorwort sein soll. Im letzten Falle würde es die Einverleibung fremder Kinder in eine Familie bedeuten; es soll aber vielmehr das erstere sein. In dem Allgemeinen Briefwechsel der Gelehrten, Viertelj. 2, S. 159 wird gefragt, ob eine Einkindschaft deswegen zerfalle, weil in der darauffolgenden Ehe keine Kinder erzeugt worden. – Campe 1,855: (+). – Oertel 1,270: erbschaftliche Gleichhaltung der Kinder aus verschiedenen Ehen. – DWb. 3,214: von J. Paul allzuoft bildlich gebraucht.

Das Wort lebt heute nicht mehr (vgl. Du. 9, wo es verzeichnet ist, mit Du. 16, wo es fehlt).

Untergangsgrund: Zweideutigkeit. Wie Heynatz (s. d.) erwähnt, weiß man nicht, ob *ein* „das Zahlwort oder das Vorwort sein soll". Im letzten Fall würde es nach Heynatz bedeuten: „die Einverleibung fremder Kinder in eine Familie."

Einmuth Einmütigkeit

Adelung 1,1724: die Übereinstimmung des Gemüthes. Sie gingen mit großer Einmuth zu Werke.

Heynatz 1,340: Einmuth hat Klopstock gebraucht, vermutlich aber vor ihm schon andere, daher es Adelung als ein gewöhnliches Wort aufgeführt hat. Die meisten gebrauchen indessen das viel schleppendere Einmütigkeit dafür, welches in den meisten Fällen vielmehr ganz entbehrt werden kann. – Campe 1,861: (–). – Oertel 1,270: einmüthiger Sinn. – DWb. 3,236: später veraltet.

Untergangsgrund: Einmuth ist aus einmütig zurückgebildet, ähnlich wie andere mit *-mut* zusammengesetzte Substantive, die erst aus ihren Adjektiven entstanden sind, z. B. *Freimut, Großmut, Wankelmut, Wehmut* (s. F. Kluge, Et. Wb. 1934, 126 f.). Das ältere *Einmütigkeit*, mhd. *einmüetigkeit* wird, seit Hans Sachs 1535 das Adjektiv *einmütig* populär gemacht hatte, oft verwendet und hat die kürzere Wortbildung verdrängt.

einschattig polarisch

Adelung 1,1735: den Schatten nur auf Eine Seite werfend. In der Erdbeschreibung heißen diejenigen Völker einschattige, heteroscii, welche das ganze Jahr hindurch ihren Schatten im Mittage auf eine und eben dieselbe Seite werfen.

Campe 1,869: (–). – Oertel 1,270: einschattige Völker, Heteroscii. – Das Wort fehlt im DWb. und bei Sanders.

Neuere Wörterbücher verzeichnen es nicht mehr.

Untergangsgrund: Mißlungene Verdeutschung. Das internationale Wort *polarisch* ist deutlicher.

einschildern einmalen, einzeichnen

Adelung 1,1773: Farben einschildern, auf den Kattun mahlen.

Campe 1,870: (–). – Es fehlt bei König, Oertel, DWb., Sanders und in den neuen Wörterbüchern.

Untergangsgrund: Untergang des Grundwortes *schildern* im Sinn von *malen*. s. *schildern*.

einschläfen einschläfern

Adelung 1,1737 (unter *einschläfern*) bringt einen Beleg aus Opitz.

Braun bringt nur *einschläfern*. – Bei König, Campe und Oertel fehlt das Wort. – DWb. 3,271 bringt einen Beleg aus Wieland und bemerkt: heute veraltet und dem *einschläfern* gewichen.

Untergangsgrund: In der heutigen Schriftsprache ist *schläfen* durch *schläfern* ersetzt. (s. DWb. IX,287). Diese desiderative Tendenz zeigt sich deutlich innerhalb der nhd. Zeit (s. Kluge, Abriß, S. 10). Mit dem Untergang des Grundwortes ist das Wort untergegangen und durch *einschläfern* ersetzt worden.

einsten einst

Adelung 1,1750 (unter *einst*): einsten und einstens scheinen bloße müßige Alemannische Verlängerungen zu seyn, ob sie gleich in der höheren Schreibart der Hochdeutschen selten sind.

Heynatz 1,346: einsten und einstens sind unnöthige Verlängerungen für einst. – Campe 1,879: (–). – DWb. 3,312: Schiller in einem seiner frühsten gedichte braucht *einst* und *einsten* nebeneinander. – P./B.: erscheint bis im 18. Jh. (noch bei Schil., einmal auch Fontane).
Untergangsgrund: Verzicht der Sprache auf unnötige Weiterbildung *-en*.

einverstehen refl. einverstanden sein
Adelung 1,1759 (unter *Einverständnis*): sich mit ihm einverstehen, oder einverstanden seyn, sich mit ihm verstehen, d. i. in gutem Vernehmen mit ihm leben.
Campe 1,884: (–). – Oertel 1,284 verzeichnet es als schriftsprachliches Wort. – DWb. 3,337 führt Belege aus Kant, Lessing, Lavater, Schiller an.
Am Ende des 19. Jh. war das Wort nicht mehr üblich (vgl. Paul. Wb.) Heute wird es nicht mehr in den Lexika verzeichnet.
Untergangsgrund: Die Kanzleisprache des 18. Jh. erweiterte die Wendung *sich mit jemandem verstehen* zu *sich einverstehen* (s. Tr. Wb. II,167). Heute ist die Wortform wieder verkürzt zu *sich verstehen*. Erhalten hat sich von *einverstehen* nur das Perfekt *einverstanden*.

Einzögling der Einheimische
Adelung 1,1766: ein nur in einigen Gegenden z. B. in dem westlichen Preußen, übliches Wort, einen Einheimischen, ein Landeskind auszudrucken, einen Einwohner, der in dem Lande selbst geboren und erzogen ist, im Gegensatze eines Ausländers. Daher das Einzöglingsrecht.
Heynatz 1,350 f.: Einzögling heißt nicht, wie viele sich einbilden, derjenige, der in ein Land eingezogen ist, sondern derjenige, der da geboren ist oder einheimisch ist. Man hat davon das Einzöglingsrecht statt des Indigenats oder Indiginatrechts ... wofür jedoch Campe Eingeburtsrecht für besser hält ... Würde man nicht Heimatrecht sagen können? – Campe 1,888: mundartlich.
Das Wort fehlt im DWb. und wird in den neuen Wörterbüchern nicht mehr verzeichnet.
Untergangsgrund: Zweideutigkeit. – (s. o. Heynatz).

Eiß Eiter
Adelung 1,1781 (unter *Eiter*): In eben dieser Mundart (oberdeutsch) hat man noch ein anderes Wort, ein Geschwür zu benennen, welches Eiß lautet.
Bei König und Oertel fehlt das Wort. – DWb. 3,382: ein frühes gangbares, seit dem vorigen jh. fast erloschenes, nur in oberdeutscher volkssprache fortlebendes wort ... die heutige schriftsprache duldet ihn (den Ausdruck) höchstens in den zusammensetzungen *bluteiß*, *spitzeiß*. – Sanders: mundartlich.
Die neueren Wörterbücher kennen das Wort nicht.
Untergangsgrund: Etymologische Isolierung. Das etymologisch isolierte Wort *Eiß* ist durch das etymologisch durchsichtigere *Geschwür*, aus *schwären*, das sich bis ins Neuhochdeutsche als *Geschwär* hält, verdrängt worden (s. Tr. Wb. 3.138; v. Bahder, Wortwahl. S. 130).

Elend Exil
Adelung 1,1789: ein fremdes Land, so fern der Aufenthalt in demselben als eine Strafe, oder als eine Widerwärtigkeit angesehen wird, exilium; ein größten Theils veraltetes Wort, welches nur noch in den Redensarten vorkommt, jemanden in das Elend verweisen, ins Elend gehen, im Elende leben, das Elend bauen.
Heynatz 1,352: das Elend gebrauchen einige in Übertragungen aus dem Lat. für Exilium. – Campe 1,898: (–). – Oertel 1,288: Ausland, fremdes Land, als Aufenthalt zur Strafe, exilium. – DWb. 3,706 ff. bringt Belege aus Schweinichen, Uhland, Günther. – Sanders führt Belege aus Hebel, Immermann, Schiller, Rückert an. – M. Heyne 1,731 bemerkt: häufig ist die Bed. des jammerhaften Zustandes, die im 16. Jh. schon herausgebildet ist. Jetzt ist das Wort in dieser Bedeutung nicht mehr bekannt.
Untergangsgrund: Bedeutungsverschiebung. ahd. *eli-lenti* besagte nichts anderes als „in der Fremde, nicht in der Heimat befindlich“. *ellende* bedeutete bereits „Not, Kümmernis“, auch „Ausland, Verbannung“. Die Frage, warum das altsächsische Hauptwort *eli-lendi* nur für „Fremde, Ausland“ gebraucht wurde und nicht wie im älteren Deutsch für „Verbannung, Exil“ beantwortet Alfred Webinger (a. a. O. S. 32) mit dem sogenannten „altbewußten Sprachdenken“ folgendermaßen: „Aus dieser Bedeutungsänderung geht also hervor, daß der Deutsche in frem-

dem Lande von Herzensnot gequält wurde, die ihm den Aufenthalt verleidete und zum wahren *Elend* machte" und zitiert Otfrieds Klage: *elilenti, tu bist harto vilu swâr.*

Empfehl Empfehlung
Adelung 1,1798: ein Oberdeutsches Wort, welches in dieser Mundart für Empfehlung üblich ist, aber auch von einigen Hochdeutschen Schriftstellern gebraucht worden.
Heynatz 1,353: für Empfehlung, das Compliment, ist aus der Hochdeutschen Schriftsprache, in die es Lessing eingeführt hatte, bald wieder verschwunden. Campe emphiehlt es seiner Kürze wegen von neuem. – Campe 1,901: (–) so viel als Empfehlung. – Oertel 1,290: poet. für Empfehlung. – DWb. 3,424 bringt u. a. Belege aus J. E. Schlegel, Lessing, Nicolai, Klopstock. – P./B.: jetzt wieder durch Empfehlung verdrängt.
Untergangsgrund: Im 18. Jh. entstand neben dem älteren Verbalsubstantiv *Empfehlung* das Maskulinum *Empfehl* nach dem Vorbild *Befehl.* (s. Tr. Wb. II.182). Während *Befehl* heute ein lebendiges Wort ist, ist *Empfehl* durch die längere Lautform *Empfehlung* verdrängt. Auf die Frage, warum die Sprache *Befehl* behält, während *Empfehl* untergegangen ist, kann die Antwort nur lauten: die Sprache ist nicht immer konsequent. (vgl. E. Öhmann, Über die Wirkung der Homonymie im Deutschen. In: Wi.Wo. 1962. 143.) Herbert Seidler (Stilistik a. a. O. s. 44) spricht von der „ausgliedernden Entwicklung alles sprachlichen Geschehens" und bemerkt dazu: „Die sprachliche Entwicklung weist zwei Kennzeichen auf: zunächst eine zunehmende Komplikation alles sprachlichen Geschehens, aller ihrer Aufgaben, Leistungen und Formen ... dann aber einen Drang nach Vereinfachung, um im täglichen Verkehr rasche und wirkungsvolle Reaktionen reibungslos zu ermöglichen."

Empfindnis Empfindung
Adelung 1,1800: von einigen Neuern gewagtes Wort ... etymologisch betrachtet, bloß willkürlich.
Heynatz 1,354: Empfindnis, für einen Begriff, der nicht durch die äußern Sinne erweckt oder hervor gebracht wird, haben einige von Empfindung unterscheiden wollen, scheinen aber nicht viel Beifall erhalten zu haben. (vgl. Campens Preisschrift S. 298). – Campe 1,902: (–) eine sittliche Empfindung. – König und Oer-

tel verzeichnen nur *Empfindung*. – DWb. 3,431 bringt u. a. Belege aus Nicolai, Bode, Schiller. – Paul (Dt. Wortbild S. 72) führt mehrere Belege aus Herder an, der zwischen *Empfindung* und *Empfindnis* unterscheidet. – P./B.: bis ins 18. Jh. üblich.
Untergangsgrund: Schwankende Geschlechtsform. Bis in die jüngste Zeit haben sich die Wörter auf *-nis* vermehrt. (s. Wilmanns, Wortbildung 1899, 361; H. L. Stoltenberg, Vernunftssprachtum. In: Deutsche Wortgeschichte, Bd. 2, 1943, S. 183). Jedoch steht den Neubildungen ein stärkerer Abgang gegenüber. In der neueren Literatursprache sind heute Bildungen auf *-nis* entweder untergegangen bzw. niemals in allgemeineren Gebrauch gekommen, z. B.: *Anerkenntnis, Bedauernis, Bedingnis, Bedrohnis, Bedrücknis, Begabnis, Bestrebnis, Beklagnis, Bewegnis, Bezeichnis, Bitternis, Empfindnis, Entbehrnis, Erfahrnis, Entgeltnis, Erfindnis, Erschaffnis, Erschrecknis, Erwerbnis, Quälnis, Schlechtnis, Störnis, Übereinkommnis, Unbehagnis, Verbündnis, Verbindnis, Vereinständnis, Vergleichnis, Vergrämnis, Verhindernis, Verzagnis, Vorbedeutnis, Zagnis, Zerstörnis,* (s. Paul. Dt. Gr., V, S. 72 f.).
Viele von diesen Bildungen sind wegen der schwankenden Geschlechtsform durch Substantive auf *-ung* abgelöst worden.

Endschaft Ende
Adelung 1,1809: ein größten Theils veraltetes Wort, welches mit dem Zeitworte erreichen noch am üblichsten ist. Die Ausdrücke zur Endschaft kommen, zur Endschaft bringen, der Sache eine Endschaft geben u. s. f. sind in der guten Schreibart der Hochdeutschen unbekannt.
Braun: Endschaft des Prozesses. – Heynatz 1,356: man kömmt mit Ende gemeiniglich ebenso weit. – Campe 1,911: (–) die Ausdrücke, zur Endschaft bringen, zur Endschaft kommen, der Sache eine Endschaft geben, kommen bei Schriftstellern nicht vor. – DWb. 3,466 bringt Belege aus Hagedorn, Lessing, Wieland, Klopstock, Schiller. – Das Wort fehlt bei M. Heyne, Wb. d. Ggw., Wahrig. – Während Du. 1, 7 es verzeichnen, fehlt es im Du. 16.
Untergangsgrund: Überflüssige Verlängerung. Die Nachsilbe *-schaft* wurde als überflüssig empfunden (vgl. oben Heynatz). Früher hatte das Wort mehr Gehalt als *Ende* (s. DWb. III,466). Heute erfüllt das einfache *Ende* auch diese Aufgabe.

englisch engelhaft

Adelung 1,1813: 1. eigentlich von Engeln herkommend, den Engeln eigen, ähnlich u. s. f. Der englische Gruß, der Gruß, mit welchem der Engel Gabriel die Jungfrau Maria anredete; 2. figürlich, vortrefflich. Eine englische Schönheit, ein englischer Verstand, eine englische Stimme. O, das ist englisch!

Heynatz 1,356: aus Engel, dafür wollen einige ohne Noth, nachdem es so lange gebräuchlich gewesen, engländisch gesagt wissen, welchen Rath jedoch nur noch wenige befolgen werden. – Oertel 1,292: 1. den Engeln eigen, 2. ausgezeichnet. – DWb. 3,481 bringt Belege aus Kant, Goethe. – Sanders bringt Zitate aus Heine, Keller und Goethe. – P. Fischer (Goethe-Wortschatz) führt mehrere Belege aus Goethe an.

Untergangsgrund: Homonymie. Der lautliche Zusammenfall ist daran schuld, daß das Wort unterging. Man spürte die störende Wirkung des Gleichklangs und versuchte es (s. o.) durch das mißlungene *engländisch* zu retten. Goethes Verse: Sie stellen wie vom Himmel sich gesandt / und lispeln englisch, wenn sie lügen (Faust 1141) bedürfen heute der Erklärung.

Enthalt Aufenthalt

Bei Adelung 1,1825 durch einen Stern markiert für *Aufenthalt,* der Ort, wo man sich aufhält.

Heynatz: Enthalt wird unrichtig bald für Aufenthalt, bald für Inhalt gebraucht. – Campe 1,930 versieht es mit zwei Sternen. – Sanders: vlt. – DWb. 3,448 bringt einen Beleg aus Wieland.

Untergangsgrund: Das Wort ist durch die verdeutlichende Lautform *Aufenthalt* verdrängt worden.

entknüpfen aufknüpfen

Adelung 1,1827: in der höheren Schreibart für aufknüpfen, das zusammen geknüpfte auflösen, und dadurch frey machen.

Campe 1,931: Dichterwort. – DWb. 3,561 verweist auf Rädlein.

Untergangsgrund: Präfixumtausch.

entküssen abküssen

Adelung 1,1828: in der dichterischen Schreibart der Neuern.

Es fehlt bei König und Oertel. – Campe 1,932: Dichterwort. – DWb. 3,563 bringt Verse aus Schubart und Stolberg. – Sanders führt einen Beleg aus Hölthy an. – R. Wagner, Parsival (1877),

360: „Mit aller Schmerzen Qual im Bund, / das Heil der Seele / entküsste ihm ihr Mund.
Untergangsgrund: Präfixumtausch.

entschlafen einschlafen
Adelung 1,1832: in den Schlaf gerathen, in der edlern Schreibart, für das niedrigere einschlafen.
DWb. III,601 bringt folgenden Beleg aus Pestalozzi: bei einer alten leier man entschläft und bei einem neuen lied wieder erwacht.
Untergangsgrund: Euphemismus. Das Wort war ein Euphemismus für *einschlafen.* Erik Wellander (a. a. O. S. 185) schreibt: „Bei dem immer häufigeren Gebrauch des Euphemismus verband sich aber ein gewisser edler, ernster halbreligiöser Klang mitfühlender Teilnahme und scheuer Rücksicht so nahe mit dem Wortlaut, daß der Assotiationsgehalt des Wortes dadurch beeinflußt wurde. Das Wort erhielt überhaupt einen ernsten, traurigen Anstrich, der auf den Gebrauch eine störende Wirkung ausübte: in der alten historischen Bedeutung wurde es durch das gleichbedeutende *einschlafen* verdrängt."

entstehen mangeln, fehlen
Adelung 1,1838: mangeln, fehlen ... Im Hochdeutschen kommt es in dieser Bedeutung nur selten, und größten Theils nur im Infinitive vor.
Heynatz 1,366: man sagt im Hochdeutschen allenfalls einem mit seinem guten Rathe entstehen oder nicht entstehen, allein der viel weiter ausgedehnte Oberdeutsche Gebrauch dieses Wortes verdient keine Zulassung in die gute Schriftsprache. Das Glück hat allen entstanden. – Campe 1,944: O. D. – Weigand 1,450: bis ins 18. Jh. üblich bleibend, z. B. bei Wieland, Lessing (Minna 4,8), Voß, Schiller.
Untergangsgrund: Die Vorsilbe *ent-* enthielt in diesem Fall den Begriff der Trennung. Damit verband sich vor allem im 17. und 18. Jh. die Vorstellung des Mangels. Heute drückt *entstehen* nur den Ursprung von etwas aus. (vgl. Tr. Wb. II,205).

entwehren refl. erwehren
Adelung 1,1839: in einigen Gegenden für erwehren. Ich kann mich seiner nicht entwehren. Ich kann mich des Hungers, des Feindes kaum entwehren.

Campe 1,947: mundartlich. – Oertel 1,299: richtiger erwehren. – DWb. 3,650 bringt mehrere Belege aus Lessing. – P./B.: vlt. – Das Wort fehlt im Du. 16, im Wb. d. Ggw. und bei Wahrig.
Untergangsgrund: Präfixumtausch.

entzwischen inzwischen
Adelung 2,1391 (unter *inzwischen*): im gemeinen Leben für inzwischen.
Braun: besser inzwischen. – Heynatz 1,369: entzwischen wird nach Adelung im gemeinen Leben für inzwischen gebraucht. Mir ist es weder im gemeinen Leben, noch in Schriften jemals vorgekommen. Daß einige Chursachsen inzwischen beinahe wie enzwischen (so wie *wirklich* beinahe wie *werklich* aussprechen) ist mir bekannt. – DWb. 3,675: auch ist die spätere und heutige nhd. sprache wieder zu *inzwischen* zurückgekehrt oder hat das *ent-* zu *in-* völlig getilgt.
Untergangsgrund: Lautliche Veränderung. Das alte *ent-* hat sich zu *in-* entwickelt. Es bleibt versteinert in einigen Fällen wie *entgegen, entzwei, empor, empören* (s. Tr. Wb. II,192).

-enzen
Adelung 1,1845: eine Endung gewisser Zeitwörter, welche eine Nachahmung bedeuten ... Bockenzen, nach dem Bocke riechen, kupferenzen, nach Kupfer schmecken, bergenzen, sich auf bergmännische Art betragen, brenninzen (in Schlesien), nach dem Brande schmecken, schlammenzen, fischenzen, nach dem Schlamme schmecken, nach Fischen riechen u. s. f. Im Hochdeutschen sind diese Zeitwörter wenigstens in der guten Schreibart, völlig unbekannt ... Im Oberdeutschen kommen sie häufig vor, wo in einigen Gegenden dafür -einen üblich ist ... kupfereinen.
Campe 1,951: Im O. D. ist in einigen Gegenden dafür auch die Endung -einen üblich: Biereinen, nach Biere riechen ... Beide Arten kommen aber nur in den gemeinen Sprecharten vor und werden in der besseren Umgangssprache nicht und in der guten Schriftsprache noch weniger gefunden. Ausgenommen ist davon faulenzen, welches im gemeinen Leben gangbar ist.
Dieses Suffix trat bei ostmd. Schriftstellern auf besonders zwischen 1550–1750. (vgl. Kluge, Abriß. S. 7 f.) Heute ist das Bildungselement *-enzen* ungebräuchlich und unproduktiv. *faulenzen* und *kredenzen* sind heute die einzigen Wörter der Schrift-

sprache, in denen die Endung *-enzen* noch enthalten ist. A. J. Storfer (a. a. O. S. 119): Aber wir kennen viele veraltete Zeitwörter bzw. mundartliche, auch welche, die von einem Autor zu vorübergehendem oder einmaligem Gebrauch geschaffen wurden, die nach Art von faulenzen gebildet sind.
Untergangsgrund: Mangelnde Klangharmonie. Die *-enzen*-Bildungen sind von den ostmd. Mundarten für eine kurze Zeit entlehnt. Da sie sich wegen des unangenehmen Klanges in der Schriftsprache nicht behaupten konnten, gingen sie bald wieder unter.

Erdbau fr. Souterrain
Adelung 1,1874: Souterrain.
Heynatz 1,371: Erdbau für Souterrain hat schon Adelung. Campe aber verwirft es und schlägt andere Ausdrücke dafür vor, z. B. Erdkammer. Das Wort ist König, Oertel, dem DWb. unbekannt.
Untergangsgrund: Mißlungene Verdeutschung. Der neugeprägte Begriffsinhalt ist zu weit gefaßt, ähnlich wie Campes mißlungene Verdeutschung *Erdplatz* für Parterre (s. Karlheinz Daniels, Erfolg und Mißerfolg der Fremdwortverdeutschung. Muttersprache. 1959. S. 110).

erdummen verdummen
Adelung 1,1884 verweist auf *verdummen* 4,1022: ein im Hochdeutschen eben so ungewöhnliches Wort, als das gleichbedeutende erdummen.
Heynatz 1,372: besser verdummen. – Campe 1,972: (–). – Das Wort fehlt bei M. Heyne, Du. 1, 7, 16, Wb. d. Ggw., Wahrig.
Untergangsgrund: Präfixumtausch. – s. *ver-*.

erdursten verdursten
Adelung 1,1884 verweist auf *verdursten* 4,1022.
Braun: verdursten. – Heynatz 1,372: besser verdursten. – Campe 1,972: (–). – DWb. 3,783 bringt u. a. Belege aus Schweinichen und Tieck. – Flügel: provinc. to die with thirst. – Das Wort fehlt bei M. Heyne, Du. 1, 9, 16, Wb. d. Ggw., Wahrig.
Untergangsgrund: Präfixumtausch. – s. *ver-*.

erfreien erheiraten

Adelung 1,1891: durch Freyen, d. i. Heirathen erhalten, im gemeinen Leben. Er hat viel Geld mit ihr erfreyet, erheiratet.

Campe 1,976: (*x*). – DWb. 3,806 bringt einen Beleg aus Uhland. – Flügel: vulg.

Das Wort fehlt heute in den neuen Wörterbüchern.

Untergangsgrund: Veralten des Grundwortes. Das veraltete *freien* lebt heute nur im Sprichwort *Jung gefreit, nie gereut.* Mit dessen Untergang ist die abgeleitete Lautform *erfreien* untergegangen.

erkennen beischlafen

Adelung 1,1907: Beyschlafen, sich mit einer Person fleischlich vermischen; eine Bedeutung, welche nur allein in der Deutschen Bibel, von beyden Geschlechtern vorkommt. Adam erkannte sein Weib Eva, und sie ward schwanger 1 Mos. 4, 1.

DWb. III,866 ff. bringt u. a. Belege aus Logau, Wieland, Goethe, Klinger.

Untergangsgrund: Euphemismus. – s. Euphemismus.

erkriegen bekommen

Bei Adelung 1,1911 mit einem Stern versehen: ein in der guten Schreibart völlig unbekanntes Wort.

Heynatz 1,379: für bekommen *(erwerben, schaffen)* kömmt jetzt nur noch in der niedrigen Redensart vor, alles was er erkratzen und erkriegen kann. – Campe 1,986: (*x*). – DWb. 3,881 bringt Verse aus Logau und bemerkt: in der allgemeinen bedeutung des erlangens heute ungebräuchlich und durch das einfache *kriegen* vertreten, welchem gleichwol etwas gemeines, unedles anklebt.

Untergangsgrund: Wortökonomie. Verdrängen durch die kürzere Lautform *kriegen.*

erkriegen durch Krieg erhalten

Adelung 1,1911: in der höheren Schreibart. Sich Ehre, Ruhm erkriegen. Erkriegte Länder.

Campe 1,987: Dichterwort. – Oertel 1,307: durch Krieg erhalten. – DWb. 1,881 ist der Meinung, daß diese Bedeutung die Bedeutung von *erkriegen* „bekommen“ erobert habe. – Das Wort fehlt bei M. Heyne, Thibaut, Sanders, Sachs-Villatte, Du. 1, 9, 16, Wb. d. Ggw., Wahrig.

Untergangsgrund: Untergang des Grundwortes in der Bedeutung „Krieg führen".

erlauern belauern
Adelung 1,1915: durch Lauern erhalten, durch Lauern zu seinem Zwecke gelangen. Jemanden erlauern, ihn belauern und erhaschen.
Campe 1,988: (–). – Oertel 1,368: von Gelegenheit und Vortheil sagt man ... nicht erlauschen, sondern erlauern. – DWb. 3,892 f. bringt Belege aus Schiller, Platen, Tieck. – Bei Flügel noch nicht veraltet. – Thibaut, Muret-Sanders, Sachs-Villatte verzeichnen es. – Es fehlt bei Du. 1, 9, 16, Brockhaus 4, 7, Wb. d. Ggw., Wahrig.
Untergangsgrund: Präfixumtausch.

Erntemonat August
Adelung 1,1927: der Nahme des Augustus, weil die Ernte in dem größten Theile Deutschlandes in denselben fällt. Carl der Große ist der Urheber dieses Nahmens, der bey Raban Maurus Aranmonath lautet. In dessen hat er doch den Röhmischen Nahmen niemals verdrängen können, obgleich die Friesen den August nicht anders als Arnmänd zu nennen wissen.
Obwohl in den neuen Wörterbüchern nicht als vlt. bezeichnet, ist das Wort aus der Schriftsprache längst verschwunden.
Untergangsgrund: s. *Wintermonat.*

errufen
Adelung 1,1932: so rufen, daß man gehöret wird. Er ist mir zu weit, ich kann ihn nicht errufen.
Campe 1,997: (–). – DWb. 3,948 bringt Belege aus Gotter, Tieck, Schiller, Arnim. – Paul (Wb.): nicht mehr recht üblich. – Paul Fischer (Goethe-Wortschatz) bringt einen Beleg aus Goethe. P./B. kennzeichnet es als vlt. mit einem Kreuz.
Das Wort fehlt bei Du. 16, Brockhaus, Wahrig.
Das Wb. d. Ggw. verzeichnet es als landschaftl.-umgangsprachliches Wort.
Untergangsgrund: Wortökonomie. Ersatz durch das Grundwort.

ersingen
Adelung 1,1940: durch Singen erwerben ... figürlich, in der höheren Schreibart, durch dichterisches Singen erhalten.

DWb. bringt Belege aus Bürger und Rückert.
Das Wort fehlt heute in den Wörterbüchern (vgl. Du. 16, Wb. d. Ggw., Brockhaus 7, Wahrig).
Untergangsgrund: Kulturgeschichtliche Bedingungen. Mit dem Untergang der mittelalterlichen Sitte, die singenden Dichter mit Lorbeerkränzen, Ruf und Ehre zu beschenken, ist das Wort untergegangen.

erstummen verstummen
Adelung 1,1946: erstummen, im gemeinen Leben verstummen.
Campe 1,1006: (–). – DWb. 3,1023: in der jüngeren zeit beinahe ganz von *verstummen* verdrängt.
Untergangsgrund: Präfixumtausch. – s. *ver-*.

ertauschen eintauschen
Adelung 1,1947: durch Tausch erhalten. Etwas von einem ertauschen.
Campe 1,1006: (–). – DWb. 3,1029 verweist auf Stieler.
Das Wort wird in den Wörterbüchern nicht mehr verzeichnet.
Untergangsgrund: Präfixumtausch.

ertreten zertreten
Adelung 1,1948: zu Tode treten; zertreten. Einen Wurm, eine Schlange ertreten.
Braun: f. treten. – Campe 1,1007: (–). – DWb. 3,1033 f. bringt Belege aus Haller, J. Paul, Goethe. – M. Heyne 1,825: In neuerer Sprache selten, weil vor zertreten gewichen. P./B.: vlt.
Es fehlt jetzt in den Wörterbüchern (vgl. Du. 16, Brockhaus 7, Wb. d. Ggw., Wahrig).
Untergangsgrund: Präfixumtausch.

erwerfen verwerfen, tot werfen
Adelung 1,1954: welches im Oberdeutschen am üblichsten ist, zu Tode werfen. Er wurde mit einem Steine erworfen.
Campe 1,1009: (–).
Das DWb. 3,1062 bringt einen Beleg aus J. Paul und bemerkt: heute nur *verwerfen*.
Untergangsgrund: Präfixumtausch. – s. *ver-*.

F

fadennackend splitternackt

Von Adelung 2,10 als niederes Wort mit einem Kreuz versehen: völlig nackend und unbekleidet, so daß man fast keinen Faden auf dem Leibe hat; auch wohl fasennackend, mutternackend. Heynatz 1,399: heißt besser fasennackt. – Campe 2,4: (–). – Oertel 2,3: so ganz nackend, daß man keinen Faden auf dem Leibe hat, insg. auch fasennackend, mutternackend. – Kaltschmidt: fasennackend, fasernackend, faselnackend, splitternackend, mutternackend, splinternackend.

Der letzte Beleg im DWb. 3,1234 stammt aus Scriver (1681); das Wort fehlt heute in den Wörterbüchern (vgl. M. Heyne, Du. 1, 9, 16, Brockhaus 7, Wb. d. Ggw., Wahrig).

Untergangsgrund: Konkurrierende Synonymbildungen.

fahen (**an-, emp-, um-**)

Bei Adelung 2,10 durch einen Stern markiert: ein im Hochdeutschen völlig veraltetes Zeitwort, für welches jetzt fangen und fassen üblicher sind.

Heynatz 1,399: für fangen ist vlt., Luther hat es noch oft. – Campe 2,5: in der Deutschen Bibel häufig, sonst aber selten und in der höheren Schreibart vorkommt. – DWb. 3,1236: heute klingen uns *fahen, anfahen, empfahen, umfahen* edel und feierlich gegen die herrschenden *fangen, anfangen, empfangen, umfangen.* – Sanders: jetzt meist nur noch dichterische Nebenform. – Weigand 1,490: altertümlich für fangen, und 1,499 (unter *fangen*): bei Luther vereinzelt neben gewöhnlichem fahen; im 17. Jh. schwankend (Schottel und Bödiker setzen beide Formen an), bei Gottsched nur fangen, doch verbleibt fahen der poetischen Sprache (Klopst. Mess. 2,6, Goethe Rein. 6,38, Schiller Tell 4,1, Uhland 269).

Untergangsgrund: Die seit Schottel verbreitete Lautform *fangen* hat das weniger allgemeine *fahen* verdrängt.

Fahr Gefahr

Von Adelung 2,14 mit einem Stern versehen: ein veraltetes Wort, welches noch in der Deutschen Bibel vorkommt.

Heynatz 1,399: fahr, fährlich, Fährlichkeit, welche Luther noch hat, sind ganz veraltet, und man sagt lange Gefahr, gefährlich, Gefährlichkeit. – Campe 2,6 versieht es mit einem Stern: so viel als Gefahr, außer der Deutschen Bibel und andern alten Schriften wenig mehr gewöhnlich. – Oertel 2,4: altd. und poetisch. – DWb. 3,1244 ff.: unser nhd., noch im 16. jh. und zumal bei Luther oft gebrauchtes *fahr* weicht allmählich dem *gefahr* ... das 18. jh. hat den ausdruck wieder hervorgeholt (Wieland, Claudius, Herder, Schiller, Goethe, Rückert). – Sanders: im allgemeinen durch Gefahr verdrängt; es findet sich dichterisch. – P./B.: vlt.

Untergangsgrund: Verdrängung durch deutlichere Erweiterung. Bei Adelung gilt das Wort als veraltet, „wenn der Bau mangelhaft oder nicht ausgebildet ist, folglich die Bedeutung nicht so bestimmt ausdruckt, als das abgeleitete oder mehr ausgebildete Wort" (Magazin, Ersten Jahrganges, Zweites Stück, 1782 S. 70). In seinem Wörterbuch 4,1567 (unter *wesen*) schreibt Adelung: „Einige neuere Dichter haben in diesem, sowie in andern Zeitwörtern, angefangen, die Ableitungssylben wegzulassen, um wesen für verwesen zu gebrauchen ... Wenn man sich dieser Freyheit bedienen will, so gehört wenigstens Sprachkenntnis dazu, damit man sich Sylben weglasse, welche zum Verstande des Wortes wesentlich sind". Das Weglassen dieser Lautgruppen wirkt undeutlich und kann gewisse semantische Einzelzüge des Wortes keineswegs hervorheben." O. Behaghel, (Die deutsche Sprache, 1917,104) schreibt: „unablässig können wir den Vorgang beobachten, daß einfachen Wörtern zusammengesetzte zur Seite treten, daß jene durch diese verdrängt werden ..."

fährlich gefährlich

Adelung 2,19 markiert es mit einem Stern: im Hochdeutschen veraltet ..., seitdem gefährlich dafür üblicher geworden.

Heynatz 1,399: (s. unter *Fahr*). – Campe 2,8 versieht es mit einem Stern: außer der Bibel wenig üblich. – DWb. 3,1261 bringt einen Beleg aus Goethe und bemerkt: meist steht *gefährlich*. – Sanders: oft bei Luther, aber auch bei Freiligrath, Nicolai, Rückert, Scheffel, Voß, Auerbach, Chamisso, Mendelssohn. – Trübner 2,279 f. (unter *Fährlichkeit*): das Adjektiv behauptet sich, vor gefährlich immer mehr zurückweichend, bis ins 19. Jh. – P./B.: vlt. bei Dichtern vereinzelt noch im 18., 19. Jh. Etwas länger erhalten hat sich Fährlichkeit. – Das Wort verzeichnet das

Wb. d. Ggw. als vlt. und führt Belege aus Thomas Mann und Fontane an. Sonst fehlt es bei Du. 16, Brockhaus 4,7 und Wahrig.
Untergangsgrund: Verdrängung durch verdeutlichende Erweiterung. – s. *Fahr*

Fasson Komplimente
Von Adelung 2,54 als vulgär mit einem Kreuz versehen: unnütze Worte, ... Er macht mir zu viel Fasson. Er ist ohne alle Fasson.
Das Wort fehlt bei König, Oertel, Heyse (FWb.), Engel (Verdeutschungswörterbuch).

Faustrecht (der Adligen)
Adelung 2,62: das ehemalige Vorrecht des Deutschen Adels, seine Ansprüche mit gewaffneter Hand selbstgültig zu machen, ohne nöthig zu haben gerichtliche Hülfe zu suchen.
Campe 2,29: in den Zeiten der Roheit, das Recht des Stärkern, das Recht seine Ansprüche mit Gewalt, mit bewaffneter Faust geltend zu machen; auch das Kolbenrecht. – DWb. 3,1384 bringt folgenden Beleg aus Lichtenberg (1794), der dieses alte Recht verspottet: das faustrecht ist heutzutage verschwunden bis auf die freiheit jedem eine faust in die tasche zu machen.
Untergangsgrund: Kulturgeschichtliche Bedingungen. Untergang des Wortes mit dem Untergang der Sache.

federhart elastisch
Adelung 2,67: ein nicht überall aufgenommener Ausdruck für elastisch.
Heynatz 1,405: gebrauchen einige für elastisch; es würde sich aber hauptsächlich nur von mettalischen Körpern sagen lassen, da hingegen federkräftig und schnellkräftig von allen elastischen Körpern gesagt werden können. – Campe (Verdeutschungswb.) schlug *schnellkräftig* oder *prallig* für *elastisch* vor, mit der Begründung: man kann z. B. nicht sagen: ein weicher federharter Polstersitz. – DWb. 3,1401 bringt folgenden Beleg aus Kant: die kraft eines federharten körpers. – Sanders: bei einigen elastisch. – Kiesewetter (FWb.) gibt für *elastisch* folgende Verdeutschungen: *schnell-* oder *spannkräftig, federnd, prall,* und führt *federhart* nicht an.

Das Wort ist heute unbekannt (vgl. Heyse FWb.; E. Engel Verdeutschungswb., Wb. d. Ggw., Wahrig).
Untergangsgrund: Mißlungene Verdeutschung. Das Wort *hart* in der Zusammensetzung gibt den Begriff des Elastischen nicht wieder. Es ruft nur irrführende Vorstellungen hervor, die den Wortuntergang verursachten.

Federleser Schmeichler
Adelung 2,68 bringt das Wort ohne Vorzeichen: ein zur Ungebühr zauderhafter Mensch.
Das Wort fehlt bei König und Oertel. – Campe 2,33: (–). – Borchardt: Menschen, die das *Federlesen* „Schmeicheln" taten, wurden verächtlich „Federleser" oder „Federklauber" genannt.
Heute lebt das Wort nur in der Redensart *nicht viel Federlesens machen* fort für „nicht viel Umstände machen, kurzen Prozeß machen" (vgl. ZfdWf. 4,80).
Untergangsgrund: Kulturgeschichtliche Bedingungen. Einem Höhergestellten die Federchen von der Kleidung abzulesen wurde seit dem Ende des 15. Jh. als kriecherische Schmeichelei aufgefaßt. (s. M. Lexer, Mhd. Handwb. 3. 1878. 39). Diese Vorstellung liegt uns heute zu fern. Mit dem Untergang der Sache ging die Bedeutung des Wortes verloren.

Feine Feinheit
Adelung 2,88: das Abstraktum des Beywortes fein, die feine Beschaffenheit einer Sache, wofür aber das folgende *(Feinheit)* üblicher und anständiger ist.
Heynatz 1,407: dafür ist nach Adelungs Meinung Feinheit üblicher und anständiger. Herr Klotz zergliedert dies mit vieler philologischer Feine. – Oertel 2,19: feine Beschaffenheit. Feinheit. – DWb. 3,1463: besser doch ungebräuchlicher als *feinheit*. – Bei Sanders ist Feinheit die Hauptform.
Die neuere Form *Feinheit* verdrängt heute allmählich die ältere (vgl. Paul Fischer, Goethe-Wortschatz). Die lexikalische Tradition verzeichnet heute entweder *Feine* (Du. 16) allein oder *Feinheit* allein (Wb. d. Ggw.) oder beide Formen nebeneinander (Herders Sprachbuch).
Untergangsgrund: Homonymie. – s. *e*-Abstrakta.

feldschön in der Ferne schön
Adelung 2,102: welches in Niedersachsen am bekanntesten ist ... Ein Frauenzimmer heißt feldschön, wenn sie in der Ferne besser aussieht, als in der Nähe.
Campe 2,52: (+) N. D. – Das Wort fehlt bei König und Oertel. – Das Wort fehlt bei Kaltschmidt, M. Heyne und in den heutigen Wörterbüchern.
Untergangsgrund: Durch die undeutliche Zusammensetzung ist die Bedeutung des Wortes „in der Ferne schön" gefährdet. Der verlangte Begriff kann dadurch nicht ersehen werden (vgl. Ad. Magazin für deutsche Sprache. Ersten Jahrganges. Zweites Stück. S. 70).

feldsiech aussätzig
Adelung verweist auf *Aussatz* 1,630: weil man dergleichen Leute *(die Aussätzigen)* von allem menschlichen Umgange auszuschließen pflegte, so hießen sie daher auch Feldsiechen, Fernsiechen, Sondersiechen, und der Aussatz die Feldsucht.
Campe 2,51 versieht das Wort mit zwei Sternen. – DWb. 3,1489: weil man der ansteckung wegen die kranken in einem auf dem felde abliegenden hause unterhielt; das wort ist lange mit solchen häusern erloschen, dauert aber in den vor den orten entlegenen *siechhausgärten, siechenhöfen* fort. – Sanders: vlt.
Untergangsgrund: Kulturgeschichtliche Bedingungen. – s. *Miselsucht.*

festen festigen
Adelung 2,121: im Hochdeutschen völlig veraltet ... für befestigen.
Heynatz 1,410: festen und festigen sind in allen ihren Bedeutungen im Hochdeutschen veraltet. – Campe 2,63: (–). – DWb. 3,1564 bringt einen Beleg aus Voß und bemerkt zum Stichwort: heute dafür befestigen. – P. Fischer (Goethe-Wortschatz) bringt Belege aus Goethe und bezeichnet das Wort als lebendig in Prosa bis zum 17. Jh., dann dichterisch für *befestigen.* – Paul und P./B.: ältere Form statt des jüngeren befestigen.
Heute fehlt es in den Wörterbüchern. Nur der Sprachbrockhaus 7. bezeichnet es als dichterisches Wort für befestigen.
Untergangsgrund: Verdrängung durch eine erweiterte Lautform. W. Wilmanns (Dt. Gr. II,54) bemerkt, daß aus jedem alt-

hochdeutschen Adjektiv, sofern es die Bedeutung zuließ, ein Verb mit zuständlicher Bedeutung gebildet werden könne. Dazu bemerkt K. H. Ecker in seinem Aufsatz (Die Eräußerungsverben des Deutschen. In: Muttersprache 73, (1963), 104 ff.: „Demnach kann also im Althochdeutschen aus beinahe jedem Adjektiv ein Verb mit zuständlicher Bedeutung gebildet werden, eine Möglichkeit, die im Neuhochdeutschen weitgehend geschwunden ist." Ecker führt folgende Verben an, „von denen keine der Alltagssprache angehört": *ähnlichen, blinden, blöden, bösen, dumpfen, dürsten, eiteln, festen, finstern, frechen, frischen, glatten, grausamen, jähen, klaren, kleinen, lahmen, lauen, leisen, matten, morschen, müden, nackten, plumpen, raschen, sanften, schiefen, schlaffen, schüchtern, schwarzen, starken, strammen, stumpfen, süßen, tiefen, trägen, wehen, weißen, wilden, warmen, zarten.*

festiglich fest
Adelung 2,122: welches im Oberdeutschen ... statt des Nebenwortes fest üblich ist, aber im Hochdeutschen nicht mehr gebraucht.
Heynatz 1,411: kann durch fest, unumstößlich, dauerhaft ausgedrückt werden, und verdient also seine Veraltung. – Campe 2,63: (+) O. D.
Untergangsgrund: s. *-iglich.*

Feuersäule Pyramide
Adelung 2,135: einige wollten die Pyramiden Feuersäulen nennen, wegen einiger Ähnlichkeit mit einer Feuerflamme, wofür aber andere mit mehrerem Erfolge das Wort Spitzsäule eingeführt haben.
Heynatz 2,436 f. behauptet, *Spitzsäule* sei hundertmal besser als *Feuersäule.* – Campe (Verdeutschungswb.) schlägt für die „ungeheuren egiptischen Pyramiden" *Spitzgebäude* vor und lehnt andere Verdeutschungen wie *Flammensäule* oder *Strahlsäule* ab. Beide Verdeutschungen sind heute untergegangen.
Untergangsgrund: Mißlungene Neubildung.

flauen im Wasser abspülen
Adelung 2,189: welches nur in den gemeinen Mundarten üblich ist, wo es im Wasser durch hin und her bewegen abspülen, und in weiterer Bedeutung auch wohl waschen bedeutet. Die Wäsche

flauen, sie im kalten Wasser abspülen, um die Lauge und Seife heraus zu bringen.
Heynatz 1,413: die Wäsche flauen heißt in einigen Gegenden so viel, als was man in andern spülen nennt. – Campe 2,98: (+). – Oertel 2,37: 1. in fließendem Wasser waschen. Erze, 2. in kaltem Wasser abspülen. – DWb. 3,1735: die wäsche *flauen*, in kaltem wasser abspülen.
Untergangsgrund: Der Träger der spezielleren Bedeutung „im Wasser abspülen" ist durch das allgemeinere *waschen* verdrängt. Dies erklärt von Bahder (Wortwahl. 1925. 75) folgendermaßen: „Auch in dem Fall, daß ein Wort einen spezielleren Begriff bezeichnet, der in dem allgemeineren Wort mit enthalten ist, schwindet es häufig in der Schriftsprache: da es jederzeit durch das andere Wort ersetzt werden konnte, mußte es als entbehrlich betrachtet werden".

fodern fordern
Adelung verweist auf *fordern* 2,244: Die weicheren nördlichen Mundarten stoßen das erste r hinaus.
Braun: v. fordern, einige brauchen fodern und fordern, eins für das andere, und schreiben immer fordern; es mag aber nicht richtiger seyn, fördern für vorwärts, oder fortbringen gebraucht; vom ersten kömmt sodann abfodern, abbegehren, und vom zweyten befördern, Beförderer u.; niemals aber befödern oder Beföderer. Fodren und födren ist hart gesprochen, und schlecht geschrieben, denn die Voraussetzung des (r) vor dem (e) hat man nur in der ersten Person, ich fodre, für fodere, statt. – Campe 2,125 bringt Belege aus Bürger, Ramler, Schiller, Wieland, Alxinger, Blumauer, Klopstock und bemerkt: Die angeführten Beispiele aus mehreren guten Schriftstellern beweisen, daß fodern nicht etwa bloß weichere Aussprache der nördlichen Mundart sei, wie Ad. meinet, sondern daß auch O. D. Schriftsteller sich dieser Form bedienen, die bei übrigens gleichen Umständen vor der härteren Form fordern den Vorzug verdient, weil es ein Fortschritt in der Ausbildung der Sprache ist, dieselbe von Härten zu befreien, wo dies ohne irgend einen denkbaren Nachtheil geschehen kann. – Bei Oertel 2,47 ist fordern älter als fodern. – DWb. 3,1867: (es) läßt sich nicht verkennen, daß in unserem gegenwärtigen jh. das *fordern*, wenigstens in der prosa, sein anfängliches recht wieder gewonnen hat.

Untergangsgrund: Lautliche Veränderung. Die Form *fodern* geht im 14. Jh. vom Ostmd. aus und überwiegt sprachlich noch im 18. Jh., besonders im Reim (s. Paul, Dt. Grammatik 1, 1916, 358). Diese Form beruht darauf, daß vor dem zweiten *r* das erste, das vor *d* stand, geschwunden ist (s. O. Behaghel, Geschichte d. dt. Spr. 1928, 373).

Fortschreitung Fortschritt

Adelung (unter *fortschreiten)* 2,258: steht für Fortschritt.
Heynatz 1,420: für Progression ist nicht übel. – König verzeichnet es als sinnverwandt mit *Fortschritt.* – Campe 2,143: (–). – DWb. 4,30 bringt Belege aus Lessing, Herder, Goethe, Schiller. M. Heyne verzeichnet nur *Fortschritt.* – Während Du. 1 nur *Fortschreitung* bucht, verzeichnen die Wörterbücher heute nur *Fortschritt* (vgl. Du. 16, Brockhaus, Wb. d. Ggw., Wahrig).
Untergangsgrund: Sprachökonomie. – s. *-ung.*

fragselig

Adelung 2,263: Fertigkeit besitzend, nach vielem zu fragen, besonders wenn es ohne gehörige Vorsicht und Überlegung geschieht.
Heynatz 1,420: heißt nicht eine Fertigkeit besitzend nach vielem zu fragen, wie Adelung es erklärt, sondern die Unart an sich habend, daß man viele und unnötige Fragen thut, und dabei eine Art von Wohlbehagen fühlt. – Campe 2,149: (–). – DWb. 4,55 verzeichnet es für *nimia percontans* ohne Beleg. – Es fehlt auch bei M. Heyne, Thibaut, Brockhaus 4,7, Wb. d. Ggw., Wahrig, Muret-Sanders, Sachs-Villatte, Du. 1, 9, 16.
Untergangsgrund: Semantische Zweideutigkeit. Die Unsicherheit der Bedeutung führt offenbar dazu, das Wort zu vermeiden und es ohne Ersatz untergehen zu lassen.

fräßig gefräßig

Adelung 2,279: der da frisset, welches aber nur in den Zusammensetzungen fleischfressig, grasfressig u. s. f. üblich ist.
Braun: besser gefräßig. – Heynatz 1,425: gebrauchen einige unrichtig für fressgierig oder gefräßig. – Campe 2,152: (–) gewöhnlicher dafür gefräßig.
Untergangsgrund: Verdrängung durch eine Erweiterung. Die ältere Form *fräßig*, mhd. *vraezic* ist seit Henisch (1616) zu *gefräßig* ausgebaut. s. *Fahr.*

Freudenleben ein frohes Leben

Von Adelung 2,281 als veraltet mit einem Stern versehen: ein frohes mit Freude erfülltes Leben; ein veraltetes Wort, welches von den Dichtern der vorigen Zeiten sehr gemißbraucht, und besonders von dem künftigen Zustande der Seligen genommen wurde.

König: une vie heureuse; la bonne vie; le bon temps; – Campe 2,167: (*x*) oft ist ein zweideutiger Nebenbegriff mit diesem Worte verbunden. – Kaltschmidt: das Schwelgen in der Freude. – DWb. IV,151 bringt Verse aus Paul Gerhard, Canitz, Kl.-Schmidt (1802).

Untergangsgrund: Nachdem man 1788 das fr. *fille de joie* mit Freudenmädchen übersetzt hatte, bekamen als Folge der gelungenen Verdeutschung einige Zusammensetzungen mit *Freude-* die Nebenbedeutung des erotischen Vergnügens. Das bestätigen Wörter wie *Freudenalmanach* „Bordellverzeichnis", das 1792 in der Vossischen Zeitung steht (s. Küpper. Wb. d. Umgangsspr. Bd. 5. S. 84) und einige Anmerkungen aus Adelungs Zeit (vgl. Campe unter *Freudenleben*) und Oertel unter *Freudenhaus.* Das Wort *Freudenleben* enthielt nicht ganz direkt die obengenannte pejorative Nebenbedeutung. (vgl. Kaltschmidt Wb. unter *Freudenleben:* Das Schwelgen in der Freude, das lustige Leben, d. Himmel a. Erden.) – Da ein Wortkörper auf die Dauer zwei konträre Begriffe nicht ertragen kann, scheidet der eine Begriff, der weniger gebraucht wird, aus. So verlor *Freudenleben* die Bedeutung von „mit Freude erfülltes Leben". Es ist möglich, daß das Wort *Freudenleben* heute in erotischen Schriften in dem entsprechenden Sinn auftaucht.

Freyen befreien

Adelung 2,293: Im Hochdeutschen ist dieses Zeitwort veraltet, seitdem befreyen üblicher geworden ist.

König: ol. befreyen. – Heynatz 1,424: veraltet. – Campe 2,158: (–). – DWb. 4,105 f. führt Verse aus Klopstock, Stolberg, Herder, Robe (1862) an und bemerkt: im 18. jh. wird *freien* sparsamer verwandt und durch *befreien* ersetzt, vielleicht wollte man der verwechslung mit dem folgenden *freien,* „nubere", ausweichen.

Untergangsgrund: Homonymie. Der lautliche Zusammenfall mit *freien* „nubere" verursachte eine störende Homonymie. Das Wort hat sich in der Erweiterung *befreien* gerettet.

Freyhalter engl. freeholder

Von Adelung 2,295 mit einem Stern versehen: ein undeutsches nach dem Engl. Freeholder gebildetes Wort, den Besitzer eines freyen, eigenthümlichen Landgutes zu bezeichnen ... Richtiger gebraucht man dafür das gute Deutsche Freysatz.
Heynatz 1,424: Freihalter kömmt, ob es gleich mehr Englisch als Deutsch ist, in Zeitungen und anderen statistischen Schriften häufig vor. Adelung empfiehlt mit vielem Rechte Freisatz dafür. – Campe 2,159 verzeichnet es als neugebildetes Wort. – DWb. 4,110 bucht es ohne Belege.
Untergangsgrund: Die Vieldeutigkeit des Kompositionsteils *Frei-* macht die Bedeutung zweideutig. Ist ein Freihalter der Besitzer eines Freigutes, oder ist er derjenige, der einen frei hält, für ihn zahlt?

Frohheit Frohsein, Freude, Fröhlichkeit

Adelung 2,315: ein zwar ungewöhnliches, aber doch regelmäßig gebildetes Wort.
Heynatz 1,427: viele gebrauchen es nicht, sondern behelfen sich mit Frohsinn und Fröhlichkeit. – Campe 2,177: (–). – DWb. 4,225 bringt Belege aus Birken, Wieland, Goethe. – Das Wort fehlt heute in den allgemeinen Wörterbüchern. Nur Wahrig verzeichnet es als selten für *Frohsinn, Freude.*
Untergangsgrund: Artikulatorische Schwierigkeiten. Die nacheinander stehenden *hh* bereiten artikulatorische Schwierigkeit. Die Ersatzwörter sind artikulatorisch bequemer.

fruchtbarlich fruchtbar

Bei Adelung 2,327 mit einem Stern versehen: ein im Hochdeutschen veraltetes Oberdeutsches Nebenwort für fruchtbar.
König verzeichnet *fruchtbar* und *fruchtbarlich* nebeneinander. – Heynatz 1,428: ist Oberdeutsch, kömmt aber in Niederdeutschen Erbauungesbüchern noch zuweilen vor. Etwas fruchtbarlich bedenken. – Campe 2,181: Im O.D. gebraucht man dafür, besonders als Umstandswort, fruchtbarlich. – DWb. 4,267: noch verzeichnet bei Steinbach und Frisch, die das seltenere adj. schon nicht mehr anführen, aber in der zweiten hälfte des 18. jh. veraltet, wie es auch von Adelung mit recht bezeichnet wird.
Untergangsgrund: Die passivisch-potentielle Bedeutung von *-bar* macht die ältere Verlängerung *-lich* überflüssig. – s. *-bar.*

frühklug

Adelung 2,330: früher klug, als gewöhnlich ist. Ein frühkluges Kind. Im gemeinen Leben altklug.

Campe 2,184: im gemeinen Leben altklug. – DWb. 4,294: Ramler und Lessing in ihrer auswahl setzen hier getrennt *„früh klug"* ... verschieden von *altklug,* das in der bezeichnung, daß die klugheit weit über die jugendjahre hinausgehe, einen beigeschmack hat.

Untergangsgrund: Das im Gebrauch allgemeinere *altklug* hat sich gegenüber dem weniger gebrauchten *frühklug* durchsetzen können.

G

Gaden

Adelung 2,286: ein nur in den gemeinen Mundarten, besonders Oberdeutschlands übliches Wort. 1. Ein Zimmer, Behältnis, Gemach ... 2. Ein kleines Häuschen, eine Hütte. 3. Ein Stockwerk. Braun: eine Kammer, ist veraltet, daher noch Zehrgaden (eine Speisekammer), ein dreygädiges Haus, d. h. welches drey Stockwerke hoch ist. – Heynatz 2,1: für das Stockwerk oder Geschoß ist Oberdeutsch. Die Ausdrücke ein zweygädiges Gebäude, ein dreygädiges Haus u. sind bekannter als Gaden selbst. – Campe 2,213: (+). – Oertel 2,77: 1. Verwahrungsort, verschließbares Behältniß, Milchgaden, Milchgewölbe, Viehgaden, Viehstall, 2. Laden, Kramladen, 3. Häuschen, Hütte, Koth, Kothe, 4. Stockwerk, Haus von drei Gaden. – Sanders meldet es als veraltet und bringt folgenden Beleg aus Rückert: Vor des Palastes Thor ... bis zum innern Gaden. – DWb. IV,1,1131 ff.: ein dem neuern hd. fern gebliebenes wort, das einst in großer geltung war. – P./B.: ursprünglich nur oberd. Wort, bis ins 17. Jh. in der Schriftsprache, in manchen Mundarten noch fortlebend, von neueren Dichtern wie Rückert, Uhland, Scheffel wieder aufgenommen.

Das Wort lebt fort in Ortsnamen wie *Berchtesgaden, Steingaden, Steingädelein, Gadenstätt, Gadmen,* oder in Geschlechtsnamen wie *Gadmer* (Zimmermann) und *Gädemler* (vgl. Trübner 3,2).

Untergangsgrund: I. etymologische Unsicherheit. (vgl. Nils Törnqvist, NHD. Gadem, ein etymologisches Rätsel. In: Neuphilologische Mitteilungen. 61 (1959) S. 153 ff.). II. Semantische Hypertrophie.

ganghaft gangbar
Adelung 2,402: für gangbar, in welcher Bedeutung es doch im Hochdeutschen wenig gebraucht wird.
Campe 2,219: (+). – Sanders verzeichnet es ohne Belege. – DWb. IV, 1,1248: jetzt wieder fast außer gebrauch.
Untergangsgrund: Suffixumtausch. – s. *-bar*.

Gäspe
Adelung 2,425 f.: ein nur im gemeinen Leben übliches Maß trokkener Dinge, eine doppelte hohle Hand zu bezeichnen, nehmlich so viel, als man in den beyden zusammen gehaltenen hohlen Händen fassen kann. Eine Gäspe Mehl. Vier Gäspen Erbsen.
Campe 2,229: (*x*). – Oertel 2,84: eine doppelte hohle Handvoll, Gerste, Mehl, Salz. – DWb. IV, 1,1434 übernimmt Adelungs Beispiele.
Untergangsgrund: Gäspe bezeichnet einen spezielleren Begriff, der in dem allgemeineren von *Hand* enthalten ist, durch das er immer ersetzt werden konnte. *Gäspe* wurde als überflüssig empfunden und mußte daher untergehen (vgl. v. Bahder, Wortwahl, S. 79 f.).

Gastgeboth Schmaus
Adelung 2,430: ein großes Gastmahl, ein feyerlicher Schmaus, wozu man Gäste biethet, d. i. ladet.
Campe 2,231: (–). – Oertel 1,85: großes feierliches Gastmahl, wozu Gäste gls. aufgeboten oder gebeten werden. – DWb. IV, 1,1478: das wort, jetzt nur dichterisch, ist wol hd. nie recht ins leben gekommen, denn in den wbb. fehlt es lange, so bei Stieler, ja noch im 18. jh. bei Rädlein, Ludwig, Kirch, erst bei Steinach finde ich *gastgeboth*. – M. Heyne 1,1031 bringt zwei Belege aus Gellert und Grillparzer.
Untergangsgrund: Die Mehrdeutigkeit des Kompositionsteils *-gebot:* 1. *Grundsatz* „das Gebot der Höflichkeit“, 2. *Befehl* „ein Gebot machen“, 3. *etw. steht jd. zu Gebot* „zur Verfügung“, 4. *Angebot bei Versteigerungen,* macht das Wort undeutlich. So entschied sich die Sprache für ein anderes Wort, bei dem

die Gefahr des Mißverständnisses oder des Mangels an Bestimmtheit nicht besteht. *Schmaus* oder *Gastmahl* sind in diesem Falle die triumphierenden Konkurrenzwörter.

Gebärerin Wöchnerin, Mutter
Adelung 2,444: eine weibliche Person, welche ein Kind gebieret, oder geboren hat, ein im Hochdeutschen wenig gebräuchliches Wort.
Braun verzeichnet das Wort. – Campe 2,237: (–). – Oertel 2,88: 1. weibl. Person, die gebiert oder geboren hat, 2. poet. die Mutter, Gottes Gebärerin, die Jungfrau Maria. – DWb. IV, 1,1649 bringt Belege aus Pfeffel (1785), Gotter, Goethe, Schiller.
Untergangsgrund: Das Wort *Mutter,* das durch Zusammensetzungen und Ableitungen produktiver ist, hat Gebärerin völlig verdrängt.

Gebefall Dativ
Adelung 2,445: ein von den älteren Deutschen Sprachlehrern gebrauchtes Wort, das Lat. Dativus auszudrucken.
Braun: oder Gebeendung, die dritte Endung oder der Dativ. – Campe 2,238: in den ältern Deutschen Sprachlehren, ein Wort, den dritten Fall (Dativ) zu bezeichnen, bei Schottel und Andern, die Gebeendung. – Oertel 2,89: Dativus, der dritte Fall. – DWb. IV,1,1661: bei früheren grammatikern.
Untergangsgrund: Heute sind die Verdeutschungen *Gebefall* „Dativ“, *Klageendung, Kläger* „Akkusativ“, *Nehmfall, Nehmendung* „Ablativ“, *Oberstrich* „Apostroph“, *Rufendung, Ruffall* „Vokativ“, *Unterstrich* „Komma“, *Vorwort* „Präposition“, *Zeugefall* „Genitiv“ untergegangen: 1. weil sie – wie Adelung unter *Zeugefall* bemerkt – „den Begriff zu sehr unvollkommen und einseitig“ ausdrücken; 2. weil sie jetzt, besonders in den Volksschulen, durch anschaulichere Verdeutschungen ersetzt sind, z. B. für *Nom., Akk., Dat., Gen.* lernen die Kinder *Wer-, Wen-, Wem-, Wesfall;* 3. oder weil man gar auf eine Verdeutschung verzichtet, besonders an Oberschulen, an der Universität oder im Deutschunterricht für Ausländer.

Geburtsgeile Hoden
Adelung 2,459: in der Zergliederungskunst die Hoden. Bey dem weiblichen Geschlechte führen .. die ... Eyerstöcke diesen Nahmen. s. Geile.

Campe 2,245: (–). – Oertel 2,93: 1. die Hoden, 2. die Eierstöcke. – Hyrtl: Die Anatomen älterer Zeiten für Hoden und für Eierstöcke: Geylen, Geilen, Gailen, Gaelen, meistens als Geburtsgeilen. – DWb. IV,1,1908 zitiert Adelung.
Untergangsgrund: Euphemismus und Bedeutungsverschiebung des Kompositionsteils *-geile.*

gegentheils dagegen, hingegen, anderseits, im Gegenteil
Adelung 2,487: im Gegentheil.
Heynatz 2,16: für im Gegentheil ist kein vorzügliches Deutsch. – Campe 2,264: (–). – DWb. IV,2,2275: adverbiale bildung zu gegentheil, wie *anderntheils* und *theils* selbst.
Untergangsgrund: Konkurrierende Synonymbildungen. Der adverbiale Genitiv ist heute durch mehrere Synonyma verdrängt wie z. B. *hingegen, anderseits, dagegen, im Gegenteil* u. a.

Gegitter Gitter
Adelung 2,692 (unter *Gitter)* verwirft es als verlängerte oberdeutsche Form.
Heynatz 2,16: eigentlich aber begreift Gegitter als ein Sammelwort oder Kollektivum mehrere Gitter. Gitter ist fr. Treille, Gegitter Treillage. – Campe 2,266: O.D. für Gitter, sein am heimlichen Gegitter lauschendes Mädchen. Göthe. – Oertel 2,101: Gitter, Gitterwerk.
Untergangsgrund: Überflüssige Verlängerung. Das Wort *Gitter* wird als Kollektivum empfunden. Nach dem Wb. d. Ggw. ist es: „gleichlaufende und miteinander verbundene, meist eiserne Stäbe, die oft kunstvoll geschmiedet sind und als Zaun oder als Schutz, Schmuck vor Fenstern dienen; übertr. Dinge, die in ihrem regelmäßigen Aufbau einem Gitter ähnlich sind". Deshalb wurde die Vorsilbe *ge-* als überflüssig empfunden und mußte untergehen.

Gehörkunst, Gehörlehre Akustik
Bei Adelung 2,502 als Verdeutschung für Akustik verzeichnet.
Campe 2,273: (–). Andere mißlungene Verdeutschungen wie *Klanglehre, Schallehre* verzeichnet Campe in seinem Verdeutschungswörterbuch. – DWb. IV,2,2529 beruft sich auf Adelung.
Untergangsgrund: Mißlungene Verdeutschung. Der Begriffsinhalt des Fremdwortes ist in der Verdeutschung zu eng gefaßt.

gehorsamen gehorchen
Adelung 2,503: es fängt im Hochdeutschen an zu veralten.
Campe 2,274: (–). – Oertel 2,105: gehorsam sein, gehorchen. – DWb. IV,I,2,2539 f.: jetzt beinahe abgekommen.
Untergangsgrund: Die allgemeine Schriftsprache der Gegenwart zeigt eine gewisse Abneigung gegen Verben auf *-samen*. Sie kennt nur zwei Verben: *verlangsamen, vereinsamen,* deren Inhalt diesen schleppenden Lautkörper duldet. *gehorsamen,* dessen Inhalt eine schnelle Reaktion ausdrücken sollte, fühlte sich in diesem Lautkörper beengt. Heute ist *gehorchen* an seine Stelle getreten.

gelenksam gelenk
Adelung 2,535: gelenk.
Heynatz: besser gelenk. – Campe 2,294: (–). – DWb. IV,I,2,3009 zitiert Adelung und bringt folgenden Beleg aus Winkelmann: die sanften züge dieser umrisse, die das gebäude des leibes . . . gelenksam machen.
Untergangsgrund: Sprachökonomie. s. *-ung*.

Gelust Lust
Adelung 2,542: ein im Hochdeutschen unbekanntes Oberdeutsches Wort, für das einfache Lust, sinnliche Begierde.
Campe 2,297: (–) bringt u. a. Belege aus Wieland, Bürger, Voß. – Oertel 2,114: poet. Lust. – DWb. IV,I,2,3110: nhd. ist es anfangs noch in voller geltung, allmählich zurückgetreten und jetzt eigentlich geschwunden.
Untergangsgrund: Sprachökonomie. Nach Ad. geht ein Wort unter, „wenn sich in einem Worte ein unnützer Überfluß befindet" (Magazin. Ersten Jahrgangs, Sechstes Stück S. 71). Die erste Silbe von *Gelust* wird heute als überflüssig empfunden. – s. *-ung*.

Gemächt Penis
Adelung 2,445: im gemeinen Leben einiger Gegenden, die Zeugungsglieder bey Menschen und großen Thieren beyder Geschlechter, besonders des männlichen, der Hodensack, das Geschröt. Einen Schaden an dem Gemächte haben.
Campe 2,298: (*x*) Zeugungsglied bei Menschen und großen Thieren, besonders männliches Geschlecht. – Oertel 2,114: männliches Zeugungsglied. – Hyrtl: Von Ryff wurden bloß die äußeren männlichen Genitalien (Hodensack und Glied) oder der Hoden-

sack allein, als Gemächt ... bezeichnet, in welchem Sinne dasselbe in vulgärer Sprechweise noch heute gebraucht wird. – DWb. IV,I,2,3149 bemerkt: der ausdruck ist allgemein ... und zwar unter allen der schamhafteste ... auch z. b., wenn es nötig wird, kindern gegenüber gebraucht. Es bringt folgenden Beleg aus Winkelmann: wenn aber an einigen figuren ... das gemächt wie mit fleiß ausgeschnitten scheinet ... weil Bacchus ... mit dem Attis verwechselt wurde, und wie dieser des gemächtes beraubt war.
Untergangsgrund: Euphemismus. – s. Euphemismus.

Genieß Genuß
Adelung 2,565: ein im Hochdeutschen veraltetes Hauptwort von dem Zeitwort genießen; 1. Der Genuß einer Sache, 2. Der Nutzen, Gewinn. König: ol. Genuß.
Campe 2,307 versieht es mit einem Stern: so viel als Genuß. – Oertel 2,119: altd. und poetisch. – Sanders bringt Belege aus Voß und Bode. – DWb. IV,I,2,3451: es steht zu *genießen* neben *genuß* (das doch sehr jung ist), wie z. b. *fließ*, *verdrieß* zu *fließen*, *verdrießen* neben *fluß*, *verdruß*, hat sich auch im gebrauch einzeln bis in späte zeit erhalten. – P./B.: Anfang des 19. Jh.s gebrauchen Dichter zuweilen noch Genieß wie Genuß, J. P. Immermann.

geschlank schlank
Adelung 2,610: lang, dünn und biegsam ... Im gemeinen Leben lautet es ohne Vorsilbe gemeiniglich nur schlank.
Campe 2,330 (–). – Sanders: vlt. – DWb. IV,I,2,3902: heute veraltend.
Untergangsgrund: Sprachökonomie. – s. *-ung*.

Gesicht Sehkraft
Adelung 2,627: Das Vermögen, die Fähigkeit zu sehen ... Ein gutes, ein scharfes, ein schwaches Gesicht haben ... Das Gesicht ist ihm vergangen.
DWb. IV,I,2,4088 ff. verzeichnet es für 1. *das Sehen, das Sehvermögen; der Blick*; *das innere Schauen; das Anschauen; das Auge, die Augen*; 2. *das Antlitz*; 3. *das Aussehen*; 4. *das, was man sieht oder zu sehen glaubt;* 5. *die Möglichkeit zu sehen*; 6. *das Visier;* 7. *Gesücht, Krankheit, Geschwulst, Fluß.*

Untergangsgrund: Semantische Hypertrophie. Das Wort *Gesicht* war Träger verschiedener Bedeutungen. Es war semantisch überlastet. Der Untergang der einen oder anderen Bedeutung war notwendig, um deren Träger zu entlasten. *Sehkraft* ist zuerst 1702 in Matthias Kramers „Teutsch-Italienischem Dictionarium" verzeichnet. Jetzt sagt man nicht mehr: *das Gesicht ist ihm vergangen,* sondern: *die Sehkraft* ... Das Wort Gesicht nimmt heute zwei scharf umrissene Sonderbedeutungen an: 1. *Antlitz;* 2. *Vision.*

gevollmächtigen bevollmächtigen
Adelung 2,646: bevollmächtigen üblicher.
Campe 2,355: (+) richtiger bevollmächtigen. – DWb. IV,I, 3,4705 f.: ein verbum *gevollmächtigen,* das als ausgangspunkt für das partizipiale adj. anzusetzen wäre, ist nur spärlich und nicht immer einwandfrei ... das wort findet in die schöne literatur eingang, es erscheint noch bei Klopstock und Schiller, wenn auch in Körners ausgabe von Schillers werken (1812) *gevollmächtigt* durch das neuere *bevollmächtigt* ersetzt wird. in den wörterbüchern macht sich von der mitte des 18. jh. ab der kampf gegen unsere veraltete form bemerkbar.
Untergangsgrund: Präfixumtausch. – s. *be-*

Gilbe
Adelung 2,689: im gemeinen Leben ... Die gelbe Farbe eines Körpers ... Die Gilbe des Saffrans.
Heynatz 2,60: für die gelbe Farbe ist nicht sehr üblich, darf sich aber den Vorwurf der Ungleichförmigkeit nicht machen lassen, denn wie auch roth aus Röthe wird, so muß auch gelb Gilbe werden, weil (e) den Umlaut (i) zu machen pflegt. Meines Wissens hat noch niemand die Gelbheit oder Gelb zu sagen versucht. – Campe 2,378: (+). – DWb. IV,I,4,7478: *i*-abstraktum zu *gelb* ... heute kaum mehr gebräuchlich.
Untergangsgrund: Homonymie. – s. *e*-Abstrakta.

gilblich gelblich
Adelung 2,689: welches im gemeinen Leben üblich ist, ein wenig gelb.
Campe 2,287 (unter *gelblich*): in den gemeinen Sprecharten gilblich. – DWb. IV,I,4,7483: nebenform zu *gelblich.* seit der ersten

hälfte des 18. jh. tritt das wort *gilblich* vor *gelblich* zurück ... häufig aber begegnet *gilblich* beim alten Goethe ... heute ist das wort nur selten gebraucht.
Untergangsgrund: Untergang des Grundwortes *Gilbe.*

glatzig kahlköpfig, glatzköpfig
Adelung 2,710: eine Glatze habend, im gemeinen Leben.
Campe 2,389: (–). – DWb. IV,I,4,7769: in jüngerer sprache hinter synonymen begriffen wie *kahlköpfig, glatzköpfig* zurücktretend.
Untergangsgrund: -ig ist durch das verdeutlichende *-köpfig* verdrängt.

Gleiche Gleichheit
Adelung 2,712: das Abstractum des Beywortes gleich, welches nur im gemeinen Leben für Gleichheit, d. i. gerade und ebene Beschaffenheit eines Dinges, üblich ist. Die Gleiche des Bodens.
Campe 2,396: (–). – Sanders bringt Belege aus Goethe und Döbel. – DWb. IV,I,4,8034: neben dem synon. *gleichheit* ... nur spärlich bezeugt, seit dem späten 18. jh. nur noch im poetischen gelegenheitsgebrauch.
Untergangsgrund: Homonymie. – s. *e*-Abstrakta.

gleichgültig synonym, gleichbedeutend, sinnverwandt
Adelung 2,714: gleichgültige Wörter, in der Sprachkunst, welche einerley Gegenstand, und in engerer Bedeutung denselben auch mit einerley Umständen und Nebenbegriffen bezeichnen, dergleichen es im schärfsten Verstande gar nicht, wohl aber unter verschiedenen Umständen gibt. Um der Vieldeutigkeit des Wortes gleichgültig willen, nennet man diese Wörter lieber gleichbedeutende oder gleichdeutige.
Kaltschmidt: gleichwertig, unterschiedlos, werthlos, einerlei, unbedeutend, nichtig, unwichtig, kalt, uninteressant, nebensächlich.
Untergangsgrund: Vieldeutigkeit.

Glockenist Glockenspieler
Adelung 2,726: Ein Deutsches Wort mit Lateinischer Endung, wie Harfenist, Blumist, Lautenist u. s. f., denjenigen zu bezeichnen, der das an einem Orte befindliche Glockenspiel zur gehörigen Zeit zu spielen verbunden ist.

DWb. IV, I,5,174: wie *flötist, hoboist, zinkenist* usw. zwitterbildung, nur im 18. jh. belegt.
Untergangsgrund: -nist ist durch das verdeutlichende *-spieler* ersetzt worden.

glum trübe, schwammig
Adelung 2,735: im Hochdeutschen veraltet ... für trübe ... Im Ober- und Niederdeutschen ist es im gemeinen Leben noch jetzt üblich.
Campe 2,411: (+) so viel als trübe. – DWb. IV,I,5,468 f.: FR. L. Jahn versuchte eine neubelebung: seine fertigkeit besteht darin, die quellen erst glum zu machen, sie mit asche und kalk zu versetzen ... den zeitstrom glum und trübe zu machen.
Untergangsgrund: Etymologische Isolierung. Das Wort ist durch die etymologisch durchsichtigeren *trübe, schwammig* verdrängt.

greiflich handgreiflich
Bei Adelung 2,794 für *greifbar, handgreiflich* mit einem Kreuz versehen.
Campe 2,449 markiert es durch einen Stern. – Sanders bringt Belege aus Goethe, Immermann, Rückert. – DWb. IV,I,6,49: im 16. jh. in blüthe, im 18. jh. mehr noch, im 19. jh. zurückgehend, heute fast erstorben.
Heute ist das Wort durch das deutlichere *handgreiflich* verdrängt.
Untergangsgrund: Verdrängung durch die verdeutlichende Zusammensetzung *handgreiflich.*

gulden golden
Adelung 2,845: eine veraltete Form des Wortes golden.
Campe 2,479: die meist veraltete Form des Wortes golden. – Sanders: altertümliche Form für golden. – DWb. IV,I,6,727: vereinzelt bis ins frühe 19. jh. belegt.
Untergangsgrund: Lautliche Veränderung. Das Adjektiv *golden* hat sich im Vokal an das Substantiv *Gold* angeschlossen.

Gutthat Wohltat
Adelung 2,862: welches im gemeinen Leben für Wohlthat üblich ist.
Heynatz 2,82 wirft Adelung vor, daß er Gutthäter nicht durch

ein Kreuz oder einen Stern markiert habe und bemerkt: indessen wird es im Munde gutsprechender Deutschen so leicht nicht gehört, noch weniger in guten Schriften gefunden. – Campe 2,487 (–). – Oertel 2,179: gütige That, Wohlthat. – DWb. IV,I,6,1477: in nhd. wird *guttat* allmählich von *wohltat* zurückgedrängt, so daß es in neuerer schriftsprache nur noch wenig gebräuchlich ist.

H

Haarwachs das sehnige Ende der Muskel
Adelung 2,874: das aus spanaderigen oder sehnigen Fäserchen bestehende Ende der Muskeln in den thierischen Körpern.
Campe 2,493: (–). – Hyrtl: Es war dem Übersetzer des Paré vorbehalten (pag. 46), den anatomischen Sprachschatz mit diesem höchst sonderbaren Wort zu schmücken. Dasselbe wurde aus den Fleischbänken hergeholt, wo schon seit uralter Zeit das Ligamentum nuchae als Haarwachs behandelt wurde, und jetzt noch von den Wiener Fleischern behandelt wird ... Seit Beginn des 19. Jahrhunderts verschwand das Haarwachs aus den anatomischen Büchern.
Untergangsgrund: Homonymie. *Haarwachs* „das sehnige Ende der Muskel" ist semantisch undeutlich, weil der erste Teil des Kompositums nicht *Haar* „crinis" enthält, sondern das ahd. *haru* „linum". Der lautliche Zusammenfall mit *Haar* „crinis" verursachte eine störende Homonymie, die als Ursache für den Untergang des Wortes anzunehmen ist.

Haberecht Rechthaber
Adelung 2,808: im gemeinen Leben. ein Mensch, der immer recht haben will.
Campe 2,495: man sollte Rechthaber sagen. – DWb. IV,II,80: eine imperative bildung, die neben dem unabhängigkeits-compositum *rechthaber* ... geht wie *habenichts* gegen *nichtshaber*. (Belege aus Lessing und Goethe). – Das Wort ist im Du. 1,9 verzeichnet, fehlt aber im Du. 15, 16, Wb. d. Ggw., Brockhaus 4,7, Wahrig.

Untergangsgrund: Kulturgeschichtliche Bedingungen. Nach Nils Törnqvist (Zum Wortbildungstyp *Wagehals, Taugenichts,* in: Neuphilologische Mitteilungen, 1959, S. 12 ff.) mag das relativ späte Auftreten dieser Bildungen in der Literatur des 13. Jh. mit dem Milieu in Zusammenhang stehen. Törnqvist beruft sich dabei auf Jacob Grimm: „Die aus wirklichen Imperativen entspringenden Mannsnamen haben etwas Gemeines an sich, daher sie Bauern, Räubern und plumpen Riesen beigelegt werden" und auf Hermann Jacobi in seiner Arbeit „Compositum und Nebensatz": „Diese Wörter waren gewissermaßen sprachliche Tiefseebewohner, die durch irgend einen Zufall vielleicht an die Oberfläche der Literatur gebracht wurden." Diese beiden Äußerungen beweisen, daß solche Bildungen, die soziologisch bedingt waren, in der Schriftsprache verhältnismäßig selten gebraucht wurden. Heute sind diese Bildungen mit dem Untergang der veränderten soziologischen Verhältnisse aus der Sprache der Gegenwart verschwunden und leben versteinert in Familien- und Pflanzennamen fort (s. Henzen, Wortbild S. 47).

haberechten

Adelung (unter *haberecht*) 2,808: Recht haben wollen, streiten. Campe 2,495: (*x*). – DWb. IV, II,81: bildung aus dem vorigen *(Haberecht)*, die vorzüglich Wieland gern anwendet. – Das Wort fehlt bei Flügel und in den neuen Wörterbüchern: (vgl. Du. 1, 9, 16, Brockhaus 4, 7, Wb. d. Ggw., Wahrig).
Untergangsgrund: Untergang des Grundwortes *Haberecht*.

Halbe Seite

Adelung 2,913: die Seite eines Dinges, ein in der anständigen Sprechart veraltetes und nur noch im gemeinen Leben übliches Wort. Jemanden von der Halbe ansehen, von der Seite.
Heynatz 2,87: heißt in Niedersachsen so viel als Seite in der von Adelung nicht bemerkten Redensart über die Halbe bringen. Die Redensarten etwas nur von der Halbe sehen, und jemand von der Halbe ansehen, gehören, wie er richtig bemerkt, nicht in die anständige Sprechart. – Campe 2,509: (+) im N. D. die Seite eines Dinges. – Oertel 2,189: die eine oder andere Seite eines Dinges, auf jener Halbe, Seite, ihn von der Halbe, Seite, seitwärts ansehen. – DWb. IV, II,196 führt in dieser Bedeutung nur ältere Belege an.

Untergangsgrund: Homonymie. *Halbe* bedeutet in ahd. *halba*, mhd. *halbe* „Seite" (s. Behaghel. Dt. Syntax. 1924. 48). In diesem Sinn lebt das Wort nur in niederdeutschen Mundarten fort, z. B. *up der halwe lin* „auf der Seite (krank) liegen" (s. G. Schambach, Wörterbuch der niederdeutschen Mundart der Fürstentümer Göttingen und Grubenhagen 1858). Das Wort lebt versteinert in *„außer-, inner-, dieser-, ober-, unterhalb* (eigentlich *äußere Seite"*). (s. P./B.). Häufig benutzt ist *das Halbe* „halber Teil, Hälfte" z. B. ein Halbes, zwei Halben ergeben ein Ganzes. Durch den lautlichen Zusammenfall mit dieser Form ist eine störende Homonymie entstanden, die *Halbe* „Seite" verdrängen konnte.

Hälberling Bastard

Adelung 2,913: in einigen Gegenden, ein Bastard, Blendling, Zwitter.

Campe 2,509: (–). – DWb. IV,II,199 zitiert Nemich. – Das Wort fehlt bei Engel (s. *Bastard*) und in den allgemeinen Wörterbüchern.

Untergangsgrund: Untergang des Grundwortes. Im 18. Jh. gebrauchte man *halb* für „unehelich" (nur von einer Seite ehelich) (s. Tr. Wb. 3. 288). Dazu *Halb(er)ling* „Bastard". In seinem Polyglotten-Lexikon der Naturgeschichte (1793) 1, 223. schreibt Nemich: Halberlinge ... heißen die Bastarde, die insbesondere von Karauschen und Karpfen. Auf die Menschen übertragen schreibt E. M. Arndt in „Geist der Zeit" (1807) 1,151: „ein entartetes Volk von Halblingen".

halbig halbwegs

Bei Adelung 2,914 f. mit einem Kreuz versehen: ein nur in niedrigen Sprecharten, besonders Niedersachsens, wo es von halb, von der Zeit, gebraucht wird. Es ist halbig zehn ... Ingleichen für so ziemlich, mittelmäßig, ein wenig halb und halb. Ich kann es halbig erraten ... In dem Munde des großen Haufens lautet dieses Wort bald halbicht, bald halbweg und halbwege.

Heynatz 2,87: für halb ist sehr Niedersächsisch. Es ist halbig zehn. – Campe 2,511: besonders im N.D. – DWb. IV,II,206: in Niederdeutschland jetzt nur noch bei zeitbestimmungen gebräuchlich. (Beleg aus Lessing).

Untergangsgrund: Verdrängung durch eine deutlichere Zusammensetzung. Das Wort ist durch das deutlichere *halbwegs* ersetzt.

Halbscheid Hälfte
Adelung 2,916: im gemeinen Leben, die Hälfte, der halbe Theil eines Dinges ... In der höheren Schreibart macht es eine schlechte Figur, obgleich Breitinger es in dem Ausdrucke die Halbscheid der Nationen, in der Schweizerischen Übersetzung des Milton, für ein Machtwort erkläret.
Heynatz 2,88: für die Hälfte kömmt in der Sprache des gemeinen Lebens einiger Gegenden häufig, in guten Schriften nie vor. In Bodmers Milton steht S. 26: Wie, wenn die Sonne hinter dem Monde hervor eine Dämmerung in einer düstern Eklipse auf die Halbscheid der Nationen schüttet ... – Das Neologische Wörterbuch hatte nebst andern über diese Stelle gespottet. – Breitinger in der Fortsetzung der Dichtkunst S. 82 antwortete darauf, Halbscheid sei ein wahres und gutes Deutsches Wort, welches die Bauersleute noch erhalten hätten. – Campe 2,513: (+). – Oertel 2,199: das halbe geschiedene oder Getheilte, d. i. die Hälfte. DWb. IV,II,212 bringt Belege aus E. C. König (an Lessing), Musäus, Kant, Goknigk. – Das Wort ist im Brockhaus 4,7 als oberdeutsches Wort verzeichnet, im Du. 16 als vlt., fehlt aber im Wb. d. Ggw. und bei Wahrig.
Untergangsgrund: Die einfachere, etymologisch deutlichere Form *Hälfte* hat das Wort verdrängt.

Handelschaft Handel
Adelung 2,949: der Handel, die Handlung, das Gewerbe, welches durch Verwechslung der Waaren um Gewinnes willen und als ein Geschäft getrieben wird ... Es fängt im Hochdeutschen zu veralten, wenigstens wird es seltener gebraucht, als Handel und Handlung, und wo es ja vorkommt, so geschiehet es, wie Hr. Stosch bemerkt, nur von größern Kaufleuten.
Campe 2,531: (–). – Oertel 2,196: 1. Handelsgewerbe mit Waaren und Geld, 2. Handelskunde, die H. erlernen, 3. die Handelsleute eines Ortes. – DWb. IV,II,380 führt Belege aus Lessing, Wieland, J. Paul, J. E. Schlegel.
Das Wort ist noch versteinert im Sprichwort: *Handelschaft leidet keine Freundschaft.*

Untergangsgrund: Sprachökonomie. Wir kennen Sammelbegriffe wie *Bürgerschaft, Einwohnerschaft, Dienerschaft, Genossenschaft* usw. und verstehen darunter „eine Gesamtheit von Bürgern, Einwohnern usw ..." Da *Handel* als Sammelbegriff zu fassen ist (s. Adelung Wb. 2. 947; Wb. d. Ggw.), ist die Nachsilbe *-schaft* im Laufe der Zeit als überflüssig empfunden worden und mußte sich vom Grundwort trennen.

Harnprophet Arzt

Adelung 2,978: eine scherzhafte und zugleich verächtliche Benennung eines Arztes, der ein übertriebenes Vertrauen auf die Kenntniß des Urines setzet; der Harn-Doctor, Harngucker.
DWb. IV,II,491 führt einen Beleg aus Goethe an. – Paul Fischer (Goethe-Wortschatz) bringt einen anderen Beleg aus „Dichtung und Wahrheit".
Untergangsgrund: Kulturgeschichtliche Bedingungen. *Harnprophet* ist ein Spottname für die Ärzte der alten Schule, die in den meisten Fällen Krankheiten aus dem Harn verkündeten. Mit dem Fortschritt der Medizin ist heute Wort und Sache untergegangen.

härtiglich hart

Von Adelung 2,986 durch einen Stern markiert: ein im Hochdeutschen veraltetes Wort, welches nur noch im Oberdeutschen, besonders in den figürlichen Bedeutungen des Wortes hart üblich ist: Härtiglich arbeiten.
Heynatz 2,100: härtiglich hat Ramler, und nach ihm Campe empfohlen, um es in sittlicher Bedeutung zu gebrauchen. Allein härtiglich gehört mit festiglich und ähnlichen Wörtern in Eine Klasse, und es bleibt billig der Veraltung überlassen. – Campe 2,552: (*x*) ein wenig hart. Nach Ramler wird dieses Wort in uneigentlicher und härtlich in eigentlicher Bedeutung gebraucht. Im O. D. wird es auch für hart besonders in uneigentlicher Bedeutung gebraucht. – DWb. IV,II,514 bringt folgenden Beleg aus Hohberg: die esel müssen ihr geringes futter härtiglich verdienen.
Untergangsgrund: Sprachökonomie. – s. *-(ig)lich.*

hartlehrig

Adelung 2,985: der hart, d. i. schwer zu lehren ist ... wofür andere hartlernig gebrauchen.

Heynatz 2,101: muß fast schlechterdings hartlernig heißen. – Campe 2,552: (*x*) ein Wort, diejenige Eigenschaft einer Person zu bezeichnen, da sie hart, d. h. nur mit Mühe und Beschwerde lehret, da ihr das Lehren schwer fällt; oder auch, da sie schwer zu unterrichten ist, also in dieser letzten Bedeutung gleichbedeutend mit hartlernig. – Oertel 2,201 unterscheidet zwischen *hartlehrig* „dem das Lehren schwer fällt" und *hartlernig*, „welcher schwer lernt". – DWb. IV,II,515 verzeichnet nur *hartlehrig*.
Untergangsgrund: Zweideutigkeit. „*lernen* und *lehren* werden heute oft verwechselt und zwar im allgemeinen in der Weise, daß *lernen* gebraucht wird, wo *lehren* stehen muß" (Der Große Du. Bd. 9. [1965] S. 412). Auch im 18. Jh. verwechselte man beide Formen. Das bestätigt Adelung in seinem Wörterbuch 3, 1788 folgendermaßen: „In der reinen und anständigen Schreibart ist diese Bedeutung (von *lernen*) veraltet, ob sie gleich im gemeinen Leben noch häufig genug vorkommt ... Der heutige Unterschied zwischen lernen und lehren scheinet auch nur bloß durch den Gebrauch eingeführet, und in der Bildung beyder Wörter nicht gegründet zu seyn. Diese Zweideutigkeit hat sich noch in verschiedenen Zusammensetzungen erhalten".
Die Zweideutigkeit des Grundwortes ist vermutlich die Ursache dafür, daß die Ableitungen und Zusammensetzungen untergegangen sind, denn man wußte nicht mehr, ob die Zusammensetzung ursprünglich zu *lernen* oder zu *lehren* gehörten. Campe hat viele Bildungen auf *-lehrig* gebraucht. Die meisten sind untergegangen oder muten uns heute seltsam an: *denklehrig* „logisch", *gotteslehrig* „theologisch", *altlehrig* „orthodox", *bestimmungslehrig* „deterministisch", *fabellehrig* „mythologisch", *fernscheinlehrig* „perspektivisch", *fragelehrig* „katechetisch", *geheimlehrig* „mysteriös", *geschmacklehrig* „ästhetisch", *gewächslehrig* „physiologisch", *gewissenlehrig* „kasuistisch", *gleichungslehrig* „algebraisch", *größenlehrig* „mathematisch", *kunstlehrig* „technologisch", *meßlehrig* „geometrisch".

Haupt-

Adelung 2,1011 ff. verzeichnet u. a. folgende Zusammensetzungen: *Hauptbinde, -bohrer, -grind, -krankheit, -küssen, -pflaster, -polster, -schmerz, -sucht, -übel, -weh, -wunde.*
Sie sind heute alle durch *Kopf*-Zusammensetzungen verdrängt.
Untergangsgrund: Einschränkung eines älteren Wortes durch

ein neu aufkommendes, affektgeladenes Wort. Das germanische Erbwort *Haupt* ist in seiner eigentlichen Bedeutung so gut wie ganz auf das Lehnwort *Kopf* mhd. *kopf* „Trinkgefäß“ übergegangen. Es kommt heute nur noch in der gehobenen Schriftsprache vor. „Auf das Haupt angewandt, war es im Anfange eine Metapher, eine scherzhafte Bezeichnung von derselben Art wie die vulgärschwedischen Wörter *knopp* eig. ‚Knospe‘“ (vgl. A. Lindqvist. a. a. O. S. 123). Lindqvist ist auch der Meinung, daß *Kopf* seinen Ursprung der rauhen, affektgeladenen Soldatensprache zu verdanken habe, daß die Schlagkraft einiger Wörter wie *Kopf, schnodderig, Stimmvieh* u. a. in der Anschaulichkeit des Wortes und in dem starken Gefühlston liege. So gelangte es dem auf einem handfesten Vergleich mit einem Trinkgefäß beruhenden *Kopf* in der heutigen Schrift- und Umgangssprache zur Herrschaft zu kommen. Infolge der Einschränkung des Wortes *Haupt* durch *Kopf* sind die meisten Zusammensetzungen mit *Haupt*-untergegangen und durch *Kopf*-Zusammensetzungen verdrängt worden.

Hauptsprache Original

Adelung 2,1018: einige haben die Grundsprache eines Buches, d. i. diejenige, in welcher es ursprünglich geschrieben worden, die Hauptsprache nennen wollen, aber wenig Beyfall gefunden.

Heynatz 2,102: so haben einige die Grundsprache eines Buches nennen wollen, aber wenig Beifall gefunden. – Campe 2,571: (–) eine Sprache, von welcher mehrere andere abstammen, eine Stamm- oder Muttersprache. Nicht gut haben es Einige für Grundsprache, diejenige Sprache, in welcher ein Buch ursprünglich geschrieben worden ist, gebraucht. – Kaltschmidt: Ur-, Stamm-, Kern-, Mutter-, Grundsprache. – DWb. IV,II,631: die sprache des originals.

Untergangsgrund: Hauptsprache kann – wie es bei Kaltschmidt steht – die *Ur-, Stamm-, Kern-, Mutter-* oder *Grundsprache* sein. Diese Vieldeutigkeit des Wortes rief irreführende Gedanken hervor, weshalb die Verwendung des Wortes immer mehr eingeschränkt wurde.

hausarm

Adelung 2,1024: hausarme Personen oder Hausarme, arme Personen, welche sich zu betteln schämen, und Almosen im Hause,

oder aus gutthätigen Häusern bekommen; zum Unterschied von den Bettlern und Kircharmen.
Braun: hausarme Personen, arme Leute, welche sich zu betteln schämen, zum Unterschied von Gassenbettlern. – Campe 2,574: (–) 1. von Hause aus arm, von armen Ältern geboren. 2. Dann auch von armen Personen, welche Andere nicht um Hülfe ansprechen, und sich schämen zu betteln. Auch wol, von welchen armen Personen, welchen Almosen ins Haus geschickt werden. – Oertel 2,206: Hausarme, die sich zu betteln schämen und Almosen in das Haus bekommen. – DWb. IV,II,652 bringt einen Beleg aus J. Paul (Siebenkäs).
Untergangsgrund: Durch die Zusammensetzung ist die Mitteilungskraft des Wortes gestört worden. Die bei Campe angegebene Bedeutung „von Hause arm, von armen Ältern geboren", die in keinem Wörterbuch verzeichnet ist, könnte auch möglich sein. Die aufgrund dieser Zusammensetzung möglichen verschiedenen Bedeutungen riefen irreführende Vorstellungen hervor, die das Fortleben des Wortes gefährdeten.

haushältig haushälterisch, sparsam
Adelung 2,1030f. versieht die Form *haushälterisch* als milderes Wort mit einem Kreuz; *haushältig* ist bei ihm die hochdeutsche Form für: gut Haus zu halten, d. i. einem Hauswesen mit Klugheit und besonders mit weiser Sparsamkeit vorzustehen.
Braun verzeichnet *haushälterisch* für „sparsam". – Campe 2,578: (–) den Haushalt verstehend . . . sparsam. Haushältig mit seiner Zeit sein. – DWb. IV,II,672 bringt Belege aus J. E. Schlegel, Goethe und verweist auf J. Grimm, Kl. Schriften 1. 222.
Untergangsgrund: Die alte Auffassung, daß alle Adjektiva auf *-isch* einen pejorativen Sinn haben, brachte viele Grammatiker des 18. Jh. dazu, sie durch andere Suffixe zu ersetzen. Heute können Adjektiva auf *-isch* ein Lob enthalten (vgl. A. Götze, PBB 24 [1899] S. 267).

Heimsucht Heimweh
Adelung 2,1084 verzeichnet es als Synonym zu *Heimweh:* ein heftiges Verlangen nach seinem Vaterlande, nach seiner Heimat; welches in manchen Fällen in eine körperliche Krankheit, in Melancholie und Abzehrung ausartet, um alsdann die Heimsucht, und bey den Ärzten mit Griechischen Kunstwörtern Nostalgia Pathopatrialgia genannt wird.

Heynatz 2,109: besser das Heimweh. – Campe 2,606: das Heimweh in einem hohen Grade. – DWb. IV,II,883 bringt folgenden Beleg aus J. Paul: seine augen waren roth und feucht von den qualen der heimsucht.

Untergangsgrund: Der Untergang des Wortes hängt zusammen mit der Geschichte des synonymen *Heimweh,* das zuerst als medizinischer Ausdruck erschien (vgl. P./B.). Heute hat das Wort Heimweh den medizinischen Sinn verloren (s. Tr. Wb. 3. 391) und bedeutet „die Sehnsucht nach der Heimat, nach dem Zuhause". Da *Heimsucht* wie *Heimweh* nicht mehr an eine pathologische Erscheinung (Krankheit, Sucht) erinnert, ist es untergegangen.

Heitere Heiterkeit

Adelung 2,1093: bey dem Pictorius auch die Heitere.

Braun verzeichnet nur *Heiterkeit.* – Campe 2,609 markiert das Wort durch einen Stern. – Oertel 2,216: poet. für Heiterkeit. – DWb. IV,II,906 bringt Belege aus Klopstock, Voß.

Heute ist das Wort durch *Heiterkeit* verdrängt und lebt nur in der Schweiz fort.

Untergangsgrund: Homonymie. – s. *e*-Abstrakta.

heitern aufheitern

Adelung 2,1093: welches aber nur in den Zusammensetzungen aufheitern, ausheitern und erheitern üblich ist. Einige Neuere haben auch das einfache wieder in Gang zu bringen gesucht.

Heynatz 2,110: für erheitern hat Haller für aufheitern, Herder sogar für heiter sein gebraucht. Das letzte ist umstreitig zu kühn. – Campe 2,609: (–). – Oertel 2,216: poet. für erheitern. – DWb. IV,II, bringt mehrere Belege aus dem 18., 19. Jahrhundert.

Untergangsgrund: Das Wort ist von den verdeutlichenden Weiterbildungen *aufheitern, erheitern* verdrängt worden. s. *Fahr.*

herbergieren beherbergen

Adelung 2,1117 verzeichnet es als niederes Wort mit einem Kreuz: Reisende für Geld aufnehmen und bewirthen ... Daher der Herbergierer ... ein Gastwirth, geringerer Art.

Heynatz 2,113: ein garstiges Zwitterwort, wofür man allemal herbergen, sowie Herberger für Herbergierer sagen kann. – Campe (Verdeutschungswb.) steht dem Wort abneigend gegen-

über. – Oertel 2,223 kennt nur *herbergen.* – DWb. IV,II,1064 verzeichnet es ohne Belege.
Untergangsgrund: Das Wort mit der französischen Endung wurde anfangs durch das deutsche Wort *herbergen* ahd. *heribergôn,* mdd. *herbergen,* nl. *herbergen* ersetzt. Die verdeutlichende Erweiterung *beherbergen* hat beide Lautformen verdrängt.

Herbstmonat September
Adelung 2,1120: 1. einer von den drei Monathen, welche den Herbst ausmachen, d. i. der September, Oktober und November, welche daher die drei Herbstmonathe heißen. 2. in engerer Bedeutung führt der September im Deutschen diesen Nahmen, weil der Anfang des Herbstes in denselben fällt.
Du. 16: alte Bezeichnung für September.
Untergangsgrund: s. *Wintermonat.*

Herzenszähmerin Dichtkunst
Adelung 2,1150: eine poetische Benennung der Dichtkunst, weil sie die Herzen zähmet, d. i. empfindend und gefühlvoll macht.
Campe 2,685: eine Person, welche die Herzen zähmet, gefühlvoll und theilnehmend macht; auch Herzenbändiger. Uneigentlich auch von Sachen, z. B. von Künsten u. Die Tonkunst, diese Herzenszähmerin.
Untergangsgrund: Die Mehrdeutigkeit des poetischen Wortes konnte das Wort inhaltlich nicht abgrenzen. Daher ist das Wort in der Bedeutung „Dichtkunst“ untergegangen.

Heuchelung Heuchelei
Adelung (unter *heucheln*) 2,1160: Das Hauptwort Heuchelung ist ungewöhnlich.
König und Oertel 3,228 verzeichnen nur *Heucheley.* – DWb. IV,II,1278 zitiert Steinbach.
Untergangsgrund: Das kurzlebige *Heuchelung* konnte sich im Gegensatz zu *Heuchelei* nicht behaupten. *Heuchelei* setzte sich durch, zumal den Bildungen auf *-lei* im Gegensatz zu den Bildungen auf *-ung* oft ein tadelnder oder verächtlicher Nebensinn anhaftet.

Heumonat Juli
Adelung 2,1163: der siebente Monath im Jahre, mit einem Römischen Nahmen der Julius, weil die Ernte des eigentlichen

Heues gemeiniglich in denselben zu fallen pflegt ... Die Deutsche Benennung schreibt sich schon von Carlen dem Großen her.
Du. 16: alte Bez. für Juli.
Untergangsgrund: s. *Wintermonat.*

Hinde Hirschkuh
Adelung 2,1183: das weibliche Geschlecht des Hirsches. Hinde ist beynahe schon veraltet.
König: la biche. – DWb. IV,II,1407: hirschkuh; ein verbreitetes, in den meisten sprachen nachzuweisendes wort dunkler abstammung. – Wb. d. Ggw. (unter *Hindin*): Hirschkuh, dichterisch.
Untergangsgrund: Verdrängung eines Simplexes durch eine durchsichtigere Zusammensetzung. Hans Sperber (a. a. O. S. 24) schreibt: „Nur wenn ein altes Wort, etwa durch kulturelle Vorgänge selten oder durch lautlichen Zusammenfall mit einem anderen zweideutig geworden ist, so daß jemand, der es ausspricht, nicht ganz sicher ist, verstanden zu werden, kann er sich genötigt sehen, es durch eine deutlichere Neubildung zu ersetzen ... Ein solcher Fall liegt z. B. vor bei der Verdrängung alter undurchsichtiger Worte für weibliche Tiere durch Ableitungen von den Namen der entsprechenden Männchen; so wird das alte *Hinde* durch *Hirschkuh* ersetzt".

hinum herum
Ist bei Adelung 2,1201 mit einem Stern versehen: im Gegensatz des herum. Fahre da hinum. Im Hochdeutschen ... nicht gebräuchlich, weil man sich statt desselben in allen Fällen des herum bedienet.
Heynatz 2,130: hat Adelung als im Hochdeutschen nicht gebräuchlich besternt, weil man in allen Fällen sich dafür des herum bediene. Nun sagt man freilich, fahre da herum häufiger, als hinum; doch mochte wohl kein guter Hochdeutscher zu seinem Nachbar sprechen: Ich will zu Ihnen herum kommen; sondern hinum scheint in diesem Falle geradehin besser zu sein. – König: über Schottland hinum segeln. – Campe 2,731: (*x*). – Kaltschmidt: auf die Nachbarschaft, um die Ecke, um einen Mittelpunkt hin, umweg, umhin, vorbei. – DWb. IV,II,1530: im gegensatz von *herum* ..., aber gegen dieses im gebrauch bedeutend zurück tretend, und der jetzigen schriftsprache bis auf wenige beispiele verloren gegangen.

Untergangsgrund: Das konkurrierende Wort hat eine allgemeinere Bedeutung; während *her* im allgemeinen die Richtung zum Sprecher oder Beobachter, *hin* die Richtung vom Sprecher oder Beobachter weg bezeichnen (vgl. *hinunter, herunter, hinüber, herüber, hinab, herab*), bedeutet *herum* beide Richtungen und macht die Wortform *hinum* überflüssig.

hinterhältisch hinterhältig
Adelung 2,1197: im gemeinen Leben hinterhältisch, zurück haltend, geneigt, nicht einem jeden alles zu offenbaren.
Das Wort fehlt bei Braun, König, Oertel, Kaltschmidt und wird von Campe als niederes Wort bezeichnet. – DWb. IV,II,1506: *hinterhältig* ist besser.
Untergangsgrund: Suffixumtausch. Heute ist *-ig* das gebräuchlichste Suffix zur Bildung von Adjektiven aus Substantiven. Die *-ig*-Suffixe sind besonders beliebt in Zusammensetzungen der Art wie *leichtlebig, widerhaarig, erstklassig, hinterhältig* (s. Henzen. Wortbildung. § 129).

hitzen erhitzen
Adelung 2,1215 f.: für heiß machen nicht üblich.
Braun: der Wein hitzet mich so. – Heynatz 2,131: für heizen, z. B. den Ofen hitzen, ist falsch. Sonst aber heißt hitzen ohne weitern Zusatz so viel als Hitze erregen. – Oertel 2,235: 1. Hitze haben, heiß sein, 2. Hitze mittheilen, heiß machen. – Kaltschmidt: erhitzen. – DWb. IV,II,1583: *hitzen* ... ist heute verdrängt durch *erhitzen.*
Untergangsgrund: Das Wort ist durch die verdeutlichende Erweiterung *erhitzen* verdrängt. s. *Fahr.*

hochmögend edel, vornehm, einflußreich
Adelung 2,1226: viel vermögend, einen hohen Grad der Macht habend; ein Wort, welches nur als ein Titel der Generalstaaten der vereinigten Provinzen vorkommt. Hochmögende Herren ... Wo auch das Abstracktum Ihre Hochmögenden und Ihre Hochmögenheit üblich ist.
Campe 2,752: (–) ein Titel der vereinigten Staaten in Holland. – Oertel 2,237: hochmögende Herren, Titel der vornehmen Staaten von Holland. – Kaltschmidt: edel, vornehm, einflußreich, vielvermögend. – DWb. IV,II,1626 bringt folgenden Beleg aus

Knigge: ich halte wahrhaftig meine gesellschaft und meine verlorene zeit eben so theuer, wie ihro hochmögenden dero pasteten und braten.
Untergangsgrund: Kulturelle Bedingungen. Untergang der Anredeform mit dem Untergang der Sache. Hohe Persönlichkeiten werden heute anders angeredet.

hofieren cacare
Adelung 2,1243: nur in der höflichen Sprechart des gemeinen Lebens üblich, seine Nothdurft verrichten. Das Kind hat in das Bett hofiert.
Heynatz 2,135: wird seit Jahren häufig aus verächtlichem Scherze gebraucht, um eine niedrige Art der Schmeichelei zu bezeichnen. – Oertel 2,239 bezeichnet es als einen gemeinen Ausdruck für „seine Nothdurft verrichten". – DWb. IV, II, 1684: das verbum ist ... der modernen sprache fremd geworden (wie denn schon Stieler 846 vor seinem gebrauche in der höhern schreibart abrät), höchstens in der bedeutung (cacare) noch allgemein verstanden.
Untergangsgrund: Euphemismus. Das Wort scheint ein Euphemismus für *cacare* gewesen zu sein. Wie das Wort in diesem Sinn aufkam, zeigt das Tr. Wb. 3. 462: „Als ritterliches Brauchtum kein Verständnis mehr fand oder vergröbert bis zu den Bauern sank, knüpfte man an Hof *Düngerstätte* an und verwendete das höfische Ztw. zum Ausdruck der Kotausscheidungen aus dem After". Weiter führt es aus: „Ob es Spott oder Verhüllung war, bleibe dahin gestellt. Jedenfalls hat sich dieser Gebrauch bis ins 19. Jh. gehalten. Heute allerdings scheint dieser Sinn ausgestorben". s. Euphemismus.

Hofschranz(e) Schmeichler
Adelung 2,1250: eine verächtliche Benennung eines auf niedrige Art seinem Herrn schmeichelnden Hofmannes.
DWb. IV,II,1698: verächtliche bezeichnung eines höheren hofbedienten mit hervorhebung des kriechenden und schmeichelnden. das wort ist seit dem 16. jh. gebräuchlich, das einfache *schranz* und *schranze* älter.
Untergangsgrund: Kulturgeschichtliche Bedingungen. Untergang des Wortes mit dem Untergang der Sache.

höhen erhöhen

Bei Adelung 2,1253 durch einen Stern markiert: hoch machen, welches im Hochdeutschen veraltet ist, seitdem das zusammengesetzte erhöhen dafür üblicher geworden.

Heynatz 2,136: höhen ist durch erhöhen verdrängt. Herder hat es wieder einzuführen versucht. – Campe 2,764 verzeichnet es als veraltetes Wort, das „der Erneuerung nicht fähig zu sein scheint". – DWb. IV,II,1710: hoch machen, ein im nhd. zu gunsten von *erhöhen* seltener gewordenes verbum. Es bringt Belege aus J. Paul, Goethe, Hölty, Uhland.

Untergangsgrund: Das Wort ist durch die verdeutlichende Erweiterung *erhöhen* verdrängt. s. *Fahr.*

höhlen aushöhlen

Adelung 2,1255: hohl machen ... Im gemeinen Leben ist dafür aushöhlen üblicher.

Campe 2,766: (–). – Oertel 2,240: hohl machen, aushöhlen. – DWb. IV,II,1717: ein seltenes wort, häufiger in *aushöhlen.* – Trübner 3,465: Das Ztw. höhlen ... ist heute selten im Gebrauch ... Meist nimmt man dafür die Zusammensetzung aushöhlen.

Untergangsgrund: Das Wort ist durch die verdeutlichende Erweiterung *aushöhlen* verdrängt. s. *Fahr.*

Hornung Februar

Adelung 2,1291: der zweite Monat im Jahre, welcher mit einem Römischen Nahmen der Februar heißt ... in einigen Oberdeutschen Gegenden muß auch der Dezember diesen Nahmen führen, wie wenigstens aus dem Frisch erhellet.

Du. 16: alte dt. Bezeichnung für Februar.

Untergangsgrund: s. *Wintermonat.*

I

-icht

Adelung verzeichnet u. a. folgende *-icht*-Bildungen: *beinicht, bergicht, blumicht, brandicht, dornicht, drüsicht, eiterìcht, erdicht, faulicht, felsicht, gabelicht, glasicht, grandicht, grasicht, grindicht, hefìcht, holzicht, hornicht, hügelicht, kalkicht, käsicht, kiesicht, klebericht, knorpelicht, knorricht, knospicht, kreidicht, kugelicht, lappicht, laubicht, lehmicht, leimicht, letticht, lumpicht, markicht, masericht, mehlicht, milchicht, pelzicht, perlicht, pfulicht, rosicht, salzicht, schieferìcht, schuppicht, schwammicht, schwefelicht, steinicht, sonnicht, spiegelicht, steinicht, streifìcht, talgicht, teigicht, tonicht, tranicht, weinicht.*

Untergangsgrund: Haltenhoff (a. a. O. S. 79 f.) findet Schleiers Prinzipien, die die Bequemlichkeit der Artikulation und das Streben nach Lautunterscheidung hervorheben, in diesem Fall haltlos. Wundts Gesetz der Anpassung der Sprache an den beschleunigten Vorstellungsverlauf entspricht der Auffassung von Haltenhoff. Er äußert sich darüber folgendermaßen: „Man lebt nicht mehr in dem gespreizten Zeitalter des Rococo und der Menuett; der Mensch von heute hat, um es recht deutlich zu sagen, einfach keine Zeit mehr, das *t* mitzusprechen. Freilich, wenn man Formen wie: ein schupp*icht* Panzerhemd, in schwärz*licht* grauen Zügen, an ros*ichtem* Band, der bläu*lichte* Gott, mit blum*icht*er Kette, aus fels*icht*em Schacht – den bezügl. Verbindungen ohne *t* gegenüberstellt, so wird in der Sprache ein wirklicher Zeitunterschied meist gar nicht vorhanden sein; aber das Auge glaubt dennoch an ihn, und der Mund fügt sich. Danach wäre der Schwund des *t* aufzufassen als ein *progressiver Assimilationsprozeß*, ein Hinübergleiten des Auges und der Aussprachbewegung über das *t*, das wegen der sonst entstehenden Doppelkonsonanz eine psycho-physische Hemmungsursache darstellen würde.“ Dazu sei nach Haltenhoff ein wichtiges Moment gekommen, „das hervorging aus dem evolutionistischen Charakter der Gesamtentfaltung der Menschheit“. Haltenhoff verweist damit auf das 18. Jh., das mit Absicht die *-icht*-Suffixe künstlich bevorzugte, um deren Unfähigkeit zu zeigen und auf die Gleichgültigkeit Goethes gegen das „unzweckmäßig, überflüssige *-icht*“. In der heutigen Schriftsprache werden diese Adjektiva – außer *töricht* – hauptsächlich durch die konkurierende Bildung auf *-ig* verdrängt. Dieser Vorgang *(Suffixvertausch)* kennzeichnet sich nach Haltenhoff als ein singulärer Assoziationsakt *(Gleichheitsassoziation)*, bei dem die an Zahl überwiegenden, in ihrem Lautbestande fester gefügten, an psychischem Gehalt reicheren, im ganzen also höher organisierten *-ig*-Formen wirkten. Als Untergangsgrund in der Schriftsprache erblickt Haltenhoff aber mehr als einen *assoziativen* Akt, nämlich *einen Absorptions- oder Aufsaugungsprozeß*. Er erinnert dabei an das Verhalten des schlesischen Dialektes, der immerfort neue *-icht*-Adjektiva bildet, sie aber sich wieder zu assimilieren versucht.

idealisch ideal
Adelung 2,1352: nur in der Vorstellung befindlich.
König und Oertel schreiben *idealisch*. – Campe: Verdeutschungswb: (–).
Untergangsgrund: Sprachökonomie. Das Wort hat wie *kolassalisch*, *kollegialisch* die pleonastische Nachsilbe ausgestoßen.

-(ig)lich-Adjektiva
Untergangsgrund: Die Neigung zu *-(ig)lich*-Bildungen trat im Mhd. stark hervor. Diese Bildungen sind erst aus der oberdeutschen, dann aus der mitteldeutschen Literatur anzuführen.[1] Daß diese Adjektiva in der zweiten Hälfte des 18. Jh. sehr häufig vorkamen, zeigen Adelungs und Heynatzens Anmerkungen zu diesen Bildungen.[2] Einige dieser Adjektiva wurden zur Zeit des Sturm und Drang häufig gebraucht.[3] Diese Verlängerungen sind verschiedenartig. Sie kamen vor als: 1. *-lich*, z. B. bedächtig*lich*, demütig*lich* (Ad.: im Hd. vlt.), obwohl Goethe sie neu belebte (s. P. Fischer: Goethe-Wortschatz), einfältig*lich*, gnädig*lich*, fleißig*lich*, listig*lich*, mächtig*lich*, willig*lich* (Ad.: die Oberdeutsche Mundart hing den Adeverbiis immer gern noch ein -lich an, um nur vielsilbige Wörter zu bekommen), 2. *-ig-*, z. B. ängst*ig*lich, mutwill*ig*lich, 3. *-iglich*, z. B. fest*iglich*, einmüt*iglich*. Heynatz[4] behauptet, diese letzte Erweiterungsform sei von vie-

[1] Wilmanns (a. a. O. S. 490).
[2] Heynatz, Antibarbarus, II 140: „Wer sie gebraucht, gehört vor der Hand unter die Sprachverderber."
[3] A. Langen, In: Stammlers Deutsche Philologie im Aufriß, I, § 34, Sp. 943, 995 ff.
[4] a. a. O. S. 140.

len sehr häufig gebraucht und die zweite Gruppe sei die unschicklichste.

In der Gegenwartssprache sind die meisten *-(ig)lich*-Bildungen aus sprachökonomischen Gründen untergegangen. Hier erscheint *-lich* für das Auge und für das Ohr als blosse Wucherung. Die wenigen, die nur geblieben sind, werden meist adverbial gebraucht: z. B. ewig*lich* (*Liebe währet ewiglich.* Wb. d. Ggw.), gnädig*lich* (Wahring), innig*lich* (*Sie liebten sich inniglich.* Wb. d. Ggw.), ledig*lich* (*Er reiste lediglich zur Erholung.* Du. Stilwörterbuch 1956).

Inzicht Beschuldigung

Adelung 2,1391: ein noch in einigen Oberdeutschen Gegenden für Beschuldigung, Bezüchtigung und in engerer Bedeutung für Injurie übliches Wort.

Braun: Inzicht: besser als Inzucht, die Beschuldigung, auch die Beleidigung. – Heynatz 2,155: Inzicht oder Inzucht sowohl für Beschuldigung, als für Injurie ist Oberdt. Zicht halte ich für ein wenig besser, und noch besser würde es vielleicht sein, wenn man die Zeihe einführen könnte. Er hat mir eine Zeihe gesagt. – Campe 2,828: in einigen O.D. Gegenden für Beschuldigung ... Injurie. – Oertel 2,263: 1. Bezichtigung, Beschuldigung, 2. wörtliche Beleidigung, Schmähung, Injurie. – DWB. IV, II,2152: von den meisten wörterbüchern bis auf Adelung unberücksichtigt gelassen ... für die allgemeinere schriftsprache erneuert und als edles wort verwendet wird es seit ende des vorigen jahrhunderts.

Untergangsgrund: Etymologische Isolierung. Das Grundwort *zicht* ist ein Verbalsubstantiv von *zeihen*, mhd. *ziht*. Von den mhd. Zusammensetzungen *abe-*, *be-*, *bî-*, *ge-*, *in-*, *ver-* gehen ins Nhd. nur *In-* und *Verzicht* (s. DWb. 15. 878). Heute lebt nur *Verzicht* fort.

J

jahen bejahen
Adelung 2,1418: sprechen, reden, bekennen.
Das Wort fehlt bei König, Campe, Oertel und im DWb.
Untergangsgrund: Das Wort ist durch die verdeutlichende Erweiterung *bejahen* verdrängt. – s. *Fahr.*

Jaherr Jasager
Adelung 2,1418: im verächtlichen Verstande, eine Person, welche zu allem ja sagt, alles verspricht, bewilligt und einräumet, welche aus Schwäche nicht das Herz hat, anderen zu widersprechen, oder ihnen etwas anzuschlagen.
Campe 2,837: (x). – Oertel 2,265: wer zu Allem ja sagt und keine eigene Meinung hat. – DWb. IV,II,2228 bringt Belege aus dem 18. Jh.
Untergangsgrund: Verdrängung durch ein allgemeineres Wort. Vor etwa 90 Jahren schrieb das DWb. IV, II, 2227 f. (unter *Jaherr): Jaherr,* der zu allem ja, herr! spricht. daher gesinnungsloser schmeichler oder unterwürfiger beipflichter einer fremden meinung. die moderne sprache hat, ohne die bedeutung des wortes zu ändern, die etymologie des Wortes vergessen, legt es sich daher als einen herrn zurecht, der immer ja sagt. Daneben verzeichnet das DWb. (a. a. O.) die Synonyma *Jabruder, Jaknecht, Jamensch.* Heute sind diese Wörter durch das allgemeinere zusammenfassende Wort *Jasager* vertreten.

Jungfernschloß Hymen
Adelung 2,1450: Hymen.
Das Wort fehlt bei König, Campe, Oertel, Kaltschmidt. – DWb. IV. 2,2386 verzeichnet es für *Hymen, Jungfernhäutchen* ohne Belege. – Hyrtl: Schloß wurde im 17. Jahrhundert auch für die Schamfuge, und Jungfernschloß für den Hymen gebraucht.
Untergangsgrund: Mißlungene Verdeutschung. Die Undeutlichkeit des Wortes entsteht durch das Kompositionsglied *-schloß.* Ein anderes Kompositionsglied wie *-häutchen* ist in der Zusammensetzung *Jungfernhäutchen* deutlicher und vertritt bis heute das Fremdwort *Hymen.*

K

kalten erkalten

Bei Adelung 2,1474 durch einen Stern markiert, für kalt werden. Campe 2,871: gewöhnlicher erkalten. – Oertel 2,281: 1. Kalt sein 2. Kalt werden. – DWb. V,88 f. bringt Belege aus Voß, Gotthelf, Rückert und bemerkt: wirklich gesagt wird aber nur noch *kalt werden*, doch *erkalten*, früher auch *verkalten*.

Untergangsgrund: Das Wort ist durch die verdeutlichende Erweiterung *erkalten* verdrängt. s. *Fahr*.

kaltsinnig gleichgültig

Adelung 2,1474: gleichgültig. Sehr kaltsinnig studieren, ohne einen merklichen Grad der Begierde.

Campe 2,872: (–). – Oertel 2,281: mit Kaltsinn behandeln, empfangen. – DWb. V,94: das Wort ist so gut wie abgekommen.

Kammerlauge Urin

Adelung 2,1486: Urin.

Das Wort fehlt bei Braun, König, Oertel, Flügel. – DWb. V,124: ein witzig beschönigender ausdruck. ‚lauge aus dem kammertopf' . . . die bader brauchen sie . . .

Untergangsgrund: Euphemismus. – s. Euphemismus.

Kaufschlag

Adelung 2,1255 versieht es mit einem Stern: ein im Hochdeutschen ungewöhnliches Wort, für Kaufhandel, Handlung, welches noch in Ober- und Niedersachsen gangbar ist . . . Vermuthlich in Beziehung auf den Handschlag, womit ein Kaufvertrag oft befestigt wird.

Heynatz 2,175: es ist eigentlich ein solcher Handel, wo der Waarenpreis für gewisse Artikel auf eine zeitlang als stehend festgesetzt wird. Dann wird Kaufschlag für Kontrakt gebraucht, besonders für einen solchen, in welchem festgesetzt wird, daß jemand eine Waare für einen gewissen Preis anhaltend liefern wolle. In meiner Vaterstadt Havelberg hat man einen Jahrmarkt, welcher der Kaufschlagmontag genannt wird. – Campe 2,903: (+).

Untergangsgrund: Kulturgeschichtliche Bedingungen. Untergang des Wortes mit dem Untergang der Sache.

kebsen zur Kebsfrau machen, nehmen
Adelung 2,1528 (unter *Kebsweib*): kennt es als ein altdeutsches Wort.
Das Wort fehlt bei König, Campe, Oertel, Kaltschmidt, Flügel, wurde bei Goethe im zweiten Teil des Faust gebraucht (s. DWb. V,374).
Untergangsgrund: Etymologische Isolierung des Grundwortes. *kebsen* zu *Kebse* ahd. *chebis, kebisa,* mhd. *keb(e)se* ist etymologisch noch nicht eindeutig geklärt (s. Tr. Wb. 4,115). *Kebse* ist etymologisch isoliert. Es hat keine Beziehung zu einer Wortsippe. So haftet es schlecht im Gedächtnis. Es wird meist in der tautologischen Zusammensetzung *Kebsfrau* verdeutlicht. Andere Zusammensetzungen, die man früher kannte wie *Kebsgemahl, Kebskind, Kebsmann* (s. Stieler 1691) und die Ableitung *kebsen* sind wegen des Verblassens des Grundwortes untergegangen.

keichen keuchen
Adelung 2,1536 verzeichnet es für das heutige *keuchen.*
Braun: schwer athmen. – DWb. V,434 f.: gegenwärtig herrscht *keuchen* vor, in älterer zeit dagegen, ja bis tief ins 18. jh. *keichen,* und *keuchen* zeigt sich selten. Adelung setzt *keichen* (das Gottsched noch allein anführt), als das regelrechte an.
Untergangsgrund: Verdrängung durch eine vermischte Lautform. *keuchen* ist eine aus mhd. *kuchen* „hauchen“ und *kichen* „schwer atmen“ vermischte Form. Die unvermischte Nebenform *keichen* hielt sich nur bis ins 19. Jh. (s. Kl./Mi. Et. Wb. 1963, Tr. Wb. 4,137).

kennbar erkennbar
Bei Adelung 2,1547 und Campe 2,913 ein hochdeutsches Wort.
Oertel 2,297: was zu kennen ist, was erkannt werden kann. – DWb. V,531 bringt Belege aus Picander (1734), Klopstock, Lessing, (1751), Lichtenberg (1800), Schiller, Herder und bemerkt: es ist wenig gebraucht, viel weniger als das nahe liegende *erkennbar.*
Untergangsgrund: Die Bedeutungsentwicklung beider Verben *kennen* und *erkennen* zeigt zwei verschiedene Richtungen: 1. Bedeutungsverengung von *kennen: kennen* in der heutigen Bedeutung von „erkennen“ ist wenig bekannt geworden. 2. Bedeutungserweiterung von *erkennen: erkennen* in der heutigen Be-

deutung von „etw./jmdn. so deutlich sehen, daß man weiß, was oder wen man vor sich hat, etw./jmdn. mit dem Auge ganz erfassen" war im 18. Jh. nur in einer engeren Bedeutung bekannt. So ist heute der Bedeutungsverengung des Wortes *kennen* die Bedeutungserweiterung von *erkennen* entgegengesetzt. Die Weiterbildung *erkennbar* ist eine Analogiebildung zu dem älteren *kennbar*.

Klageendung Akkusativ
Adelung 2,1599: bei einigen ältern Sprachlehrern ... als eine buchstäbliche Übersetzung des Latein. Kunstwortes Accusativus, bey andern der Klagefall, der Kläger.
Braun verzeichnet beide Formen *Klagefall* und *Klageendung* für „Akkusativ". – Heynatz 2,183: seltener der Klagefall, ist nicht wie Adelung behauptet, bloß bei einigen älteren Sprachlehrern für Akkusativ anzutreffen, sondern kömmt auch bei neuern vor. – Campe 2,942: bei einigen besonders alten Sprachlehrern, eine wörtliche Übersetzung der lat. Benennung der vierten Endung. Andere sagen dafür Klagefall und sehr unbestimmt und verwerflich Kläger. – Oertel 2,305: Accusativus, deutlicher: der vierte Fall. – DWb. V,924: noch bei Adelung als veraltet.
Untergangsgrund: Mißlungene Verdeutschung. – s. *Gebefall.*

Kläger Akkusativ
s. *Klageendung.*
Untergangsgrund: Mißlungene Verdeutschung. – s. *Gebefall.*

Kläre Klarheit
Adelung 2,1606: nur so fern es fein, zart bedeutet; im gemeinen Leben. Die Kläre des Zwirnes, der Leinwand, des Mehles u. s. f. Heynatz 2,185: die Kläre für die Beschaffenheit des Klarseins, besonders aber des Zartseins und Feinseins, will in der Schriftsprache keinen Beifall finden, und man sagt lieber Klarheit dafür. – Campe 2,947: (–). – Oertel 2,307: das Klarsein. – DWb. V,998 bezeichnet es als selten und führt einen Beleg aus Goethe an.
Untergangsgrund: Homonymie. – s. *e*-Abstrakta.

klärlich klar
Adelung 2,1607: in einigen Fällen anstatt des einfachen klar üblich.

Heynatz 2,185: ist veraltet und kann allemal durch klar bequem ersetzt werden. – Campe 2,947: (–). – DWb. V,1004: jetzt ist es veraltet, wie schon am ende des 18. jh. Heynatz angibt gegen Adelung, der es festhalten will. es findet sich aber wirklich damals noch, aber fast nur, wie jetzt, mit absichtlicher erinnerung an den kanzleistil und altertümliche rede.
Untergangsgrund: überflüssige Verlängerung. Die kürzere Lautform *klar* hat das Wort verdrängt.

Kleine Kleinheit
Adelung 2,1621 versieht es als wenig gangbar mit einem Stern. Heynatz 2,187: für Kleinheit hat Adelung als wenig gangbar besternt. – Campe 2,956: (–), gewöhnlicher Kleinheit. – Oertel 2,310: Kleinheit der Sache und Person. – Sanders: selten.
Untergangsgrund: Homonymie. – s. *e*-Abstrakta.

kleinfügig geringfügig
Bei Adelung 2,1621 für geringfügig.
Braun: unwichtig, gering, geringfügig. – Heynatz 2,187: für geringfügig ist Oberdeutsch. Wieland hatte es in der ersten Ausgabe des Agathon, und hat es noch. – Campe 2,957: (–). – Oertel 2,310: gew. geringfügig. – Sanders bringt mehrere Belege aus dem 18. Jh. – DWb. V,1108: auch bei den schriftstellern ist es noch im 18. jh. in gebrauch, wer hat es in gang gebracht? denn es scheint da nur ein schriftsteller- und bücherwort, theils gleich *unbedeutend* theils gleich *kleinlich* gebraucht.
Untergangsgrund: Mißlungene Neubildung. Das Wort scheint eine bewußte Analogbildung zu *geringfügig* zu sein. Gegenüber dieser Neubildung blieb das alte Wort ungefährdet. Es kann sein, daß die Einschränkung auf die Schriftsprache (s. Hildebrand oben) die Verbreitung des Wortes bremste, während *geringfügig* noch in der Schrift- und Umgangssprache eine allgemeine Geltung genießt.

Klinge Talschlucht
Adelung 2,1629: ein enges zwischen Bergen gelegenes Thal.
Campe 2,961: ein wenig bekanntes und gebräuchliches Wort, womit man eine lange Vertiefung, ein enges schmales Thal zwischen Bergen, Bergthal, convallis. – Oertel 2,312: lange Vertiefung, enges Thal zwischen Bergen, Bergthal. – Sanders verzeichnet

es ohne Beleg für *enge Schlucht.* – DWb. V,1175: das wort muß ... einstmals weiter gegolten haben als jetzt.
Es lebt fort in *Klingental, Klingenbeck, Klingenberg, Klingenbrunn, Klingenstein.*
Untergangsgrund: Homonymie. Das ältere *Klinge* aus ahd. *chlinga,* mhd. *klinge* „Gießbach" bezeichnet seit dem 15. Jh. „eine Talschlucht". – Das jüngere *Klinge* für „Klinge des Degens, Schwerts, Messers usw." ist für das Gesamtleben der deutschen Sprache das wichtigere geworden, besonders weil es in der Schriftsprache der Gegenwart kein anderes Wort gibt. „Das aus lat. *lāmella* ist in ihr abgestorben und führt als *loml* nur in ein paar obd. Mundarten ein bedrängtes Dasein" (s. Tr. Wb. 3. S. 179). – So handelt es sich hier um einen lautlichen Zusammenfall, der eine störende Homonymie verursachte (vgl. O. Weise, Unsere Muttersprache S. 208).

Klinggedicht Sonett
Adelung 2,1632: eine ungewöhnlich gewordene aus dem Holländischen entlehnte Benennung eines Sonnetts.
Heynatz 2,188: für Sonett ist aus der Zeit der fruchtbringenden Gesellschaft. – Campe schlägt es aufs neue vor. – DWb. V,1192: es war dann im ganzen 17. jh. gebräuchlich ... Herder gebraucht es geringschätzig.
Untergangsgrund: Klinggedicht ist eine gelungene Verdeutschung der Fruchtbringenden Sprachgesellschaft für *Sonett.* Das *Sonett* kam im 16. Jh. nach Deutschland. Es wurde durch Opitz' Empfehlung und Vorbild die häufigste Gedichtform des 17. Jh. Im 18. Jh. verschwand es völlig. (vgl. Kleines literarisches Lexikon, Bd. 3. Sachbegriffe. 1966. S. 378). Während dieser Zeit hat man die Verdeutschung vergessen. Später wurde das *Sonett* von Bürger und der Romantik von neuem gepflegt.

Klinse Spalte
Adelung 2,1632 f.: in einigen Gegenden, eine Ritze, Spalte, wo es Klünse und Klunse lautet.
Campe 2,963: (–). – Sanders bringt einen Beleg aus Rückert und Schlegel. – DWb. V,1198 übernimmt von Sanders einen Beleg aus dem Jahre 1797.
Untergangsgrund: Schwankende Lautform. Die schwankende Lautform *Klumse, Klümse, Klunse, Klimse, Chlumse, Klumbs,*

Klymps, Klunße. Kluntz ließ das Wort untergehen und durch die lautlich durchsichtigere *Spalte* ersetzen.

Klöße Hoden

Adelung 2,1640: in den niedrigen Sprecharten werden die Hoden bey Menschen und Thieren Klöße ... genannt.

Das Wort fehlt in dieser Bedeutung bei Braun, König, Oertel, Kaltschmidt, Flügel. – DWb. V,1247 bringt nur mundartliche Belege. – Hyrtl: in der Sprache des gemeinen Mannes sind Klösse = Hoden.

Untergangsgrund: Tabuisierung. Die Tabuisierung ist eine weitere Ursache dafür, daß die Wörter entweder untergehen oder unterdrückt werden. In Felix Saltens Roman „Josephine Mutzenbacher", München 1969 sind folgende Wörter für das männliche Glied verzeichnet: *Nudel* S. 18; *Zapfen* S. 18; *Stift* S. 20; *Stange* S. 22; *Speer* S. 24; *Rute* S. 25; *Spargel* S. 31; *Pfeil* S. 143; *Pfahl* S. 143; *Klöppel* S. 167; *Pendel* S. 187; *Fechter* S. 193; *Keil* S. 197. Für die weiblichen Genitalien sind u. a. folgende Wörter angeführt: *Muschel, Mörser.* Wenn das DWb. nur mundartliche Belege anführt und wenn das Wort bei Küpper nicht steht, so kann man nicht mit aller Sicherheit behaupten, daß *Klöße* in dieser Bedeutung nicht mehr lebt. So wie die oben angeführten Wörter für die Geschlechtsteile vorstellbar sind, so kann das Wort in irgendeinem erotischen Roman oder im Volksmunde vorkommen. Hier kann die Frage gestellt werden: ist das Wort in der Schriftsprache wirklich untergegangen, oder ist es wie das vulgäre *Eier* nur unterdrückt, „tabuisiert"?

Kneipschenke Kneipe

Adelung 2,1659 verzeichnet es für Kneipe.

Campe 2,977: (*x*). – Oertel 2,318: Kneipe, Knappe, elende Schenke. – DWb. 2,1409 übernimmt Adelungs Definition, bringt Belege aus Lessing und J. Paul und bemerkt: jetzt meist kurz *kneipe ... kneipschenke* lebt noch als ortsname in Sachsen bei Wilschwitz im Meißner Kreise.

Untergangsgrund: Tautologie. Das zuerst in Obersachsen bei Lessing 1768 und Rabener 1755 (s. P./B.) aufgetauchte Wort, hat Adelung neben *Kneipe* verzeichnet. *Kneipe* ist bei ihm eine „kleine, schlechte, geringe Schenke", weil „knab, kneip" ursprünglich „klein, schlecht, gering" bedeutet. Häufiger im Gebrauch ist

Kneipe geworden, nachdem die Studenten *Kneipschenke* zu *Kneipe* verkürzt hatten. Heute ist *Kneipe* so viel wie *Schenke*. Entweder sagt man heute *Kneipe* oder *Schenke*, aber nicht mehr *Kneipschenke*.

Kofént schlechtes Klosterbier

Adelung 2,1681: ein geringes, schwaches Bier, auch Nachbier, Afterbier, Dünnbier.

Campe 2,999: (*x*). – Oertel 2,323: Konventbier, Nachbier, schlechtes Bier, wie es die Konventalen oder Klosterbrüder zu trinken bekamen, während die Herren Patres das bessere Bier, das Paterbier, tranken. Heumann Poecile, 11,192. – DWb. V,1574 f. bringt Belege aus dem 19. Jh. und bemerkt: der übergang des wortes ins volksleben erklärt sich vielleicht daher, daß dies *nachbier* in klöstern auch an die armen und nach außen verschenkt wurde.

Untergangsgrund: Kulturgeschichtliche Bedingungen. Das Wort *Kofént*, spätmhd. *covent* „Dünnbier" stammt aus dem mlat. *coventus,* frz. *couvent* „Kloster". Mit dem Untergang der Sache ist das Wort untergegangen. Auch die etymologische Undurchsichtigkeit des Wortes und die Unsicherheit der Betonung trugen zum Untergang bei.

kostbar preziös

Adelung 2,1730: nach dem Muster des Franz. précieux haben einige neuere Schriftsteller es von der gezwungenen Art gebraucht, mit welcher besonders Personen des anderen Geschlechtes sich und ihren Reizen in dem gesellschaftlichen Leben einen gewissen Werth beyzulegen suchen, den sie doch nicht besitzen. Campe (Verdeutschungswb.): preciös, vor einigen zwanzig Jahren fingen Einige an, das Wort geschnürt in dieser Bedeutung zu gebrauchen. Die Précieuses ridicules von Molière könnte man die Zieraffen nennen. – DWb. V,1859 f.: man brauchte es im 18. jh. viel nach franz. précieux, sich zierend, affectiert, sich kostbar machend.

Untergangsgrund: Mißlungene Verdeutschung. Der Inhaltsbegriff des Fremdwortes ist in *kostbar* zu eng gefaßt.

Kram Laden

Adelung 2,1745: der Laden; doch nur noch zuweilen im gemeinen Leben.

König: La boutique. – Campe 2,1030: (–). – DWb. V,1987: künstliche bude ... noch nhd. blieb diese bedeutung lange klar, während sie jetzt ... vergessen oder verächtlich ist.
Heute ist es ein Dialektwort in Sonnenberg, Coburg, um Eisenach, Mühlhausen.
Untergangsgrund: semantische Hypertrophie. *Kram* bedeutet: 1. Schrein; 2. Marktgerüst, 3. Bude; 4. Ware; 5. Handel; 6. Einkauf; 7. Verkauf; 8. Marktgeschenk; 9. Zeug; 10. Plunder; 11. Angelegenheit; 12. Geschichte. Diese Vieldeutigkeit hat das Wort semantisch überlastet. In diesem Fall kann eine Bedeutung leicht untergehen. *Kram* „Bude" wollte sich in der tautologischen Verdeutlichung *Krambude* retten. Diesen Weg schlagen viele Wörter vor ihrem völligen Untergang ein. Zur semantischen Hypertrophie schreibt Axel Lindqvist (a. a. O. S. 112): „Es gilt auch als Schwäche eines Wortes, wenn es an Überfülle der Bedeutung leidet (hypertrophie sémantique), wenn es „semantisch belastet" ist, das heißt, wenn es Träger allzu vieler verschiedener Vorstellungen ist, wenn es, kurz gesagt, allzuvieles bedeutet."

kreisschattig polarisch
Adelung 2,1771 verzeichnet es für *polarisch*.
Campe 2,1046 übernimmt Adelungs Definition. – Sanders zitiert Gaspari (1819): die Bewohner der kalten Zonen heißen Periscii, d. i. Kreis- oder Umschattige, weil ihr Schatten in 24 Stunden rings um sie herumläuft.
Untergangsgrund: Mißlungene Verdeutschung. Das internationale Wort *polarisch* hat es verdrängt.

kriegen Krieg führen
Adelung 2,1785 bezeichnet es als hochdeutsch.
Campe 2,1055: (–). – Oertel 2,344: Krieg führen, bellare. – Sanders führt mehrere Belege aus dem 18. und 19. Jh. an. – DWb. V,2234: seit dem 18. jh. ist das wort im gebrauche sehr beschränkt ... bloß im höheren stil.
Untergangsgrund: Homonymie. Das schriftsprachliche *kriegen* „bellare" ist wegen des lautlichen Zusammenfalls mit *kriegen* „bekommen" untergegangen. Eine störende Homonymie kann – nach Emil Öhmann (Über Homonymie und Homonyme im Deutschen. S. 112) – durch den lautlichen Zusammenfall zweier Wörter aus der Umgangssprache und aus der Schriftsprache hervor-

gerufen werden. Öhmann sieht keine schädliche Wirkung der Homonymie in gleichlautenden Wörtern aus Schriftsprache und Mundart. So schreibt er (a. a. O. S. 112); „Da die schriftsprache und die mundart an demselben geographischen punkt zwei voneinander geschiedene soziale spracheinheiten bilden, folgt daraus selbstredend, daß zwei homonyme Wörter, von denen das eine nur von der mundartredenden schicht und das andere nur von der schriftsprachlichen gebraucht wird, nicht eine störende homonymie hervorrufen können. Anders verhält es sich mit umgangssprache und schriftsprache, die beide von der zweisprachigen oberschicht gebraucht werden. Deswegen liegt auch in der annahme, daß schriftspr. *kriegen* ‚bellare' wegen umgangsspr. *kriegen* ‚bekommen' schwindet."

Kriegsbaumeister Ingenieur

Adelung 2,1787 und Campe 2,1056 halten das Wort für brauchbar.

Heynatz 2,203: das Wort hält Adelung u. nach ihm Campe für Ingeniör brauchbar. – König: l'ingénieur. – Oertel 2,344: Ingenieur. – DWb. V,2261 verzeichnet es für Ingenieur und bringt einen Beleg aus Schiller.

Untergangsgrund: Mißlungene Verdeutschung. Der Inhaltsbegriff des Fremdwortes ist in *Kriegsbaumeister* zu eng gefaßt.

Künftigkeit Zukunft

Bei Adelung 2,1830 durch einen Stern markiert: ein ungebräuchliches Wort, die ... Zukunft zu bezeichnen, welches einige neuere Dichter ohne Noth und daher auch ohne Erfolg einzuführen versucht haben.

Heynatz 2,208: ganz möchte ich Künftigkeit noch nicht verdammen. – Campe 2,1085: (–). – Sanders bringt Belege aus Haller, Jo. Müller, Schwab. – DWb. V,2652 bringt Belege aus Haller, Schubart (1825), Herder (1817), Klopstock, Hippel und bemerkt: schon später mhd. 14. 15. jh. *künftigkeit* ... dann erst im 18. Jh. wieder auftauchend, um wieder zu verschwinden.

Untergangsgrund: Überflüssige Neubelebung.

kurzweilen scherzen, spielen, unterhalten

Adelung 2,1848: scherzen.

Campe 2,1101: (*x*). – Oertel 2,354: Kurzweile treiben, die Zeit

angen. vertreiben. – DWb. V,2860 ff. bringt u. a. Belege aus H. Müller, Wieland, Bodmer, Claudius, E. M. Arndt, Musäus und bemerkt: ein seit dem 18. jh. abgekommenes schönes wort. Heute verzeichnen die allgemeinen Wörterbücher: *Kurzweil, kurzweilig*, aber nicht *kurzweilen.*
Untergangsgrund: Die Schwierigkeit der Konjugation ließ andere Synonyme an seine Stelle treten, z. B. *scherzen, tändeln, spielen, unterhalten, vergnügen* (s. Kaltschmidt, Wb. 1851). Die analoge Bildung *langweilen* ist immer noch lebendig, weil es keinen Konkurrenten hat.

Küssen Kissen
Adelung 2,1849: ein mit einem weichen Körper ausgepolsterter Beutel oder Sack von mittlerer Größe ... In engerer Bedeutung, ein mit Federn oder einem ähnlichen weichen Körper ausgestopfter Beutel von mittlerer Größe, darauf zu liegen, oder einen Theil des Leibes damit zu bedecken, ein Polster.
Untergangsgrund: Homonymie. Kieft (a. a. O. S. 277) erklärt den Untergangsgrund folgendermaßen: „Die Form *Küssin* hält sich noch bis tief ins 17. Jh. Im Mhd. konnte folglich durch die Verschiedenheit der Betonung und des Endvokalismus nicht die Rede sein. Erst in nhd. Zeit werden diese Unterschiede verschwinden. Der Akzent von *Küssin* ‚Polster' scheint sich nach vorne verlegt zu haben, und dadurch wird der letzte Vokal tonlos geworden sein. Damit war die Homonymie mit ‚küssen' ‚osculari' vollkommen geworden. Jetzt kann man auch schon die ersten Abwehrmaßnahmen beobachten: die entrundete Form *Kissen* ‚Polster' zeiget sich, im 16. und 17. Jht. noch vereinzelt, immer häufiger. So vollzieht sich der Kampf im 18. Jh. zugunsten der entrundeten Form" (s. auch R. Liebich: PBB, 23. 1898, S. 230).

L

Lächler

Adelung 2,1859 nennt es „ein ungewöhnliches Wort, dessen sich Hagedorn ein Mahl bedienet".

Heynatz 2,212: da wir indessen Lacher von lachen haben, so können wir Lächler von lächeln nicht wohl entbehren. – Campe 3,3 (*x*): eine Person, welche lächelt, besonders gern und häufig lächelt. – Kaltschmidt: die freundliche, stumme Person. – DWb. VI,30 verzeichnet es mit Belegen aus Klinger, Hagedorn, Schubart (1787) u. a. m.

Heute verzeichnen die Wörterbücher *Lacher, Lächler* aber nicht mehr.

Untergangsgrund: Vielleicht sind der Vorwurf der Unaufrichtigkeit und der Nebensinn des Heimlichen, die dem Wort früher anhafteten (s. Tr. Wb. IV,327) daran schuld, daß das Wort so früh untergegangen ist.

läffeln karessieren

Adelung 2,1867 f.: im Oberdeutschen üblicher ... als im Hochdeutschen, einer Person anderen Geschlechts seine Liebe bezeigen, und in engerer Bedeutung, unverschämt bey dem anderen Geschlechte seyn, seine Liebe oder vielmehr Lüsternheit durch unanständige Bezeigungen und besonders durch dreistes Küssen, an den Tag legen; im gemeinen Leben der Hochdeutschen caressiren. Adelung verzeichnet (a. a. O.) folgende Ableitungen und Zusammensetzungen: *abläffeln, einläffeln, läffelhaft, Läffler, Läfflerin, Läfflerey, Läffelwinkel, Läffelgäßchen, Läffelmarkt,* die im Oberdeutschen am bekanntesten sind.

Campe 3,7 verweist auf *löffeln*: (*x*) in der Liebe gleichsam naschen, seine Liebe durch unanständige Bezeigungen, besonders durch Küssen an den Tag legen (caressieren). – Oertel 3,41 (unter *löffeln*): der sinnlichen Liebe nachgehen, karessieren. – Kaltschmidt (unter *löffeln*): albern, liebeln, caressieren, pussieren. Sanders: vlt. – DWb. VI,1125 f.: scheint zunächst in derber studentischer rede auf einen burschen gewendet zu sein, der gegen das andere geschlecht gern schön thut...... wird aber dann auch allgemein in dem sinne unseres heutigen der niedrigen sprache angehörigen *pussieren,* liebeln, buhlen gebraucht.

Untergangsgrund: Mit dem Untergang von *Löffel* in der Bedeutung von „Liebesnarr", „Tor" ist das dazu gehörende *löffeln, läffeln* untergegangen (s. Tr. Wb. 4,488).

Lähme Lähmung
Adelung 2,1873 verzeichnet es für *Lähmung*.
Heynatz 2,212: gewöhnlicher die Lähmung. – Campe 3,10: (–). – Oertel 3,4: Lähmung, Gicht. – Kaltschmidt: Lähmung. – DWb. VI,74 führt u. a. folgenden Beleg aus Hohberg an: dieses öl dienet für lähme und erstarrung des weißen geäders.
Das Wort lebt heute in der Terminologie der Tiermedizin fort, ist aber aus dem allgemeinen Schriftdeutschen (vgl. Du. 16, Wahrig) verschwunden.
Untergangsgrund: Homonymie. – s. *e*-Abstrakta.

langen verlangen
Adelung 2,1962 versieht es mit einem Stern: mit Unruhe begehren, wofür jetzt verlangen üblicher ist.
Campe 2,28 kennt es nicht in dieser Bedeutung. – DWb. VI,171 führt einen Beleg aus Goethe an.
Untergangsgrund: Das Wort ist durch die verdeutlichende Lautform *verlangen* verdrängt worden. s. *Fahr.*

langsichtig weitsichtig
Adelung 2,1904: ein Wort, welches man von solchen Personen gebraucht, bey welchen die durchsichtige Hornhaut oder die Krystallene Linse im Auge gar zu flach, und zu nahe gegen das netzförmige Häutchen der Augen gerichtet ist, daher sie zwar in der Ferne, nicht aber in der Nähe deutlich sehen können.
Campe 3,30: (–). – Oertel 3,8: fern- oder weitsichtig. – Kaltschmidt: weit-, fernsichtig. – DWb. VI,182: *langsichtig* und *kurzsichtig*.
Untergangsgrund: – *weitsichtig* kennt Adelung (Wb. 4,1474) nur im eigentlichen Sinn: „entfernte Gegenstände deutlich, nahe oder undeutlich sehen, presbyba". Heute ist der Gebrauch des Wortes *weitsichtig* allgemeiner geworden, indem man es auch figürlich in der Bedeutung „die Zukunft sehr weise beurteilend, voraussehend" (Wahrig) benutzt. Diese semantische Entwicklung kennt *langsichtig* nicht. Da *langsichtig* jederzeit durch *weitsichtig*, das nun einen allgemeineren Begriff bezeichnet, ersetzt werden konnte, mußte es als entbehrlich betrachtet werden.

laß träge, matt

Adelung 2,1910: träge, matt, müde ... ein laßer Arbeiter, ... nur noch in der edlern und höhern Schreibart gebraucht. Braun: müde. – Heynatz 2,216: laß sowohl für ermattet als für faul ist ziemlich veraltet, kann aber doch den Dichtern verstattet werden. – Campe 3,35 verzeichnet es als Dichterwort. – Oertel 3,10: 1. abgespannt, schlaff, kraftlos ... 2. läßig, faul, träge, laßer Arbeiter. – Kaltschmidt: lasch, schlaff, müde, träge, faul, abgespannt. – DWb. VI,268: obwol gleichmäßig in Ober- wie in Niederdeutschland gekannt, doch ein selteneres und mehr der gewählten sprache angehöriges wort.

Untergangsgrund: lassen in der nhd. Bedeutung von „Körperteilen, die ihre Dienste versagen, schlaff werden" (DWb. VI,216) lebt heute nicht mehr. Infolgedessen ist das dazu gehörige *laß* untergegangen.

Laßdünkel Einbildung, Anmaßung, Arroganz

Adelung 2,1911: ein stolzer Dünkel, eine stolze Einbildung von sich selbst und seinen Vorzügen.

Campe 3,35: (+). – Das Wort fehlt bei Oertel, Kaltschmidt, Flügel. – DWb. VI,270: die form *laßdünkel* lebt bis ins 18. jh.

Untergangsgrund: Mangelnde Analogie. Das Wort ist eine ungewöhnliche Zusammenziehung aus der Wendung *sich dünken lassen* (s. DWb. 2,1550). Zu dieser Wortbildung schreibt Adelung (Wb. 2,1911): Man leitet es gemeiniglich von der R. A. ab, sich dünken lassen, so sehr auch eine solche Ableitung wider die ganze Analogie der Sprache ist.

lauben erlauben

Adelung 2,1927 verweist auf *erlauben.*

Campe 3,42 kennt es nicht in dieser Bedeutung. – Sanders: üblich nur in Zusammensetzungen. – DWb. VI,293: von *erlauben* fast verdrängt, obschon die nicht unhäufigen *laub* und *laube* erlaubnis es stützen könnten.

Untergangsgrund: Das Wort ist durch die verdeutlichende Lautform *erlauben* verdrängt worden. s. *Fahr.*

Lauer ein lauernder, listiger Mensch

Adelung 2,1930: eine lauernde Person.

Campe 3,44: (–). – DWb. VI,301: ein im 16. und 17. jh. beliebtes, grobes schimpfwort; im 18. jh. absterbend.

Untergangsgrund: Homonymie. Der lautliche Zusammenfall mit *Lauer* „die Handlung, der Zustand da man lauert", das nur in der festen Verbindung *auf der, die Lauer* „im, in den Hinterhalt" fortlebt, verursachte eine störende Homonymie.

lecken laufen, springen

Adelung, 2,1861 schreibt *läcken* und versieht es als „ein im Hochdeutschen völlig veraltetes Wort" mit einem Stern: Hoffmann hat in seinem Buche von der Zufriedenheit das Wort läkken nicht verstanden.

Heynatz 2,220: die Prediger sollten das längst veraltete unverständliche Wort nicht gebrauchen, sondern ein verständliches dafür einschieben. – Campe 3,66 versieht es mit einem Stern und verweist auf *läcken*. – DWb. VI,481: der gebrauch dieses biblischen bildes *(wider den stachel lecken)* hat sich bis heute erhalten, man wollte das verständnis des verbums schützen, indem man es auch *läcken* oder *löcken* schrieb (letztere schreibung in den bibelausgaben seit dem 17. jh.), und so von *lecken* lambere abhob (Belege aus Lessing und Mommsen 1856) ... indes blieben mißverständnisse nicht aus, die sich schon seit dem 17. jh. durch transitive fügung des verbums kund thun (Belege aus A. Gryphius [1698] und Platen).

Untergangsgrund: Homonymie. Die eingeführte Schreibung mit dem unorganischen *ö, ä* ist für die Erhaltung des Wortes ohne Erfolg geblieben. Das Wort ist mit dem häufig gebrauchten *lekken* „mit der Zunge über etwas gleiten" lautlich zusammengefallen und hat eine störende Homonymie verursacht. (vgl. R. Liebich, PBB, 23 (1898), S. 230 f.).

Leberreim

Adelung 2,1960: eine unwitzige Art der Scherzgedichte, welche ehedem bey feyerlichen Mahlzeiten sehr üblich waren, und welche bey Gelegenheit der Hechtleber auf die jedesmahligen Umstände gemacht wurden.

Campe 3,46: (–). – Oertel 3,19: scherzh. Reim, dessen erste Worte jedesmahl mit den Worten anfängt: Die Leber ist von einem ... und nicht von einem ..., wo alsdann ein Thier genannt wird, auf dessen Namen die folg. Zeile reimen muß. – DWb. VI,463: im 18. jh. sind sie *(die Reime)* veraltet.

Untergangsgrund: kulturgeschichtliche Bedingungen. Das Wort spiegelt eine alte Sitte wider: wer die Hechtleber bekam, mußte einen Trinkspruch dichten. Mit dem Untergang dieser Sitte ist das Wort untergegangen (s. Tr. Wb. 4,410).

ledigen erledigen

Adelung 2,1967: ledig, und in figürlichem Verstande frey, los machen; wo es doch nur noch in den Zusammensetzungen erledigen und entledigen üblich ist.
Campe 3,68 markiert es durch einen Stern: jetzt ist es nur noch in den Zusammensetzungen entledigen und erledigen gebräuchlich. – Oertel 3,20: ledig, frei, los machen. – Kaltschmidt: erledigen. – DWb. VI,504 f. bringt nur ältere Belege.
Untergangsgrund: Das Wort ist durch die verdeutlichende Erweiterung *erledigen* verdrängt. s. *Fahr.*

Lehde ein wüst liegendes Stück Land

Adelung 2,1973: in der Landwirtschaft, ein wüstes ungebautes Stück Landes, welches keinen Nutzen bringet.
König: la lande. – Campe 2,72: (–). – DWb. VI,537: aus dem niederdeutschen bis ins östl. mitteldeutsch vorgedrungenes wort. Es bringt folgenden Beleg aus Goethe: das thal verbreitet sich und alle leden sind wo möglich zum feldbaù umgearbeitet.
Untergangsgrund: Lehde ist ein Dialektwort (s. Kl./Mi. Et. Wb. 1963, 430), das in der Schriftsprache keine besondere Geltung fand (vgl. DWb. VI,537). Heute ist dieser Fremdkörper aus der allgemeinen Schriftsprache völlig verschwunden.

Leibrock Frack

Adelung 2,1998: ein Wort, welches am häufigsten aus der Deutschen Bibel bekannt ist, wo der Leibrock ein Stück der priesterlichen Kleidung der ehemaligen Juden war.
König: der Leibrock der jüdischen Priester, l'exhod. – Campe 2,84: (–) in unsern Zeiten tragen die Frauen u. Jungfrauen ein anliegendes, vorzüglich den Leib, d. h. den Rumpf und die Arme bedeckendes, nicht langes Gewand, welches man einen Leibrock (Tunica) nennt oder doch nennen kann. – Oertel 3,24: knapp anliegender Rock. – Sanders: nach heutiger Mode dagegen gew. nur Frack. – DWb. VI,607: die heutige männertracht versteht den *leibrock* als frack.
Untergangsgrund: kulturgeschichtliche Bedingungen. Das Wort ist mit der Sache untergegangen.

Leibstuhl Nachtstuhl
Adelung 2,1998: in der anständigen Sprechart, der Nahme eines Nachtstuhls.
Campe 3,85: (–). – Oertel 3,24: Nachtstuhl. – DWb. VI,609 bringt folgenden Beleg aus dem Frankfurter Journal vom 29. Januar 1871: geruchlose leibstühle in allen holzarten.
Untergangsgrund: Die Vieldeutigkeit des Bestimmungsteils der Komposition *Leib-* „Körper, Bauch, Magen, Unterleib" hat die Zusammensetzung undeutlich gemacht. *Nachtstuhl* ist deutlicher.

Leibzucht Lebensunterhalt
Adelung 2,1999: der Unterhalt auf Lebenszeit; ein Wort, welches im Hochdeutschen ungewöhnlicher zu werden anfängt, als das gleichbedeutende Leibgedinge.
Heynatz 2,224: Bode gebraucht Leibzucht sowohl als Leibzüchter noch zuweilen. – Campe 2,85: (–). – Oertel 3,25: Unterhalt auf Lebenszeit. – DWb. VI,610 bringt u. a. diesen Beleg aus Moser: die leibzucht, ist der wittwe, oder des wittwers sitz auf jedem hofe: im eigentlichen verstande aber eine nutzung auf lebenszeit.
Untergangsgrund: kulturgeschichtliche Bedingungen. Untergang des Wortes mit dem Untergang der Sache.

Leichte Leichtigkeit
Adelung 2,2004 führt es als Abstraktum für *leicht* an.
Heynatz 2,224: die Leichte in der Schreibart (Gellert). – Campe 2,89: (–). – Oertel 3,26: Leichtheit, Leichtigkeit. – DWb. VI,639: ein seltenes, weil durch *leichtheit* oder *leichtigkeit* ersetztes wort. Es bringt einen Beleg aus Fleming.
Untergangsgrund: Homonymie. – s. *e*-Abstrakta.

leichtern erleichtern
Adelung 2,2004: Im Hochdeutschen ist es veraltet, weil das zusammengesetzte erleichtern dafür eingeführet ist.
Heynatz 2,225: für erleichtern hat Luther einigemal. – Campe 2,89 (–) bringt einen Beleg aus Voß und bemerkt: Das zusammengesetzte erleichtern ist dafür gewöhnlicher. – Oertel 3,26: poet. für erleichtern, leichter machen. – Kaltschmidt: erleichtern. – DWb. VI,641: gebräuchlicher ist heute *erleichtern.*
Untergangsgrund: Das Wort ist durch die verdeutlichende Erweiterung *erleichtern* verdrängt. s. *Fahr.*

Lenzmonat März
Adelung 2,029: eine schon von Carl dem Großen herkommende Benennung des dritten Monats im Jahr, welcher unter dem Römischen Nahmen des Märzes noch am bekanntesten ist, weil der Lenz oder Frühling in demselben seinen Anfang nimmt.
Du. 16: alte Bez. für März.
Untergangsgrund: Mißlungene Verdeutschung. – s. *Wintermonat.*

Liberey Bibliothek
Adelung 2,2044 versieht das Wort mit einem Stern.
Oertel 3,33: Liberei und Librarei, Bibliothek. – DWb. VI,666: nach dem 17. jh. außer gebrauch gekommen.
Untergangsgrund: In der Zeit der Sprachgesellschaften wurde das deutsche *Bücherei* dem aus dem Lateinischen gewonnenen *Liberey* nachgebildet. Im Laufe der Zeit hat sich das deutsche Wort durchgesetzt und das ältere *Liberey* verdrängt (s. W. Pfaff, Ersatzwörter, 1933, 23 f.). Adelung verurteilt in seinem Magazin (a. a. O. S. 70) das Wort, „weil es ein Zwitter von einem verunstalteten Lateinischen Worte mit einer Deutschen Ableitungssylbe“ ist.

Lindigkeit Gelindigkeit
Adelung 2,2072: ein noch hin und wieder für Gelindigkeit übliches Wort.
Heynatz 2,234: Lindigkeit hat Luther dreimal. – Sanders bringt Belege aus Rückert und Wieland. – DWb. VI,1038 bringt einen Beleg aus Claudius: lindigkeit und nachsicht.
Untergangsgrund: Das Wort ist durch die verdeutlichende Erweiterung verdrängt. – s. *Fahr.*

Lustreiz
Von Adelung 2,2138 als veraltet für das einfache *Reiz* mit einem Stern versehen.
Heynatz 2,233 f.: hat Adelung als im Hochdeutschen ungewöhnlich besternt, ungeachtet es bei Hagedorn vorkömmt. Eben so erklärt er sich auch wider das Mittelwort ... lustreizend. Beide kommen indessen in guten Schriftstellern noch zuweilen vor. – Campe 3,175: (–) in engerer Bedeutung, ein Reiz zur Sinnenlust, besonders zur Geschlechtslust; ein Mittel die Geschlechtslust zu erwecken, den Geschlechtstrieb zu reizen.
Untergangsgrund: Tautologie. *Reiz* allein genügt.

M

Mage der Verwandte

Bei Adelung 3,15 mit einem Stern versehen: (Daher) bedeutete Schwertmagen oder Vatermagen ehedem einen Verwandten von väterlicher Seite, wie Spilmagen ... oder Muttermagen einen Verwandten von mütterlicher Seite. Die Magschaft, die Verwandtschaft.

Campe 2,184 versieht es mit zwei Sternen: ein Verwandter, besonders ein Blutverwandter. Daher die Magschaft, die Verwandtschaft ... In engerer Bedeutung bezeichnete Mage ehemals sowol einen Sohn, wie auch einen Schwiegersohn, und Frauenmage, den Schwager. – Oertel 3,52: altd. ein Verwandter, Blutsverwandter. – Sanders bringt einen Beleg aus J. Paul für *Schwertmag* und bemerkt zum Wort: nur altertümelnd. – DWb. VI,1435 f.: im 17. jh. wird das wort zwar noch aufgeführt ... erscheint aber, außerhalb des ... juristischen gebrauchs ... höchst vereinzelt ... das 18. jh. hat, wie mit manchem alten, den versuch der auffrischung gemacht, ohne damit viel anklang zu finden.

Untergangsgrund: Etymologische Isolierung. *Mage,* mhd. *mac(g),* ahd. altsächs. *mag* hat keinen etymologischen Anhalt. *Schwertmage,* mhd. *swertmac,* und *Spillmage* im 15. Jh. *spilma* sind die einzigen Zusammensetzungen, die das Wort kennt. Mit dem Untergang des etymologisch isolierten Wortes *Mage* sind die Zusammensetzungen gleichfalls untergegangen.

Mahlschatz Verlobungsgeschenk

Adelung 3,30: dasjenige Geschenk, ... welches zwey Personen bey der Verlobung einander zum Unterpfand ihrer Liebe und Treue einhändigen ... zuweilen wird auch wohl das Heirathsgut, welches die Frau ihrem Manne bey der Heirath zubringet, der Mahlschatz genannt.

Bei Braun verzeichnet. – Campe 3,189: (–). – Oertel 3,53: Verlobungsgeschenk, Brautschatz. – DWb. VI,1458 bringt folgenden Beleg aus Gellert: ich will ihr den besten mann wünschen, und ihr alle die geschenke, die ich zum mahlschatz mitgebracht habe, zurücklassen.

Untergangsgrund: Homonymie. Der erste Kompositionsteil

Mahl- ahd. *mahal* „Gerichtsstätte", „Versammlung" dazu *mehelen* „verloben, vermählen" ist mit *Mahl*, mhd. *mal* „Gastmahl", „Mahlzeit" lautlich zusammengefallen und hat eine störende Homonymie verursacht, die die Deutlichkeit der Zusammensetzung *Mahlschatz*, mhd *mahelschatz* „Verlobungs-, Brautgabe" gefährdete. (s. Weig.-Hirt, Wb.[5], 2,107 f.).

malmen zermalmen

Adelung 4,1689 (unter *zermalmen*): das einfache malmen ist im Hochdeutschen längst veraltet.

Campe 3,194: (–) gewöhnlicher zermalmen. – Oertel 3,56: zermalmen, zerreiben. – Sanders bringt Belege aus Kleist, Rückert, Voß. – DWb. VI,1510 führt Belege aus Fr. Müller, Stolberg, Voß an.

Untergangsgrund: Das erste nhd. nachweisbare *malmen* geht auf das mhd. *zermaln* zurück. (s. Kl./Mi. Et. Wb. 1963, 456). Zu Luthers Zeit war das Wort kaum bekannt. Seine oberdeutschen Zeitgenossen mußten es mit *zermalmen, zerknütschen* verdeutlichen. (s. F. Kluge, Von Luther bis Lessing, 1818, 109). Im 18. und 19. Jh. galt *malmen* hauptsächlich als Dichterwort. Heute ist es durch die verdeutlichende Lautform *zermalmen* verdrängt.

maßen indem, weil

Adelung 3,99: eine Conjunction, welche in den Kanzelleyen für inmaßen gebraucht wird.

Heynatz 2,247: ein Bindewort, ist Oberdeutsch und nebenher entweder eine Zierde oder ein Schandfleck der Niederdeutschen Kanzleyschreibart. Wir andern sprechen indem dafür. – Campe 3,223: (*x*) ein meist nur im O. D. und in den N. D. Kanzeleien gebräuchliches Bindewort, indem, weil. – DWb. VI,1737: im 17. und 18. jh. viel verwendet, seit der classischen zeit veraltet.

Untergangsgrund: Durch die Zusammenziehung aus *in maßen*, das im 15. Jh. aufkommt, einerseits aus *in der maze* „Art", anderseits aus *in der maze daz* (s. Kl./Mi. 464) hat das Wort seine Deutlichkeit verloren und ist untergegangen (s. *sinthemal*).

Materie Eiter

Adelung 3,109: im gemeinen Leben . . . für den Eiter bekannt. Dagegen behauptet Heynatz 2,242, es sei fast durch ganz Deutschland bekannt, müsse aber durchaus verbannt werden.

Noch ärgerlicher sei das davon abgeleitete Zeitwort *materien* für *eitern.* – Campe (Verdeutschungswb.): Eiter. – Oertel 3,66: Eiter. – DWb. VI,1753 bringt keine Belege aus dem 19. Jh.
Untergangsgrund: Euphemismus. Das Fremdwort kam als verhüllender Ausdruck für das unangenehme *Eiter* auf. Das Wort trug aber den Todeskeim in sich, da der verhüllende Ausdruck infolge seiner häufigen Anwendung unter dem sieghaften Durchbruch des wirklich Gemeinten in seiner Bedeutung gesunken ist.

materien eitern
Adelung 3,108 verzeichnet es für *eitern.*
Heynatz ist dagegen (s. unter *Materie*). – Oertel 3,66 kennt nur die Schreibung: *materiiren.*
Untergangsgrund: Untergang des Grundwortes *Materie.*

Maul Maulesel
Adelung 3,117 verweist auf Maulesel. Dort heißt es: Ehedem war auch das Kürzere das Maul, Plur. Mäuler, üblich, ... welches in der Deutschen Bibel mehrmals vorkommt, aber im Hochdeutschen veraltet ist.
DWb. VI,1795 f. bringt Verse aus B. Waldis, P. Fleming, Herder, Wieland, Goethe, Freiligrath und bemerkt: gern auch in poetischer sprache.
Untergangsgrund: Homonymie. Der lautliche Zusammenfall mit *Maul* „Öffnung des Kopfes zum Einnehmen der Nahrung" verursachte eine störende Homonymie. Das Simplex lebt heute als Versteinerung in der verdeutlichenden Zusammensetzung *Maulesel* fort (s. Öhmann, Homonymie und Homonyme, S. 61).

Maus Muskel
Adelung 3,122: ein Nahme, welchen zuweilen in der Anatomie die fleischigen gemeiniglich länglichen Theile der thierischen Körper bekommen, durch welche die Bewegung einzelner Theile des Körpers bewerkstelliget wird. Lat. Musculus. Indessen kommen sie noch um der Zweydeutigkeit mit dem folgenden Worte willen, am häufigsten unter dem mehr Lateinisch. Nahmen Muskel vor.
Campe 3,236: (–). – Oertel 3,69: ein Muskel, wie Lat. musculus. – DWb. VI,1819 verzeichnet es für: muskel an arm und fuß, wie im handballen. Es bringt u. a. folgenden Beleg aus Goethe: und

schließt den ladstock einem mädchen zur maus herein, an der rechten hand, und zerschlägt ihr den daumen.
Untergangsgrund: Homonymie. Der lautliche Zusammenfall mit *Maus* „dem bekannten Tier" verursachte eine störende Homonymie. Das Wort ist heute durch *Muskel* gut vertreten.

mausen, refl. mausern, refl.
Adelung 3,125: die Vögel mausen sich, wenn sie im Julio oder August die Federn verlieren oder neue bekommen.
Braun: der Vogel mauset sich, wenn er die Federn verliert. – Campe 3,237: (–).
Seit dem 19. Jh. hat *mausern* das Wort verdrängt (vgl. Paul, Wb.).
Untergangsgrund: Verdrängung durch eine Nebenform. Das Wort ist durch die md. Lautform *mausern* (1727 bei Aler *sich mäusern*) verdrängt worden.

Meerschäumer Seeräuber
Adelung 3,141: eine etwas anständigere Benennung eines Seeräubers.
Campe 3,245: (+). – Das Wort fehlt bei König, Kaltschmidt, und im DWb.
Untergangsgrund: Euphemismus. – s. Euphemismus.

Miethling Söldner
Adelung 3,203 f.: eine auf kurze Zeit um Lohn gedungene Person ... Man gebraucht es in der Hochdeutschen Büchersprache nur noch zuweilen im verächtlichen Verstande, von einer Person, welche sich, durch einen Lohn, oder durch eine Belohnung zu einer gewissen Verrichtung bewegen lässet.
Heynatz 2,252: steht bei Luther für Tagelöhner ... Jetzt gebraucht man es häufig für das ausländische Mercenaire, und versteht wohl königliche und fürstliche Soldaten darunter, weil man sich einbildet, diese dienten für Geld, die Freistätischen aber bloß für Ehre!! – Campe 3,280: (–). – Oertel 3,83: um Lohn gedungene Person, bes. verächtlich, eine Person, die sich um schnöden Lohn zu etwas gebrauchen läßt. – DWb. VI,2180 verzeichnet es für *mercenarius*.
Untergangsgrund: Das Wort ist durch das deutlichere *Söldner* verdrängt.

mildiglich mild

Adelung 3,211 versieht es mit einem Stern: für milde, welches im Hochdeutschen veraltet, aber noch im Oberdeutschen gangbar ist.
Campe 3,286: (+) O. D. für mild. – DWb. VI,2215 bringt Verse aus Overbeck (1794).
Untergangsgrund: s. *-(ig)lich.*

Miselsucht Aussatz

Adelung 1,627 (unter *Aussatz*): ehedem Maselsucht..., weil man dergleichen Leute *(den Aussätzigen)* von allem menschlichen Umgange auszuschließen pflegte, so hießen sie daher auch Feldsiechen, Fernsiechen, und der Aussatz die Feldsucht.
Oertel 3,64: Jüdischer Aussatz. – Kaltschmidt: Aussatz. – DWb. VI,2257: nur im 15. jh. noch hie und da erscheinend, weil zu gunsten von *aussatz* gewichen.
Untergangsgrund: Kulturgeschichtliche Bedingungen. Karl Jaberg sagt in seiner Antrittsvorlesung vom 19. Januar 1907 „Wie die Wörter untergehen“, veröffentlicht in der „Neuen Züricher Zeitung“ vom 1. Februar 1907: „Wenn auch die Natur sich fortwährend entwickelt, so bleibt sie doch etwas relativ Konstantes; nur ganz allmählich verändern sich die Flora und die Fauna eines Landes, und viel langsamer noch die Erdoberfläche selbst. Weit rascher vollzieht sich die Umgestaltung der menschlichen Kultur und alles dessen, was mit ihr zusammenhängt, seien es politische und soziale Einrichtungen, seien es Laster und Gebrechen, seien es Gegenstände, die dem Menschen zur Arbeit, zur Erholung, zur Kleidung, zum Schmuck, zur Nahrung, zur Wohnung dienen. Eine furchtbare Plage war im Mittelalter der Aussatz. Die Miselsucht war unseren Vorfahren ein ebenso geläufiger Begriff, wie uns etwa die Lungenschwindsucht. Jede größere Ortschaft besaß ein Absonderungshaus für Aussätzige. Brauch und Gesetz schrieben ihnen ihr Verhalten vor. Mittelhochdeutsch ûzsetze, althochdeutsch ûzsazeo ist eigentlich derjenige, der außerhalb der menschlichen Gemeinschaft wohnt. Daher auch die Bezeichnungen sundersiech und veltsiech. Im Französischen stellte man den Aussätzigen schonend als den Erbarmungswürdigen, misellus, altfr. mesel hin, oder nannte ihn Lazarus woraus lazdre, das moderne ladre entstand. Alle diese Wörter mit Ausnahme von aussätzig sind heute verschwunden“.

miß-

Die Schriftsprache der Gegenwart zeigt eine gewisse Abneigung gegen *miß*-Bildungen. Folgende *miß*-Bildungen, die Kaltschmidt in seinem Wörterbuch (a. a. O.) verzeichnet, sind heute zum größten Teil untergegangen:

a) das *Miß-bild*, die *Miß-bitte*, der *Miß-blick*, der *Miß-brauch*, das *Miß-bündniss*, der *Miß-bund*, der *Miß-dank*, der *Miß-dienst*, der *Miß-erfolg*, die *Miß-ernte*, die *Miß-farbe*, der *Miß-fang*, die *Miß-folge*, die *Miß-form*, die *Miß-geberde*, das *Miß-gebot*, der *Miß-gedanke*, das *Miß-gefühl*, der *Miß-gehorsam*, das *Miß-gemälde*, der *Miß-genuß*, das *Miß-geschenk*, der *Miß-geschmack*, das *Miß-geschöpf*, die *Miß-gestalt*, das *Miß-getön*, das *Miß-gewächs*, der *Miß-glaube*, das *Miß-glück*, der *Miß-gönner*, der *Miß-handel*, der *Miß-hall*, die *Miß-hoffnung*, der *Miß-kauf*, der *Miß-kram*, die *Miß-lage*, der *Miß-lauf*, die *Miß-laune*, der *Miß-launer*, der *Miß-laut*, das *Miß-mahl*, das *Miß-maul*, der *Miß-ort*, das *Miß-paar*, der *Miß-rat*, die *Miß-rede*, der *Miß-ruf*, der *Miß-schall*, der *Miß-schlag*, der *Miß-schwur*, der *Miß-sprecher*, die *Miß-stimmung*, die *Miß-that*, die *Miß-treue*, der *Miß-tritt*, das *Miß-urteil*, die *Miß-vermählung*, das *Miß-vernehmen*, die *Miß-wahl*, die *Miß-wende*, die *Miß-wendung*, der *Miß-wille*, das *Miß-wort*, der *Miß-wuchs*, der *Miß-wurf*, die *Miß-zierde*, die *Miß-zufriedenheit*, der *Miß-zug*.

b) *miß-fassen, -folgen, -folgern, -formen, -fügen, -fühlen, -gebären, -geberden, -gefallen, -gehorchen, -gehen, -gestalten, -glauben, -greifen, -hagen, -hallen, -hoffen, -hören, -kaufen, -kleiden, -klingen, -laufen, -launen, -lauten, -leiten, -lenken, -orten, -paren, -preisen, -rechnen, -reden, -schaffen, -schallen, -schätzen, -schiessen, -schildern, -schlagen, -schreiben, -schwören, -sehen, -sprechen, -stehen, -stellen, -stimmen, -theilen, -thun, -tönen, -treffen, -treten, -trösten, -urtheilen, -verbinden, -verehren, -vermählen, -vernehmen, -verwandeln, -wachsen, -wählen, -warten, -weisen, -wenden, -werfen, -wirken, -wollen, -zeichen, -ziehen, -ziemen, -zieren.*

Dieser Verlust ist vielleicht wegen der schwierigen Konjugation, der unsicheren Betonung oder auch wegen der Vieldeutigkeit von *miß-* zu erklären. Die Partikel *miß-* teilt den Begriff des Fehlenden, Verfehlten, Nichtzutreffenden, Unrechten, Üblen, Schlechten mit. Möglicherweise hat diese Vieldeutigkeit einige Bildungen undeutlich gemacht. Sie sind deshalb ohne Ersatz untergegangen, wie: *Mißgebot, mißbieten, mißtun, Mißverhalten,* oder *miß-* wurde mit den verdeutlichenden *Fehl-, fehl-, falsch* umgetauscht, wie: *mißgehen, Mißtritt, mißschwören, Mißschlag.* In den abweichenden Fällen kann nur das Gesetz der Inkonsequenz der Sprache gelten.

mißbeliebig mißliebig
Adelung 3,230: am häufigsten in den Kanzelleyen.
Heynatz 2,254: gebraucht Wieland für unangenehm. Andere schreiben mißliebig. – Campe 2,293: (–) – DWb. VI,2277 bringt Belege aus Wieland, Goethe.
Untergangsgrund: Sprachökonomie. Verdrängung durch die abgekürzte Lautform *mißliebig.* s. *-ung.*

mißbieten
Adelung 3,220: ein ... niedriges Geboth thun, vorzüglich im Oberd. üblich.
Heynatz 2,254: für ein zu schimpfliches Gebot auf etwas thun ist Oberdeutsch. – Campe 2,293: (–). – Sanders: vlt. – DWb. VI,2277 verzeichnet es im Sinn von „einem übel bieten" und führt nur ältere Belege an.
Untergangsgrund: s. *miß-*

Mißbündnis
Adelung 3,225 verzeichnet es (unter *Mißheirat*) als geläufig.
Heynatz 2,254: Mißbündniß für Mißheirath ist entbehrlich. – Campe 2,294: (–) ein nachtheiliges, schädliches Bündnis, besonders ein solches Ehebündniß. – Sanders verzeichnet es für *Mesalliance* und bringt einen Beleg aus Jahn. – DWb. VI,2281 bringt Belege aus Lessing, Schiller, Immermann.
Untergangsgrund: s. *miß-*

Mißfall Mißgeburt
Adelung 3,222: ein wenig bekanntes Wort ... das Mißgebären, Abortieren.
Heynatz 2,255: für eine unzeitige Niederkunft ist wenig bekannt und bei seiner Mehrdeutigkeit verwerflich. – Campe 2,294 versieht es mit einem Stern: in engerer Bedeutung, ein Mißgebären, eine zu frühe Niederkunft. – DWb. VI,2283 übernimmt Adelung.
Untergangsgrund: s. *miß-*

mißgehen fehl gehen

Adelung 3,223: ... welches ... im Hd. selten vorkommt, irre gehen, fehl gehen.

Heynatz 2,255: mißgehen für fehl gehen ist Oberdeutsch. – Campe 3,296: (–). – Sanders: vlt. – DWb. VI,2288 führt nur ältere Belege an.

Untergangsgrund: s. *miß-*

Mißgeboth schlechtes Angebot

Adelung 3,223: ein unbilliges, allzuniedriges Geboth.

Heynatz 2,255 verweist auf mißbieten. – Campe 3,295: (–). – DWb. VI,2286 bringt einen Beleg aus Plesse (1744).

Untergangsgrund: s. *miß-*

Mißschlag Fehlschlag

Adelung 3,226: ein Wort, welches im Hochdeutschen selten vorkommt.

Campe 3,299: (–) 1. ein mißlungener, verfehlter Schlag. 2. Eine mißlungene, fehlgeschlagene Absicht. 3. der Zufall, da etwas mißschlägt oder mißräth. – DWb. VI,2310 führt Verse aus Gryphius (1698) an.

Untergangsgrund: s. *miß-*

mißschwören falsch schwören

Von Adelung 3,226 als ein im Hochdeutschen ungewöhnliches Wort.

Heynatz 2,256: es läßt sich wohl entbehren. – Campe 3,299: (–). – DWb. VI,2311 bringt einen Beleg aus Logau.

Untergangsgrund: s. *miß-*

Mißtritt Fehltritt

Adelung 3,227 verzeichnet es für Fehltritt, Fehler.

Campe 3,300: (–). – DWb. VI,318 bringt u. a. Belege aus Wieland, Schiller, Goethe.

Untergangsgrund: s. *miß-*

mißtun übel tun

Adelung 3,227 versieht es mit einem Stern für: unbillig handeln, übel thun.

Campe 3,299: (–). – DWb. VI,2313 bringt einen Beleg aus Voß.

Untergangsgrund: s. *miß-*

Mißverhalten das schlechte Verhalten
Adelung 3,227: das von dem Gesetz oder der Vorschrift abweichende Verhalten.
Campe 3,300: (–). – Kaltschmidt: das üble Verhalten, das schlechte Betragen. – DWb. VI,2319 übernimmt Adelungs Definition und führt einen Beleg aus Ranke an.
Untergangsgrund: s. *miß-*

Mißverstand Mißverständnis
Bei Adelung 3,228 für das noch häufigere *Mißverständnis* verzeichnet.
Campe 3,300 verzeichnet es als ein neues Wort, das „die Aufnahme nicht zu verdienen" scheint. – Bei Kaltschmidt stehen beide Wörter, *Mißverständnis* und *Mißverstand,* nebeneinander für: Irrung, Mißhelligkeit. – DWb. VI,2320 verzeichnet es mit mehreren Belegen aus dem 18. u. 19. Jh.
Seit etwa 1850 gebraucht man fast allein *Mißverständnis* (vgl. P./B.).
Untergangsgrund: Verdrängung durch eine erweiterte Lautform.

Mönchsschrift
Adelung 3,270: diejenige eckige Art der Deutschen und Lateinischen Schrift, welche in den mittlern Zeiten üblich war, und deren sich besonders die Mönche in den Abschriften der Bücher zu bedienen pflegten. In Holland pflegt man noch jetzt mit derselben ganze Bücher abzudrucken.
Soltau: die Mönchsschrift bedeutet nicht im allgemeinen diejenige alte eckige Gothische Schrift des Mittelalters, aus welcher unsere jetzige Druckschrift ist gebildet worden, sondern nur ins besondere die Manier der Mönche (der dahmaligen Schreiber) die Buchstaben jener Schrift an und in einander ziehen, ganze Sylben und Wörter durch einzelne Abkürzungszeichen auszudrucken usw. Jener Gothischen Schrift selbst bediente man sich in Holland zwar im 17ten Jahrhundert noch zum Bücherdruck; allein seit dem hat sie in Holland, so wie in England, der Lateinischen weichen müssen, und man bedient sich ihrer in beiden Ländern nur noch zur Auszeichnung besonderer Stellen in Bücher-Titeln, obrigkeitlichen Befehlen, öffentlichen Acten, Zeitungen usw. In England nennt man sie „black letter".

Untergangsgrund: kulturgeschichtliche Bedingungen. Untergang des Wortes mit dem Untergang der Sache.

N

Näber Bohrer

Adelung 3,357: ein jeder Bohrer, dahin denn der Schlauchnäber, Zapfennäber, Anstecknäber, Dörrnäber, Pfeifennäber, Bandnäber, Hohlnäber, Drahtnäber, u. s. f. gehören. In engerer Bedeutung werden nur die Nebenbohrer schlechthin Näber genannt.
Campe 3,387: (–). – DWb. VII,8: in der schriftsprache nicht mehr gebräuchlich.
Untergangsgrund: schwankende Lautform. Die schwankende Lautform: *Neper, Nepper, Nabiger, Näbiger, Näpper, Naber* ist die Ursache dafür, daß das Wort durch die stabile Lautform *Bohrer* verdrängt werden konnte (vgl. v. Bahder, Wortwahl a. a. O. S. 147 f.).

Nachbild Nachbildung

Adelung 3,366: ein von einigen für das Latein Copie vorgeschlagenes Wort, im Gegensatz des Urbildes oder Originales ... Der Mensch ist das Ebenbild und Nachbild Gottes.
König: la copie. – Oertel 3,112: f. – DWb. VII,30 bringt Belege aus Lessing, Ramler, Schiller, Goethe, J. Paul und Fichte.
Untergangsgrund: Das Wort ist durch die erweiterte Lautform *Nachbildung* verdrängt worden. – s. *-ung*

nächten gestern, gestern abend

Adelung 3,392 verzeichnet es als vlt. für *gestern, gestern abend.* Heynatz 2,278: in einigen Gegenden für gestern Abend gebraucht, jedoch so daß man an manchen Orten Abend hinzufügt, und nächten Abend sagt. – Campe 3,428: (landschaftlich). In weiterer Bedeutung für nächst, neulich, eine kurz vorher vergangene Zeit zu bezeichnen. – DWb. VII,173: in der schriftsprache veraltet. – P./B.: zuweilen von neueren Dichtern wieder aufgenommen.

Untergangsgrund: nächten ist ein Dialektwort, das bewußt von einigen neueren Dichtern des 18. und 19. Jh. in die Poesie aufgenommen wurde. Das entliehene Wort konnte in der Schriftsprache nur als Fremdkörper, ohne praktische Funktion empfunden werden. Daher zog es sich wieder in die Mundarten zurück.

Nachtmütze träge Person, Schlafmütze
Adelung 3,399: Mütze zur Bekleidung des Hauptes zur Nachtzeit im Bette ... Im gemeinen Leben gebraucht man es auch als einen Schimpfnahmen eines trägen, einfältigen Menschen.
Campe 3,442: (–). – Sanders bringt Belege aus Freytag, Börne. – DWb. VII,201 bringt Belege aus Goethe, Thümmel (1839), Kotzbue, H. Heine (1876), Langbein (1854), Freytag.
Untergangsgrund: In der Zusammensetzung *Schlafmütze* ist das Bild der Trägheit anschaulicher als in *Nachtmütze.*

Näher Schneider
Adelung 3,417 versieht es als vlt. mit einem Stern.
Campe 3,446 (ohne Vorzeichen): besonders eine solche weibliche Person, welche nicht so richtig eine Näherin genannt wird. – Kaltschmidt bucht *Näher* und *Nähter.* – DWb. VII,296 zitiert Stieler (1691).
Untergangsgrund: Homonymie. Der lautliche Zusammenfall mit der Komparativform von *nah* verursachte eine störende Homonymie. *Schneider* vertritt heute das untergegangene Wort. Das Femininum *Näherin*, das keinen Zusammenstoß mit einem anderen Wort erlebte, ist noch heute lebendig und mit *Schneiderin* gleichberechtigt.

Naivheit Naivetät
Adelung 3,426 verzeichnet es als hochdeutsch.
Man gab für eine kurze Zeit die Bildung Naivheit, um eine deutsche Färbung zu geben. Die Belege aus Schillers Abhandlung über „Naive und sentimentalische Dichtung“ und die darauf erfolgte Korrektur sind im DWb. VII,321 angeführt (s. weitere Belege bei Schulz, 2,174).
Untergangsgrund: mißlungene Verdeutschung. Um dem Fremdwort eine deutsche Färbung zu verleihen, bildete man dieses Wort, das nach kurzer Zeit unterging.

namen nennen

Von Adelung 3,419 (unter *Nahme*) als vlt. bezeichnet.
Das Wort fehlt bei Braun, König, Campe, Oertel. – DWb. VII,337 bringt Verse aus Voß. – P./B.: noch im 18. Jh. (Belege aus Voß und Musäus).

Untergangsgrund: namen, ahd. *namôn,* mhd. mnd. *namen,* wurde durch die verdeutlichende Lautform *benamen* „mit einem Namen versehen", scherzhaft *benamsen* verdrängt.

Namenbuch Wörterbuch

Adelung 3,420: eigentlich ein Buch, in welchem Nahmen, und in engerer Bedeutung eigenthümliche Nahmen verzeichnet sind; in welcher Bedeutung es aber wohl nicht leicht vorkommt. Einige haben ein Wörterbuch oder Lexikon ein Nahmenbuch nennen wollen, aber wenig Beyfall erhalten.

Heynatz 2,281 f.: für Wörterbuch muß man es freylich nicht gebrauchen. – Campe 3,450: ein Buch, in welchem Namen, besonders Eigennamen verzeichnet sind (Namenclator). Leibnitz. Einige haben es auch für Wort- oder Wörterbuch, aber ohne Nachfolger versucht. – Oertel 3,120: 1. Onomasticon, 2. Buchstabirbüchlein für Kinder. – DWb. VII,338 verzeichnet es mit Belegen für *Nomenclator, Fibel.*

Untergangsgrund: Mißlungene Verdeutschung. Der Begriffsinhalt ist in *Namenbuch* zu eng gefaßt.

Narrenteidung Narrenposse

Adelung 3,431: Handlungen, welche bloß zur ungeordneten Belustigung vorgenommen werden.

Heynatz 2,282: Narrentheidung könnte, wenn es auch nicht veraltet wäre, nicht für Narretei gesetzt werden. – Campe 3,282: (–) närrische Handlungen, närrisches ungereimtes Geschwätz; auch die Narrethei. – Oertel 3,120: albernes und unnützes Geschwätz. – Kaltschmidt: die Narrenthei, Narrheit, das närrische Wesen. – Paul: Es erscheint häufig (auch bei Kl. Goe.) zur Narretheidung entstellt in Anlehnung an die sonstigen Bildungen auf -ung. – Du. 9: Narrenpossen. – Du. 16: veralt. aber noch mdal. für Narrenpossen.

Untergangsgrund: Älter als Narrenteidung ist *Narrenteiding* (bei Luther). Die Unverständlichkeit des zweiten Kompositionsteils verursachte vielfach lautliche Entstellungen *-teidung, -theidigung, -tädung,* in Anlehnung an die Bildungen auf *-ung.*

Diese schwankenden Lautformen und der Untergang von *Ding* in der Bedeutung von „Gerede", „Geschwätz" trugen dazu bei, daß das Wort durch das anschaulichere *Narrenposse* leicht verdrängt werden konnte.

Nebenchrist Mitchrist
Adelung 3,452 verzeichnet es für Nichtchrist.
Oertel 3,125: Mitchrist. – DWb. VII,497 bringt u. a. Belege aus Rabener (1755) und Goethe.
Untergangsgrund: semantische Verschiebung. *neben*, ahd., mhd. „in gleicher Linie" hat heute in unerschöpflichen Zusammensetzungen die Bedeutung von „in zweiter Linie" als Gegensatz zu *haupt-* (s. DWb. VII,490). Infolge dieser semantischen Verschiebung ist *neben* in vielen Zusammensetzungen untergegangen. *mit-* ist heute das entsprechende Ersatzwort.

Nebenmensch Mitmensch
Adelung 3,453: Mitmensch.
Campe 3,470: (–). – Oertel 3,125: Mitmensch. – DWb. VII,503 bringt u. a. Belege aus Schilling (1780), Wieland, Schiller, Thümmel (1839).
Untergangsgrund: s. *Nebenchrist.*

Nehmendung Ablativ
Adelung 3,460: oder der Nehmfall, ... Ausdrücke, mit welchen einige Deutsche Sprachlehrer den Ablativ der Lateiner zu übersetzen versucht haben, welchen Gottsched mit mehrerem Glück die sechste Endung nannte.
Braun: Nehmendung oder Nehmfall (Ablativus). – Heynatz 2,287: für Ablativ ist schon hinreichend bekannt und gebraucht, ob es gleich Adelung nicht billigt. – Nach Campe 3,474 verdient das Wort die Aufnahme nicht. – DWb. VII,549 verweist auf Schottel.
Heute hat das Fremdwort die Verdeutschungen *Nehmendung* und *Nehmfall* verdrängt.
Untergangsgrund: mißlungene Verdeutschung. – s. *Gebefall.*

Nehmfall
s. *Nehmendung.*
Untergangsgrund: mißlungene Verdeutschung. – s. *Gebefall.*

neidig neidisch
Adelung 3,461 (unter *neidisch*): ist oberdeutsch.
Braun verzeichnet es. – Campe 3,474 versieht es mit einem Stern: ehemahls gebrauchte man neidiglich. – DWb. VII,560 behauptet, daß die neueren Wörterbücher von Stieler bis Adelung nur *neidisch* hätten und daß Campe *neidig* wieder als veraltetes Wort genommen habe (Belege aus Pestalozzi, Heinse, Fr. Müller). – Sanders bringt einen Beleg aus Heinse.
Untergangsgrund: Bewußte Vermeidung des *-isch* – Suffixes im 18. Jh. s. *abergläubig.*

Nennendung Nominativ
Adelung 3,467: bey ältern Deutschen Sprachlehrern, die erste Endung der Nennwörter, als eine buchstäbliche Übersetzung des Lat. Nominativus, wofür andere das Wort Nennfall versucht haben. Beyde sind durch den bessern Ausdruck erste Endung verdränget worden.
Braun: oder Nennfall (Nominativus). – Heynatz 2,288: Nennendung oder der Nennfall für Nominativus sind bekannt. – Nach Campe 3,478 verdient das Wort die Aufnahme nicht. – DWb. VII,608: für *nominativendung*, Schottel 298.
Untergangsgrund: mißlungene Verdeutschung. – s. *Gebefall.*

Niederkleid Unterkleid
Adelung 3,495: ein im Hochdeutschen seltenes Wort, wofür Unterkleid üblicher ist.
Campe 3,496: (–) führt einen Beleg aus Herder an. – Oertel 2,133 verzeichnet *Niederkleider* für „Westen und Hosen". – DWb. VII,766 bringt Verse aus Herder, Freiligrath (1870).
Untergangsgrund: Abneigung der Schriftsprache der Gegenwart gegen die Zusammensetzungen, die durch Verschmelzung des Adjektivs *nieder* mit einem Substantiv entstanden sind. Die meisten werden heute durch *unter-* ersetzt (s. Paul, Wb. 1897; P./B. S. 463).

niederträchtig kurz, klein, von geringer Höhe
Adelung 3,500 markiert es in dieser Bedeutung mit einem Stern: eine in der anständigen Schreibart der Hochdeutschen veraltete Bedeutung, welche aber in den gemeinen Sprecharten, sowie im Oberdeutschen sehr üblich ist . . . Zwey niederträchtige Stühle.

Campe 3,504: in dieser Bedeutung als O. D. vorkommend. – Oertel 3,134: von niedriger Größe, klein. – DWb. VII,805 f. bringt u. a. Belege aus Hohberg, Logau, Goethe.
Untergangsgrund: Bedeutungsverschlechterung. Das Wort hat ursprünglich nur die Bedeutung *niedrig*. Später wurde es übertragen (für *herablassend*). Erst im 18. Jh. kommt es zur Bedeutung: gemein, ehrlos, von schändlicher Gesinnung (A. J. Storfer, Wörter und ihre Schiksale S. 262). Heute lebt das Wort nur in dieser Bedeutung fort.

niedlich lecker, appetitlich, schmackhaft
Adelung 3,501: schmackhaft, delicat, lecker. Ein niedliches Gericht.
Campe 3,506: (–). – Oertel 3,134: zart und wohlschmeckend, von feinem Geschmacke, delikat, lecker. – Kaltschmidt: nett, Neid d. h. Begierde erregend, niedsam, artig fein, hübsch, reizend, lecker, schmackhaft. – DWb. VII,816: nur veraltet, aber noch von Wieland gebraucht. Heute ist es in dieser bedeutung ausgestorben.
Untergangsgrund: Verdrängung durch eine neue Vorstellung. *niedlich* „appetitlich" mit verschobenem *d* geht im Frühnhd. vom Nd. aus. Das Wort war zunächst auf den Geschmack bezogen. Allmählich hat sich die Vorstellung des Kleinen, Feinen, Hübschen, Reizenden angeschlossen. Das Wort ist heute nur in dieser Bedeutung bekannt.

-nis
Wörter auf *-nis*, die seit Adelung ausgestorben sind bzw. in der neueren Literatur oder im allgemeineren Sprachgebrauch nicht mehr vorkommen, sind: *Anerkenntnis, Bangnis, Bängnis, Bedauernis, Bedingnis, Bedrohnis, Bedrücknis, Begabnis, Beklagnis, Bestrebnis, Bewegnis, Bezeichnis, Bitternis, Empfindnis, Entbehrnis, Erfahrnis, Erfindnis, Entgeltnis, Erschaffnis, Erschrecknis, Erwerbnis, Quälnis, Schlechtnis, Störnis, Schweignis, Übereinkommnis, Unbehagnis, Verbindnis, Vereinständnis, Vergrämnis, Vergleichnis, Zagnis, Zerstörnis.* Heine hat eine besondere Vorliebe für diese Bildungen z. B. *Begabnis, Beklagnis, Bitternis, Drohnis, Empfindnis, Erschaffnis, Erwerbnis, Störnis, Verliebnis, Verzagnis, Zagnis, Zerstörnis, Zwingnis.* (s. Sanders, Wb. d. Hauptschwierigkeiten in der deutschen Sprache, 1872, 114).

Untergangsgrund: schwankende Geschlechtsform. Substantive mit dieser Endung sind in der heutigen Schriftsprache teils Neutra, teils Feminine, teils schwankend. Nach Henzen (Wortbildung § 114) kennt das Nhd. beide Geschlechter, hat sich aber in der Regel für ein Geschlecht entschieden, besonders wo ein Konkretum oder ein konkreter Hintergrund in Frage steht. Femininum sei mehr an abstrakten Sinn gebunden. Doch ist bei dem Ineinandergreifen von Abstrakt und Konkret die Scheidung schwer. (s. Sanders, Kurzgefaßtes Wörterbuch der Hauptschwierigkeiten in der deutschen Sprache, 1872, S. 114). Die untergegangenen Bildungen auf *-nis* kann man folgendermaßen teilen: 1. Bildungen, die spurlos untergegangen sind (ohne Ersatz). 2. Bildungen, die ihr Substantivsuffix mit einem anderen Suffix oder mit einer anderen Endung umgetauscht haben.

O

Oberstrich Apostroph

Adelung 3,567: ein von einigen Sprachlehrern in Vorschlag gebrachtes Wort, den Apostrophus der Griechen und Lateiner zu übersetzen.

Heynatz 2,305: heißt besser das Wegwerfungszeichen. – Campe 3,539: (–) einige Sprachlehrer haben es auch für Wegwerfungszeichen (Apostrophus) gebraucht.

Diese Verdeutschung fand in den Verdeutschungen des Allgemeinen Deutschen Sprachvereins keinen Beifall. Man hat heute für *Apostroph* die Verdeutschung: *Auslassungszeichen* (vgl. Verdeutschungsbücher des ADS. VII S. 15).

Untergangsgrund: mißlungene Verdeutschung. – s. *Gebefall.*

Obsorge Fürsorge

Adelung 3,572: ein ... nur im Oberdeutschen einheimisches Wort, für Vorsorge.

Braun: besser Aufsicht. – Heynatz 2,307: Oberdeutsch und muß mit Sorge, Vorsorge vertauscht werden. – Campe 3,541: (+) im O. D. die Sorge ob d. h. über oder für eine Sache. – DWb. VII,1120 bringt Belege aus Abraham A. S. Clara, Goethe, Voß.

Untergangsgrund: ob, veraltet für *über*, lebt heute nur in wenigen Zusammensetzungen fort. z. B. *Obhut, obliegen, obwalten.* Sonst sind *ob*-Zusammensetzungen untergegangen. In diesem Fall ist *Obsorge* durch das einfache Substantiv *Sorge* oder die verdeutlichende Zusammensetzung *Fürsorge* verdrängt.

ohn- Bildungen

Bei v. Knigge „Über den Umgang mit Menschen, 1788" sind folgende *ohn*-Bildungen verzeichnet: *ohnaufhörlich* 1,4; *ohnbedingt* 1,236; *ohnbemerkt* 1,51,256; *ohnberufen* 1,76; *ohnbeschadet* 1,173; *ohnbesetzt* 2,104; *ohnfehlbar* 2,9; *Ohnfehlbarkeit* 2,315; *ohngebeten* 2,181; *ohngefehr* 1,112,115,245; *ohngenützt* 1,166; *ohngepflegt* 1,95; *ohngeplagt* 1,113; *ohngerecht* 1,197; *ohngesäet* 1,95; *ohngezwungen* 1,130; *ohnmaßgeblich* 2,52; *ohnmöglich* 1,120,137; *Ohnmöglichkeit* 2,141; *ohnumgänglich* 2,13; *ohnverdient* 1,239; *ohnverfälscht* 1,98; *ohnverführt* 1,98.

Die Grammatiker des 18. Jh., unter denen Adelung (Wb. 3,597) und Heynatz (Antibarbarus 2,211–213), bekämpften diese Bildungen, die im Laufe des 19. Jh. meistens durch *un*-Bildungen beseitigt wurden.

Untergangsgrund: Verdrängung durch *un*-Präfix. *ohn-* für *un-* ist im 15. Jh. selten, trat im 16.–18. Jh. mit *un-* häufig in Konkurrenz, im 19. Jh. kam es nur noch vereinzelt (s. DWb. VII,1201) vor. Heute ist es durch *un-* fast völlig verdrängt. Zum Entstehen dieser Form s. Paul, Wb. 1897, 335; P./B. Wb. S. 474; DWb. VII,1201.

Orlog Krieg

Adelung 3,617: ein altes nur noch im Niederdeutschen übliches Wort, welches ehedem sehr gangbar war, einen feyerlichen Krieg, im Gegensatz der kleinen Fehden zu bezeichnen.

Campe 3,566 versieht es mit zwei Sternen: ehemals ein feierlicher Krieg, in Gegensatz der kleinen Fehden. – Oertel 3,153: altd. und Holl. – DWb. VII,1349 bringt einen Beleg aus Klopstock und verweist auf W. Grimm kl. Schriften 3,556 ff.

Im 19. Jh. wird das Wort von Südafrika her durch die Kämpfe im Ausland bekannt. Heute ist das Wort nur niederdeutsch.

Untergangsgrund: kulturgeschichtliche Bedingungen. *Orlog* aus ndl. *oorlog* „Krieg", worin sich ahd. *urliugi* „vertragsloser Zustand, Krieg" und ahd. *urlac* „Schicksal" gemischt haben, war im 18. Jh. veraltet. Im 19. Jh. wird es von Südafrika her durch die Kämpfe mit den Einheimischen bekannter. Die Bezeichnung *Orlogschiff*, die zur Zeit der holländischen Seefahrt übernommen wurde, trug zum Erhalten des Wortes bei. Man verwendet das deutsche Wort *Kriegsschiff*, seitdem in Deutschland das Verlangen nach eigener Seegeltung erwacht ist (s. Tr. Wb. 5,36). So mußten *Orlogschiff* und die Versteinerung *Orlog* untergehen.

Ostermonat April
Adelung 3,627: der Deutsche Nahme des Aprils, weil das Osterfest gemeiniglich in denselben zu fallen pflegt, welcher Nahme, der bey Raban Maurus Ostarmonath lautet, von Carl dem Großen herrührt.
Du. 16: alte Bezeichnung für April.
Untergangsgrund: s. *Wintermonat.*

P

pechen pichen
Adelung 3,678: Pech brennen, Pech machen, mit Pech bestreichen.
Campe 3,593: (–) gewöhnlicher pichen. – Oertel 3,165: Pech machen oder brennen, mit Pech bestreichen. DWb. VII,1518 bringt folgenden Beleg aus Rückert: die räudigen kamele halten gern still, wenn man sie theret oder pechet.
Untergangsgrund: pechen ist die mnd. Form (s. Weigand-Hirt Wb. II,424). Das Wort ist zuerst durch die hochdeutsche Form *pichen*, mhd. *bichen, pichen* verdrängt. *pichen* ist später durch die Erweiterung *verpichen* verdrängt worden.

Pedanterey Pedanterie
Adelung 3,681: das Betragen eines Pedanten.
Braun verzeichnet das Wort. – Campe (Verdeutschungswb.) verzeichnet die Formen *Pedanterei, Pedanterie, Pedantismus* nebeneinander. – Oertel 3,165: Pedanterei. – DWb. VII,1522 bringt Belege aus Kant, Schiller, A. W. Schlegel.

Untergangsgrund: Um dem französischen Wort einen deutschen Anstrich zu geben, hat man das französische *-ie* mit dem deutschen *-ei* umgetauscht. Dann hat die Liebe zur französischen Form, die schöner klingt als die deutsche (vgl. *Melodei* und *Melodie*), die französische Endung wieder eingeführt.

Pennal Pennäler
Adelung 3,686: figürlich und im männlichen Geschlechte. ... wurde ehedem auf den Universitäten ein neu angekommener Student in dem ersten Jahre seines akademischen Aufenthaltes ein Pennal genannt, weil er den älteren Studenten das Pennal (Federköcher) nachtragen, oder es ihnen zu Dienste in Bereitschaft halten mußte.
Oertel 3,166: Federköcher, Feder- oder Schulfuchs, als Spottname der neuangekommenen Studenten. – DWb. VII,1541: eine im 17. jh. in der studentensprache aufgekommene spöttische benennung des angehenden universitätsstudenten.
Untergangsgrund: Im 19. Jh. wurde das studentische *Pennal* auf Schülerkreise angewandt. Seit 1843 heißt Gymnasium *Pennal.* Dazu bildete sich *Pennäler*, wie *Schüler* zu *Schule* (s. Tr. Wb. 5. S. 72 ff.).

Personendichtung Prosopopöie
Adelung 3,693 verzeichnet es für *Prosopopöie.*
Heynatz 2,319 bemerkt: Personendichtung hat Adelung ohne Benennung eines Schriftstellers mit aufgeführt, und aus ihm wie es scheint Campe. Es ist eine Übersetzung aus dem Gottschedischen Zeitalter, von der ich glaubte, sie sei vergessen ... Kürzlich fand ich es doch wieder in Denis Zurückerinnerungen S. 153. – Campe 3,601: (–). – DWb. VII,1565 bringt einen Beleg aus Herder.
Untergangsgrund: mißlungene Verdeutschung. – s. *Zeugemutter.*

Pfipps
Adelung 3,732: eine Krankheit des Federviehes und besonders der Hühner, welche in der Verstopfung der Nasenlöcher und der damit verbundenen Verhärtung der Zungenspitze bestehet, auf welcher sich eine kleine harte weiße Haut erzeugt, welche eigentlich der Fipps genannt wird.
König: la pépie. – Campe 3,628: (+) auch der Pipp, Zipf, Zipps,

bei andern der Phipps, der Pfiff, Pfisker, die Pfeit, ehemals der Pfipfsich, Pfipfitz, ... in Oberschwaben der Pfiz, Pfifz, Pfifzen, in Franken der Nipf. – DWb. VII,1704 verzeichnet es auch für Menschen: ich hoffe, sie sind in guter besserung von ihrem schnupfen, husten, pfipfs, etc., Bode Trist. Schandy. – Kluge, Et. Wb. (1921) versieht das Wort mit einem Kreuz.
Untergangsgrund: die schwankende Lautform.

pflichtbrüchig eidbrüchig
Adelung 3,744: für eidbrüchig.
Campe 3,635: (+). – Oertel 3,167: eidbrüchig. – Kaltschmidt: eidbrüchig. – DWb. VII,1763 zitiert Frisch.
Untergangsgrund: Das Verblassen der Wendung *seinen Eid und seine Pflicht in Acht nehmen* (s. Ad. Wb. 1,1666). Als Analogie zu *eidbrüchig* bildete man *pflichtbrüchig*, als die obige Wendung noch lebendig war. Mit dem Verblassen der Wendung ist die Analogiebildung untergegangen.

Pinkel, Pinken, Pinkendarm Mastdarm
Verzeichnet Adelung 3,105 als Synonyme für *Mastdarm.*
Campe 3,649 (unter *Pinkel*): (+) der gerade Darm, Mastdarm (Intestinum rectum); auch, der Pinken, Pinkedarm. – Hyrtl: Sie sind offenbar – wie Wäckerling – Provinzialismen, welche in der anatomischen Sprache keine Verwendung haben.
Untergangsgrund: Ein Dialektwort, das keinen Eingang in die allgemeine Schriftsprache finden konnte.

Pläne Ebene
Adelung 3,778: ein in den neuern Zeiten aus dem Franz. Plaine entlehntes Wort, das veraltete Plan zu ersetzen ...... die Stadt liegt in einer angenehmen Pläne, Ebene.
Campe 3,655: (*x*). – Oertel 3,183: ebene Gegend, Ebene. – DWb. VII,1887: *plaine* (von Göthe auch so geschrieben).
Untergangsgrund: Homonymie. Der lautliche Zusammenfall mit dem Pl. von *Plan* verursachte eine störende Homonymie.

Plotz
Adelung 3,793: ein Wort, welches den Schall nachahmet, welchen ein schwerer platter Körper durch einen schnellen Fall macht, und zwar einen Schall gröberer Art, als man sonst durch Platz

ausdrückt. Am häufigsten gebraucht man es von einer großen Geschwindigkeit. ... nur in den gemeinen Sprecharten gangbar. Auf den Plotz kann ich es nicht schaffen.
Braun (unter *plötzlich*): das Stammwort heißt Plotz; welches einen Fall und Schall anzeigte; nun ist es aber veraltet. Daher noch Plotzregen. – Campe 3,664: (*x*). – Oertel 3,185: insg. für Platz, auf den Plotz, den Augenblick, der Stelle. – Kaltschmidt: das Platzen, der Schlag, Fall, Knall, der Sturz, die Stelle, der Augenblick, die Plötzlichkeit. – DWb. VII,1936 bringt einen Beleg aus Lessing.
Das Wort ist heute nur mundartlich gebräuchlich (vgl. Sprachbrockhaus 7).
Untergangsgrund: Plotz ist ein Schallwort (s. Kl./Mi. Et. Wb. 1963, 554), das nur in der veralteten Wendung *auf den Plotz* versteinert fortlebt. Die Ableitung *plötzlich* hat die Wendung mit der Versteinerung überflüssig gemacht.

Poetenkasten Hinterteil des Kopfes
Adelung 3,799: im gemeinen Scherze, der Hintertheil des Kopfes, besonders wenn er eine vorzügliche Erhöhung hat.
Das Wort fehlt bei Braun, Campe, Oertel, Kaltschmidt und im DWb.
Untergangsgrund: Gelegenheitsbildung. Ein Gelegenheitsscherzwort, das schnell unterging. – s. *Scherz- und Schimpfwörter* (s. Wortuntergang, unter: Bewußt wirkende Bedingungen).

Poeterey Poetik, Dichtung
Bei Adelung 3,800 mit einem Stern versehen: jetzt im Hochdeutschen völlig veraltetes Wort. Die Schriftsteller des vorigen Jahrhunderts gebrauchen es.
Heynatz 2,325: veraltet und wird höchstens nur noch im verächtlichen Verstande gebraucht. – DWb. VII,1970 f. bringt Belege aus Wieland und Heine und bemerkt: nun veraltend oder mit dem nebensinn der geringschätzung.
Untergangsgrund: Um den Nebensinn der Geringschätzung, der der Nachsilbe *-ei* anhaftet, zu vermeiden, hat das aus dem Französischen entlehnte *Poetik* „Dichtung“ das Wort verdrängt.

Porte Pforte

Adelung 3,809 versieht es mit einem Stern: jetzt Pforte üblich. Braun: besser Pforte. – Heynatz 2,325: Von den Porten des Himmels, Bodmers Milton S. 15. – Campe 3,674: (+). – DWb. VII,2005: nhd. noch bis ins 17. jh. neben *pforte.*

Untergangsgrund: Die unverschobene Form *Porte*, ahd. *porta*, mhd. *porte, borte* hielt sich bis ins 17. Jh. Dann hat sie die verschobene Form *Pforte* völlig verdrängt.

Prachtkegel Obelisk

Adelung 3,821: ein von einigen Neuern für Obelisk in Vorschlag gebrachtes Wort, welches aber noch nicht gangbar genug geworden ist.

Heynatz 2,326: ... nie gangbar zu werden verdient, da eine Obelisk auf keine Weise ein Kegel ist. – Campe 3,682: (–) Obelisk.

Untergangsgrund: mißlungene Verdeutschung. – s. *Zeugemutter.*

preislich preiswürdig

Adelung 3,833: in hohem Grade vorzüglich ... preiswürdig, ... Im Hochdeutschen nur noch im Scherze gebraucht. Ein preislicher Schmaus ... löblich.

Heynatz 2,327: für preiswürdig ist veraltet, nur daß hochpreislich noch als ein Titel einiger hohen Landesstellen gebräuchlich ist. In der gemeinen Sprechart gebraucht man preislich ohngefähr wie stattlich. Er saß ganz preislich in seinem Großvaterstuhle. – Campe 3,688: (–). – Oertel 3,194: preiswürdig, poet. stattlich. – Kaltschmidt: löblich, preiswürdig, schätzbar, lobenswerth, vorzüglich, stattlich, vortrefflich. – DWb. VII,2097 bezeichnet es als vlt. und bringt Belege aus Voß, Hölty,Goethe, Rückert. – Tr. Wb. 5,198: Die Dichter des Göttinger Hains haben versucht, es wieder zu beleben, und so hat es gehalten, aber einen altertümelnden oder leicht komischen Klang behalten.

Untergangsgrund: Das Konkurrenzwort *preiswürdig* ist deutlicher als die Zusammensetzung mit dem semantisch blassen *-lich.* Auch das Vorhandensein von vielen anderen deutlicheren Synonymen wie *löblich, schätzbar, lobenswert, vorzüglich, stattlich, vortrefflich* trugen zum Untergang des Wortes bei.

Privet Abort
Adelung 3,840: ein abgesonderter geheimer, zur Verrichtung der Nothdurft bestimmter Ort; ein Secret. Beyde Benennungen waren anfänglich nur für die anständige Sprechart bestimmt, bis sie durch den langen Gebrauch aus der anständigen Sprechart verdrängt worden.
Campe (Verdeutschungswb.): das heimliche Gemach, der Abtritt, die Bequemlichkeit. – Oertel 3,196: heimliches Gemach, Abtritt. – Kaltschmidt: das heimliche Gemach. – DWb. VII,2140 bringt einen Beleg aus Goethe.
Untergangsgrund: Euphemismus. – s. *Euphemismus.*

Produkt Züchtigung
Adelung 3,844: in den Schulen eine feyerliche Züchtigung ungezogener Schüler vor dem Hintern.
Campe (Verdeutschungswb.): in der ehemaligen Schulsprache, eine Züchtigung, und zwar auf den Hintern, weil dieser dabei vorgezeigt, producirt, werden mußte. – Kaltschmidt: eine Züchtigung auf den Hintern. – Das Wort fehlt im DWb.
Untergangsgrund: Euphemismus. – s. *Schilling.*

Q

Quarre Schreihals, Plagegeist
Adelung 3,882: im gemeinen Leben ... ein quarrendes, d. i. unzufriedenes, aus Unzufriedenheit murrendes oder weinendes Kind ... eine mürrische Person ... die Pfarre mit der Quarre bekommen.
Campe 3,718: (*x*). – Kaltschmidt: das quarrende Ding. Schreihals, Plagegeist. – DWb. VII,2318 verzeichnet es für ein viel weinendes kleines Kind oder eine zänkische Frau.
Das Wort lebt heute nur in dem Sprichwort fort: *Erst die Pfarre, dann die Quarre*, wenn man eine gesicherte Existenzlage schaffen will, bevor man heiratet und sich Kinder anschafft (vgl. Borchardt 1954; Trübner 5,249 f.).
Untergangsgrund: Untergang des Grundwortes. Das Grundwort ist aus der Schriftsprache verschwunden. Das Verb *quarren*

„schreien“ lebt nur mundartlich fort. Es gilt „von der Wasserkante bis zum Harz und Riesengebirge allerorten“ (s. Tr. Wb. 5,249).

Quehle Tuch
Adelung 3,888 f.: ein schmales Tuch von Leinwand, die gewaschenen Theile des Leibes damit abzutrocknen. Die Handquehle, das Handtuch; die Küchenquehle, zum Behufe der Küchenarbeiten; die Putzquehle, eine feine zierliche Quehle, welche man ehedem zur Zierde in den Zimmern aufzuhängen und sie auch wohl über eine Rolle zu ziehen pflegte. Die Rollquehle ist ein längliches Tuch von Leinwand, die Wäsche darin zu schlagen.
Braun: die Handquehle, oder ein Handtuch zum abtrocknen; ist nicht viel gewöhnlich. – König: l'essui-main (Handquehle, das Handtuch). – Campe 3,721: (–). – Oertel 3,206: Hülle, Tuch, schmales Leinentuch, um etwas damit abzutrocknen. – DWb. VII,2338: tuch zum abtrocknen, handtuch.
Untergangsgrund: Untergang der Sippe. *Quehle* ist die md. Form für *Zwehle. Zwehle* „Handtuch“ mhd. *twähle, twähel,* ahd. *dwahila* ist eine Ableitung aus dem ausgestorbenen *zwagen* (s. d.). Die ganze Sippe ist heute untergegangen (s. Kl./Mi. Et. Wb. 1963).

R

Rachgrimm Rachgier
Adelung 3,909: eine mit Grimm verbundene Rachgier. Daher rachgierig.
Campe 3,733: (–). – Das Wort fehlt bei König, Oertel, Kaltschmidt und im DWb.
Heute sagt man dafür *Rachgier.*
Untergangsgrund: Grimm ist heute nur ein Dichterwort (s. Tr. Wb. 6,240), das keine Zusammensetzungen mehr duldet.

Räder Sieb

Adelung 3,914: ein Sieb; ein nur in einigen Gegenden übliches Wort. So werden die Siebe, womit man das Getreide siebet, die Siebe im Bergbaue für die gepochten Erze u. s. f. Räder genannt.

König: das Sieb. – Heynatz 2,336: Räder für das Sieb, sowie rädern für sieben ist nur in einigen Gegenden bekannt. Man sagt auch das Räuter, Raidel, Räder, Raitel. – Campe 3,735: (–) – Kaltschmidt: Kornsieb, Erzsieb. – DWb. VIII,48 zitiert Adelung.

Untergangsgrund: etymologische Isolierung. *Räder*, mhd. *rëden*, ahd. *redan* ist durch die etymologisch durchsichtigere Form *Sieb* verdrängt. *Räder* hat keinen etymologischen Anhalt. Deswegen ist es untergegangen.

rahmen zielen

Adelung 3,921: zielen ... nur in einigen Sprecharten, besonders Nieder- Oberdeutschlands üblich ... Es kommt auch bey unsern alten Oberdeutschen Schriftstellern vor.

Campe 3,738 f.: (–) von Rahm, das Ziel, zielen. – DWb. VIII,61: nhd. nicht mehr vorhanden.

Untergangsgrund: Homonymie. Das Wort *rahmen* ist mit *rahmen* „einrahmen" lautlich zusammengefallen. Das verursachte eine störende Homonymie.

Raspelhaus Zuchthaus

Adelung 3,944: ein öffentliches Haus, in welchem allerley Verbrecher zur Strafe das Brasilienholz raspeln und andere schwere Arbeiten verrichten müssen. Zuchthaus.

König: la maison de force, de correction. – Campe 3,749: (–) Zuchthaus. – Oertel 3,213: Zuchthaus. – DWb. VIII,141 bringt Belege aus Claudius, Thümmel, Schiller, J. Paul, Lichtenberg.

Untergangsgrund: Kulturgeschichtliche Bedingungen. Untergang des Wortes mit dem Untergang der Sache.

rathfragen konsultieren, um Rat fragen

Adelung 3,954: welches aus der R. A. um Rath fragen zusammen gezogen ist ... Im Hochdeutschen ist es veraltet, außer daß es im Infinitiv noch zuweilen im gemeinen Leben vorkommt.

Heynatz 2,338: hat Luther einigemal für um Rath fragen oder

consultieren, wofür Campe wieder zu empfehlen scheint. – Campe 3,752: (–). – Flügel: to consult, to ask advice. – Sanders führt folgenden Beleg aus Musäus an: weil sie den Spiegel nicht rathschlagen konnte. – DWb. VIII, 183 bringt u. a. einen Beleg aus J. Paul.
Untergangsgrund: Schwere Konjugation. *ratfragen* erscheint im Ahd. als *râtfrâgôn,* das nur eine Ableitung aus *râtfrâga* sein kann, und keine Zusammensetzung mit dem Verbum *fragen* ist (Kluge § 35). Das 18. Jh. behandelte es manchmal als trennbares Verbum. „Hier wird kein Weltmann ratgefragt" (Voß bei Paul, Wortbild. § 35), oder um die zweifelhafte Konjugation zu vermeiden nur im Invinitiv. Die im Gebrauch praktischere Wendung *um Rat fragen* hat das alte Wort verdrängt. So kann man heute sagen:

ich frage ihn um Rat	statt des Zögerns zwischen:	a) ich ratfrage ihn (oder) b) ich frage ihn rat.
ich habe ihn um Rat gefragt	statt des Zögerns zwischen:	a) ich habe ihn geratfragt b) ich hab ihn rat gefragt.

Rathküssen
Adelung 3,938: an einigen Orten, diejenigen Küssen worauf die Rathsherren in den Rathsstuben sitzen; daher die R. A. jemanden das Rathsküssen nach Hause schicken, als dann so viel ist, als aus dem Rathe ausschließen.
Das Wort fehlt bei König, Oertel, Kaltschmidt, Flügel. – DWb, VIII,201 zitiert Frisch.
Heute ist das Wort mit der Redensart ausgestorben.
Untergangsgrund: 1. Störende Homonymie durch den lautlichen Zusammenfall mit *Küssen* „Kissen". (s. *Küssen.*) 2. Untergang des Wortes mit dem Untergang der Sache.

Rathschlagung Rat
Adelung 3,956 verzeichnet es unter *rathschlagen.*
König: consultation. – Campe 3,753: (–). – Flügel: consultation. – DWb. VIII,194 bringt Belege aus Klopstock und Herder.
Heute ist es durch *Rat* verdrängt.
Untergangsgrund: Sprachökonomie. – s. *-ung.*

rauch haarig, wollig, behaart
Adelung 3,966: mit Wolle, Federn oder Haaren bewachsen, im Gegensatze des glatt ... Rauh und rauch sind freylich ein und

dasselbe Wort. ... indessen unterscheidet man sie im Hochdeutschen doch sehr genau, und gebraucht rauh im allgemeinen Verstande, rauch aber nur von dem, was haarig oder wollig ist.
Heynatz 2,339 f.: rauch für mit Haren, Zasern und dergleichen bewachsen, wollen die Niedersachsen und Märker nicht anerkennen, sondern sprechen immer rauh dafür, die Sachsen aber gebrauchen rauh nur für uneben, unfreundlich, strenge u. d. g. – Campe 3,758 (–): Obgleich rauch und rauh eigentlich ein und dasselbe Wort sind, so unterscheidet man sie doch dahin, daß rauh in einer weiteren Bedeutung und besonders von allem, was auf seiner Oberfläche uneben ist und harte Hervorragungen hat, wie auch in mancherlei uneigentlichen Bedeutungen, die bei rauh nicht statt finden, gebraucht wird. Dieser sehr gegründete Unterschied wird aber nicht überall beobachtet, indem man in Baiern immer rauch für rauh, in andern O. D. Gegenden hingegen immer rauh spricht und in Osnabrück und in andern N. D. Gegenden ruw sowohl für rauch als auch für rauh gebraucht.
Diese Nebenform zu *rauh* erhielt sich im Sinne von „behaart" bis ins 19. Jh.
Untergangsgrund: Untergang einer Nebenform. *rauch* ist eine Nebenform zu *rauh*. Es hielt sich in der Bedeutung „behaart" bis ins 19. Jh. Heute ist diese Nebenform untergegangen und sie lebt versteinert in Zusammensetzungen wie *Rauchware*, *Rauchwerk* fort (vgl. Weig.-Hirt Wb. 1909, II,540).

Rauhe Rauheit
Adelung 3,976: Bey einigen, das Hauptwort von dem Beyworte rauh, die rauhe Beschaffenheit eines Dinges ...; wofür ... die meisten aber mit mehrerem Erfolge die Rauhigkeit sagen.
Campe 3,763: (–) gewöhnlicher die Rauheit oder Rauhigkeit. – Oertel 3,217: Rauheit, Rauhigkeit. – Flügel: vid. Rauheit, Rauhigkeit. – Sanders: vlt. – DWb. VIII,273: das wort ist der neueren schriftsprache fremd geworden, lebt aber noch mundartlich.
Untergangsgrund: Homonymie. – s. *e*-Abstrakta.

Rege Regung, Regsamkeit, Bewegung
Adelung 3,1020 verzeichnet es als Abstraktum von *rege:* nur bey einigen neuern Schriftstellern. Alle Rege des Herzens wird Feuer. Herder.

Heynatz 2,346: für die Bewegung hat bis jetzt, so viel ich weiß, nur Herder allein gebraucht. – Campe 3,784: (–). – Oertel 3,224: Regung, Bewegung. – DWb. VIII,496 führt Belege aus Herder an.
Untergangsgrund: Homonymie. – s. *e*-Abstrakta.

Reimfüller Flickwort
Adelung 3,1055: ein zuerst von Lessing gebrauchtes Wort ein Flickwort in einem Gedichte zu bezeichnen, welches bloß um des Reimes willen da ist.
König: Flickwort. – Campe 3,802: (–). – Kaltschmidt: ein Flickwort zur Ausfüllung einer Reimzeile. – Das Wort fehlt bei Oertel und im DWb.
Untergangsgrund: mißlungene Neubildung.

reitergar halb gar, flüchtig gekocht
Adelung 3,1076: halb gar, halb gekocht.
Campe 2,813: (–). – DWb. VIII,783 bringt folgenden Beleg aus Zelter (an Goethe): die sänger und spieler sind nachher wie gekocht, bin doch ich davon beinahe reutergar geworden.
Untergangsgrund: Kulturgeschichtliche Bedingungen. Adelung (Wb. 3,1076) schreibt: „Vermuthlich, so fern eilfertig reitende Personen, oder auch Reiter im engsten Verstande, selten Zeit haben, die gehörige Zubereitung der Speisen abzuwarten. Oder auch von Reiter, so fern es ehedem auch einen Straßenräuber zu Pferde, vielleicht auch ein jedes schnell bewegendes Ding bedeutete von reiten, sich schnell bewegen". Das Wort ist mit dem Untergang der Sache untergegangen.

Reitermesse
Adelung 3,1076: eine nur eilfertig und obenhin gelesene Messe. Franz. Messe à la Cavalière.
Das Wort fehlt bei König, Oertel, Kaltschmidt, Flügel. – DWb. VIII,784 bringt einen Beleg aus Kirchhof (17. Jh.).
Untergangsgrund: Kulturgeschichtliche Bedingungen. Untergang des Wortes mit dem Untergang der Sache.

renten
Adelung 3,1088: an Renten einbringen. Das Gut rentet jährlich tausend Thaler, trägt so viel ein.

König: mieux; an Renten einbringen. – Campe 3,819: (–). – DWb. VIII,817: das wort ist der neueren sprache fast entschwunden.
Heute ausgestorben.
Untergangsgrund: Untergang des Grundwortes. *Rente* „Zinsertrag" ist im Mhd. aus mlat. *renda* entlehnt (Schirmer, Wb. d. Kaufmannssprache, 1911, 160). Dazu bildete man *rentieren* und *renten.* Mit dem Untergang von *Rente* in der Bedeutung von „Zinsertrag" sind die Ableitungen untergegangen.

Rentenierer Rentner
Adelung 3,1088 verzeichnet es für Rentner.
König: rentenier. – Campe (Verdeutschungswb.): Einer der Renten zieht, oder von Renten lebt. Angenommen, daß Rente, obgleich fremden Ursprungs, für Deutsch gelten könne, frage ich: warum wir denn nicht lieber nach Deutscher Bildungsform, der Rentner, als die halbdeutschen Zwitterwörter, Rentirer und Rentenirer, davon ableiten wollen? – DWb. VIII,817 bringt einen Beleg aus Schuppius.
Untergangsgrund: Artikulatorische Schwierigkeit. Wegen seiner artikulatorischen Schwierigkeit ist *Rentenierer* durch *Rentner* abgelöst worden.

resten übrig bleiben
Adelung 3,1091: Es resten noch einige Thaler. Wofür man auch restieren gebraucht.
Heynatz 2,350: wird hin und wieder gebraucht, und verdient gemeiner gemacht zu werden, da rückständig sein etwas schleppt. – Campe 3,819: (–). – Oertel 3,234 verzeichnet nur *restieren.* – Tr. Wb. 5,383: In älterer Sprache ist dafür (für *restieren*) auch die Eindeutschung *resten* üblich, doch hat sie sich trotz J. H. Campes Fürsprache nicht halten können.

ringern verringern, schmälern
Adelung 3,1125 versieht es als veraltet für verringern, schmälern mit einem Stern.
König: pop. verringern. – Campe 3,841 markiert es durch einen Stern. – Sanders: vlt. – DWb. VIII,1008: mehr der älteren sprache angehörig.
Heute ist es nur in *verringern* erhalten (vgl. P./B.).

Untergangsgrund: Verdrängung durch die verdeutlichende Verlängerung. Das Streben nach Deutlichkeit, nach der klaren Hervorhebung charakteristischer Züge verlangt, daß einfachen Wörtern zusammengesetzte zur Seite treten, daß jene durch diese verdrängt werden. (vgl. *dürfen – bedürfen, gern – begehren, wegen – bewegen, barmen – erbarmen, bleichen – erbleichen, hitzen – erhitzen*).

Ritterzehrung Almosen

Adelung 3,1135: ein Almosen, welches man einem Bettler vornehmerer Art reicht.

Campe 3,804: (–). – Oertel 3,242: Almosen für einen Staatsbettler. – DWb. VIII,1077 bringt nur ältere Belege.

Untergangsgrund: Kulturgeschichtliche Bedingungen. Die eigentliche Bedeutung ist etwas, „was man einem verarmten oder auf Abenteuer ausgehenden irrenden Ritter auf seiner Reise ehedem zu seinem Unterhalte, und welches von demselben nicht selten erpreßt wurde" (Ad. Wb. 3,1135). Mit dem Untergang dieser Sitte ist auch die übertragene Bedeutung von „Almosen" untergegangen.

Rooß Wabe

Adelung 3,1156: in dem Honigbaue einiger Gegenden, die Wachsscheiben in einem Bienenstocke.

Campe 3,861: (+). – DWb. VIII,1286 verzeichnet die schwankenden Formen *Roß, Rooß, Rost, Rooße* und bringt einen Beleg aus Overbeck (1765).

Untergangsgrund: Die unsichere Lautform *Roß, Raß, Raßen, Rose* (s. v. Bahder, Wortwahl, 134 f.) war dem Gebrauch des Wortes nachteilig und ließ es durch das etymologisch durchsichtigere *Wabe*, das als „Gewebe" aufzufassen ist, verdrängen.

ruchtbar ruchbar

Adelung 3,1186 verzeichnet dieses Wort für das heutige *ruchbar.*

König und Oertel 3,250 bringen nur *ruchbar.* – Heynatz 2,354: für berühmt; kommt nur noch bei Opitz vor, und verdient die Wiedereinführung nicht. – DWb. VIII,1341 f.: die ältere form ist demnach das am häufigsten belegte *ruchtbar.* Goethe und Schiller gebrauchen beide formen. neben *ruchtbar* in früherer

zeit auch *rüchtbar*. ... in manchen der obigen beispiele nähert sich *ruchbar* der bedeutung ‚übel bekannt'. heute braucht man es vorzugsweise von bekanntwerden eines vorfalls, der gegen recht und sitte verstößt: ein mord, ein verbrechen wird *ruchbar*. in älterer zeit aber auch umgekehrt im sinne von berühmt, gefeiert (Beleg aus Voß).
Untergangsgrund: artikulatorische Schwierigkeit. Die Drittkonsonanz ist seit dem 19. Jh. zu *ruchbar* erleichtert. (s. Tr. Wb. 5,458).

Rückenhalt(e) Rückhalt, Unterstützung
Adelung 3,1189: eine Person oder Sache, auf die man sich verläßt und verlassen kann, Unterstützung und Vertheidigung gewähret, bei einigen von Personen auch Rückenhalter.
König: le protecteur, l'appui, le soutien, la protection. – Campe 3,884: (–). – Oertel 3,251: 1. das, worauf man sich im Nothfalle verläßt: 2. nöthige Hülfsmannschaft. – DWb. VIII,1370 *rückenhalt* begegnet bei Wieland (1778); Schiller gebraucht um 1790 *rückhalt*.
Untergangsgrund: Sprachökonomie. Die kürzere Lautform *Rückhalt* hat das Wort abgelöst.

Rufendung Vokativ
Adelung 3,1197: bey einigen Sprachlehrern als eine sclavische Übersetzung des Lateinischen Vocativus; bei andern der Ruffall.
Braun: Vocativus. – Campe 3,890: bei einigen ältern Sprachlehrern und unter den neuern bei Heynatz, die fünfte Endung oder der fünfte Fall der Nennwörter (Vocativus), auch der Ruffall.
Untergangsgrund: mißlungene Verdeutschung. – s. *Gebefall*.

Ruffall
vgl. Rufendung.
Untergangsgrund: mißlungene Verdeutschung. – s. *Gebefall*.

S

Sachführer Rechtsanwalt
Adelung (unter *Sachwalter*) 4,1239 erklärt es für oberdeutsch. Heynatz 2,359: es kömmt aber bey Hochdeutschen Schriftstellern oft genug vor, und ist im Grunde besser, als Sachwalter. – Campe (Verdeutschungswb.): Sachführer, Anwalt. – DWb. VIII,1603 bringt einen Beleg aus Schiller.
Untergangsgrund: kulturgeschichtliche Bedingungen. Nach den deutschen Reichsgesetzen im 19. Jh. ist *Rechtsanwalt* die amtliche Bezeichnung für *Advokat.* Seitdem hat es andere Bezeichnungen für Advokat wie *Sachwalter, Sachführer, Fürsprecher, Rechtsbeistand* u. a. m. verdrängt.

säcken ertränken, ersäufen
Adelung 3,1240: Lebensstrafe, da man einen Verbrecher in einen ledernen Sack steckt und darin ersäuft. Eine Kindermörderin säcken.
Campe 4,9: (–). – DWb. VIII,1622: *säcken,* strafe der kindesmörderinnen, noch üblich unter Friedrich Wilhelm I. und erst von Friedrich II. abgeschafft. (versuch einer historischen schilderung der residenzstadt Berlin 1,95 ff.).
Untergangsgrund: kulturgeschichtliche Bedingungen. Das Wort ist untergegangen mit dem Untergang der Sache.

Sarder Karneol
Adelung 3,1281: ein ungewöhnlich gewordner Nahme eines Edelsteines, der noch mehrmals in der Deutschen Bibel vorkommt, und mit unserm heutigen Sardonyx, d. h. einem mit rothen Streifen vermischten Onyx verwandt zu seyn scheinet.
König: Sardonix, la Sardoine. – Campe 4,34: (–) Carneol. – Oertel 3,262: Karniol. – Kiesewetter (Fwb.) verzeichnet nur *Sardonyx* für eine „Edelsteinart".
Sanders: vlt. – DWb. VIII,1798 zitiert Jacobsson (1781–84).
Untergangsgrund: Etymologische Isolierung.

sättig sättigend
Adelung 3,1287 verzeichnet es im gemeinen Leben für sättigend, was bald und leicht satt macht.

Campe 4,37: (–) eine sättige Speise. – Oertel 3,262: sättigend. – Kaltschmidt: sättigend, sattmachend. – Sanders bringt diesen Beleg aus Döbel: ein sättiges Fleisch. – DWb. VIII,1830 zitiert Adelung und bringt einen Beleg aus Hohberg.
Untergangsgrund: Der transitive Begriffsinhalt ist in *sättigend* zu *sättigen* deutlicher als in *sättig*. Über die Leistung des Adjektivs und des Partizips sagt Wilhelm Schneider in seiner „Stilistischen deutschen Grammatik", 1959, S. 84 ff.: „... jede Abschattung eines Begriffs (kann) aufs genauste ausgedrückt werden, mag es sich um eine vielfältig zusammengesetzte Sinneswahrnehmung handeln, um einen verwickelten seelischen Vorgang ... Die Adjektive sind die Wörter, die unsere Sprachwelt lockern, in feinste Einzelheiten zergliedern, um diese wieder zu verschmelzen ... Bei der Bewältigung dieser Aufgaben haben sie in den Partizipien des Präsens sehr begabte Helfer ... In der neueren Literatur läßt sich beobachten, daß das epithetische Partizip, besonders das des Präsens, dem Adjektiv gegenüber im Vordringen ist ... Das Partizip des Präsens hat viel vom verbalen Charakter behalten und ist dem Adjektiv insofern überlegen, als es Lebensregungen, Wirkungen, Bewegungen ausdrükken kann, von denen die Haupthandlung begleitet wird. Es ist in Ausnahmefällen sogar imstande, die Aufgabe des finiten Verbums zu übernehmen und dem Fortschritt der Handlung zu dienen ..."

sauersichtig unerfreulich, mürrisch, verdrießlich
Adelung 3,1297: sauer, d. i. mürrisch, sauersichtig, verdrießlich aussehend.
König: sauersehend. – Campe 4,42: (–). – Kaltschmidt verzeichnet sauersüchtig für: sauersehend, unfreundlich, mürrisch, verdrießlich. – DWb. VIII,1874 zitiert Adelung.
Untergangsgrund: Mit dem Untergang der Wendung *sauer sehen* für „ein mürrisches, unzufriedenes gesicht machen" (DWb. VIII,1867) ist die Ableitung *sauersichtig* untergegangen.

Schabab Auswurf
Adelung 3,1310: ein nur im gemeinen Leben einiger Gegenden üblicher, von dem Zeitworte abschaben gebildetes Wort, das Unnütze oder Unreine zu bezeichnen, was von einem andern Dinge abgeschabet, und in weiterer Bedeutung abgesondert wird.

Campe 4,49: (*x*). – Oertel 3,265: Abschabsel, Auswurf. – DWb. VIII,1944 übernimmt Adelung.
Untergangsgrund: s. *Haberecht.*

Schandgemählde Pasquill, Schmähschrift
Adelung 3,1353: ein schändliches Gemählde ... Ein Gemählde so fern es jemanden grobe persönliche Unvollkommenheiten andichtet, ein Pasquill in Gestalt eines Gemähldes.
Campe 4,72: (–). – Das Wort fehlt bei Oertel, Kaltschmidt, E. Engel. – DWb. VIII,2146 übernimmt Adelungs Definition und führt einen Beleg aus Goethe an.
Untergangsgrund: Homonymie. Der lautliche Zusammenfall mit *Schandgemälde*, schändliches Gemälde, (vgl. Adelung oben), verursachte eine störende Homonymie. Andere Verdeutschungen haben das Wort verdrängt wie *Schmähschrift.*

Schandschrift Schmähschrift
Adelung 3,1354 verzeichnet es für: ein Pasquill, eine Schmähschrift.
Heynatz 2,265 lehnt Schandschrift ab: denn unter Schandschrift ist man geneigt jede schändliche Schrift zu verstehen. Er zieht *Schmähschrift*, *Pasquill* vor. – Campe 4,72: (–) – DWb. VIII,2156 f. bringt u. a. einen Beleg aus Schiller.
Untergangsgrund: Euphemismus. Aus euphemistischen Gründen vermied man diese Verdeutschung. Das mildere *Schmähschrift* (vgl. Heynatz oben) konnte sich bis heute behaupten.

Scheibeninstrument Astorlabius
Adelung 3,1394: bey einigen, ein Nahme des Astrolabii.
Campe (Verdeutschungswb.): Astorlabium, Winkelmesser, Winkelscheibe. – DWb. VIII,2394 zitiert Jacobsson.
Untergangsgrund: mißlungene Verdeutschung. – s. *Zeugemutter.*

Scheidekünstler Chemiker
Adelung 3,1396: für Chymicus nicht so üblich.
Heynatz 2,370: Scheidekünstler ist, denk' ich, jetzt schon genügsam eingeführt. – Campe 4,96: (–). – DWb. VIII,2400 bringt Belege aus Thümmel, Schiller, Goethe, Herder.
Untergangsgrund: mißlungene Verdeutschung. Das Fremdwort klingt heute vornehmer. Das Wort war, wie Heynatz erwähnte,

im 18. Jh. bekannt genug. Es scheint, daß der häufige Gebrauch des Wortes es gewöhnlich und daher nicht so besonders notwendig machte, vor allem weil das Fremdwort als Bezeichnung eines vornehmen Berufes immer das Vornehme bewahrt hat. *Scheidekünstler* könnte heute – so wie *Kriegsbaumeister* für „Ingenieur" – als Berufsschelte gelten ... Wenn man heute an einen Chemiker z. B. schreibt: An Herrn Scheidekünstler X., würde das komisch, wenn nicht beleidigend klingen.

Schelsucht Neid, Eifersucht, Mißgunst
Adelung 3,1412: Neid, Eifersucht.
Campe 4,108: (–). – Oertel 3,275: Neid und Mißgunst. – DWb. VIII,2521 f.: eine bildung der neueren sprache von wbb. zuerst bei Adelung aufgeführt.
Untergangsgrund: mißlungene Neubildung. Das neugebildete *Schelsucht* hatte stärkere Konkurrenten wie z. B. *Neid, Mißgunst.* Es vermochte sich deshalb nicht lange zu behaupten.

scheusälig abscheulich, scheußlich
Bei Adelung 3,1433 als ungewöhnlich bezeichnet.
Campe 4,118: (–). – DWb. VIII,2629 bringt Belege aus Tieck, Freytag, Zachariä, Ramler, Voß.
Untergangsgrund: Die Schriftsprache der Gegenwart zeigt eine deutliche Abneigung gegen Ableitungen mit dem *-sal*-Suffix. Man denke an die neueren Bildungen *Drangsal, Rinnsal, Schicksal, Wirrsal,* die kein Adjektiv haben.

schiel scheel
Adelung 3,1446 versieht es mit einem Stern für: ein nur im Oberdeutschen für schel übliches Wort, welches gelegentlich schief bedeutet. Der dürre schiele Neid. Kleist; ob es gleich in diesem Verstande im Hochdeutschen ungewöhnlich ist.
Braun: für scheel, schief. – Campe 4,126: (–) bringt Belege aus Kleist und Lessing.
DWb. IX,11: bringt Verse aus Brockes, E. v. Kleist, Lessing, Voß und bemerkt: nebenform zu *schel.*
Untergangsgrund: Verdrängung durch die Hauptform. *schiel* ist eine Nebenform von *scheel.* Davon leitete man *schielen* ab. Unter dem Einfluß des abgeleiteten Verbes gebrauchten die Schriftsteller des 18. Jh. das Grundwort. Heute ist *schiel* in Zu-

sammensetzungen wie *schieläugig, Schielauge* oder im Verb *schielen* versteinert, sonst hat *scheel* oder das jüngere aus *schielen* abgeleitete Partizip Präsens *schielend* das Wort verdrängt.

ſchiffen navigare
Bei Adelung 3,1455 mit einem Stern versehen: auf dem Wasser den Ort verändern; eine im Hochdeutschen ungewöhnliche Bedeutung. Segeln, gehen usw. sind jetzt dafür üblicher.
Oertel 2,280 fehlt. – Kluge, Et. Wb. 1921, 393: Seit Kindleben 1781 als studentisch bezeugt; dazu bei Augustin 1759 Schiff (Nachtgeschirr) als studentisch. – DWb. IX,68 ff. bringt Belege aus dem 18. und 19. Jh. im Sinn von navigere und bemerkt: seit den 30er jahren dieses jahrh., zuerst anscheinend in der studentensprache Mitteldeutschlands, dann allgemein, ganz gewöhnlich für sein wasser abschlagen, urinieren.
Untergangsgrund: Homonymie. Die durch Homonymie lächerlichen heraufbeschworenen Assoziationen haben vermutlich zum Wortuntergang geführt. Dazu schreibt Emil Öhmann (Über Homonymie und Homonyme a. a. O. S. 114 f.): „Dieses verb wird noch von Goethe, Schiller, J. Paul und H. v. Kleist gern gebraucht, fängt dann aber allmählich an, deutlich gemieden zu werden. Dies ist offenbar auf den zusammenstoß mit schiffen (mingere) zurückzuführen, das seit 1781 als studentisch bezeugt ist ... In der ersten zeit seines daseins vermochte dieses studentische *schiffen* (mingere) das verb *schiffen* (navigere) noch nicht zu stören, weil es ein wort der sondersprache der studenten war. Nachdem es aber in weiteren kreisen heimisch wird, fängt es an, seine kompromittierende wirkung geltend zu machen."

Schilderey Gemälde
Adelung 3,1462: ein Gemählde, ohne daß es eben in einen Rahmen eingefaßt seyn dürfe, wie Stosch will, oder ein eigentliches Portrait seyn müßte, wie Gottsched behauptet.
König, plus usité, Gemählde. – Campe 4,137: (–). – Oertel 3,281: etwas Geschildertes, Gemählde. – DWb. IX,127: während das wort in der sprache des 17. und 18. jh. sehr häufig ist, ist später der gebrauch desselben sehr eingeschränkt. im vorigen jahrh. versuchte man einen begrifflichen unterschied zwischen *gemälde* und *schilderei* aufzustellen.
Untergangsgrund: Untergang des Grundwortes.

schildern malen
Adelung 3,1462: Mahlen, Figuren mit Farben entwerfen ... In engerer und gewöhnlicher Bedeutung ist schildern von mahlen noch unterschieden, und da bedeutet es, die einzelnen Theile eines Gemähldes durch Farben, Licht und Schatten, gehörig ausarbeiten. Eine Schlacht schildern, sie nach allen ihren Theilen kunstmäßig abbilden.
König: malen. – Oertel 3,281: mit Farben nachbilden, lebhaft und treffend beschreiben. – DWb. IX,129: abgeleitet von *schilder*, maler ... scheint durch niederl. einfluß in die schriftsprache eingedrungen zu sein; im 17. und 18. jh. wird es in eigentlicher bedeutung viel gebraucht, doch noch früher als *schilderei* verliert sich diese anwendung zu gunsten der übertragenen bedeutung, welche die neuere sprache allein noch dem worte beilegt.
Untergangsgrund: Verdrängung durch die uneigentliche Bedeutung. In neuerer Sprache gebraucht man *schildern* nur im übertragenen Sinn „beschreiben“, während die Bedeutung von „malen“ untergegangen ist. Das abgeleitete *Schilderey* ist gleichfalls untergegangen.

Schilling eine Tracht Prügel
Adelung 3,1467: oft bedeutet Schilling auch eine Züchtigung, welche einem Verbrecher mit dem Stocke, der Peitsche oder mit Ruthen gegeben wird ... Der Stockschilling ist in den Gerichten noch jetzt eine Züchtigung von dem Stockmeister in dem Stocke oder Gefängnisse. Auch die Züchtigung ungezogener Knaben in der Schule auf den Hintern führet daselbst den Nahmen des Schillinges.
Oertel 3,281: bestimmte Zahl Schläge auf den Hintern, ein Hosenprodukt oder Plätzer, daß es nur so plätzt oder schallt. – Kaltschmidt: ein Schlag auf den Hintern. – DWb. IX,153 bringt u. a. folgenden Beleg aus Seume (1837): er brachte mir also im amtseifer gehörigen orts einen tüchtigen schilling bei.
Untergangsgrund: Euphemismus. „Statt der Tracht Prügel steht die Zahl der Schläge, aus der sie besteht, der Ausdruck gliedert sich zweifellos an Schilling im Sinne von Duzend an. Nun liegt es im Wesen der Euphemismen, daß sie sich rasch vernutzen. Der Euphemismus schlägt, statt die unliebsame Vorstellung geradezu zu nennen, einen Umweg ein, je weniger begangen der Weg, um so brauchbarer und wichtiger der Euphemismus. Wird der Um-

weg durch vieles Begehen so geläufig, daß jeder beim ersten Schritt schon weiß, wohin er führen wird, so wird der Euphemismus geistlos, zweckwidrig und unbrauchbar, er muß durch einen neuen abgelöst werden, der in weiterem Bogen ausholt. Soweit war es nun offenbar mit Schilling um die Mitte des 16. Jh. gekommen, darum trat an seine Stelle ‚Produkt', an Stelle der Zwölfzahl mit Hilfe des weiteren Denkumwegs 3 × 4 = 12". (A. Götze, ZfdWf. 10,203).

schlägefaul unempfindlich gegen Schläge
Adelung 3,1492: gegen die Schläge abgehärtet; ein nicht überall bekanntes Wort.
Campe 4,158: (–). – DWb. IX,339 übernimmt Adelungs Erklärung und bringt u. a. einen Beleg aus Lessing.
Untergangsgrund: Zweideutigkeit. Die heutigen Zusammensetzungen mit *-faul*, wie z. B. *schreibfaul, denkfaul, mundfaul, maulfaul, stinkfaul, kernfaul, oberfaul, erzfaul,* haben die Bedeutung: „faul zum schreiben, faul zum denken, faul den Mund aufzutun, faul das Maul aufzutun, im Kern modernd, sehr bedenklich, ganz faul". In Analogie dazu wäre die Bedeutung von *schlägefaul* „faul zum schlagen". Da das Kompositionsglied *-faul* in *schlägefaul* die irreführende Bedeutung von „abgehärtet", „unempfindlich" hat, kann die Zusammensetzung zweierlei bedeuten: 1. gegen Schläge unempfindlich; 2. selbst bei Schlägen faul, so bei Kaltschmidt (s. o.). Wegen dieser Zweideutigkeit ist das Wort untergegangen.

Schlendergang Spaziergang
Adelung 3,1522: 1. ein schlenderhafter, schlendernder Gang, langsam, träge und gedankenlos einher gehen; 2. Schlendrian.
Heynatz 2,376: Schlendergang für schlendernder Gang „hat Stuve nebst Leiergang gebildet, um den langsamen Gang gewisser Geschäfte zu bezeichnen" Campe. Das Wort steht aber schon in Adelung (seit 1780), und Ihre und Stosch haben gar geglaubt, daß Schlendrian daraus verderbt worden. So unwahrscheinlich dies ist, so verdient doch Schlendrian in Schlendergang verbessert zu werden. – Campe 4,179: (–). – DWb. IX,629 zitiert Adelung und Campe.
Untergangsgrund: mißlungene Neubildung. Die vorgeschlagene Bildung *Schlendergang* aus *schlendernder Gang* konnte sich

neben Spaziergang nicht behaupten. Diese mißlungene Neubildung ist zugleich ein mißlungener Verdeutschungsversuch für das aus dem 15. Jh. stammende *Spatiergang*. Andere mißlungene Verdeutschungsversuche für *Spaziergang* sind *Lustgang* (Ad. Wb. 2,2139) und *Leiergang* (Heynatz 2,376).

Schmack Geschmack

Bei Adelung 3,1552 ist das Wort mit einem Stern versehen: ein im Hochdeutschen veraltetes Wort für das jetzt übliche Geschmack.

Braun: besser Geschmack. – Heynatz 2,380: veraltet. – Campe 4,202: (+) in den gemeinen Sprecharten O. u. N. D. der Geschmack. – DWb. IX,893: gleichbedeutend mit geschmack und durch dieses im entwickelten nhd. verdrängt. Es bringt Verse aus A. Gryphius, Chr. Gryphius, Goethe, Rückert (1882).

Untergangsgrund: Verdrängung durch eine erweiterte Lautform. Die erweiterte Lautform *Geschmack* hat das Wort verdrängt. S. *ringern*

Schnur Schwiegertochter

Adelung 3,1610 markiert es für *Schwiegertochter* mit einem Stern: ein im Hochdeutschen veraltetes, noch im Oberdeutschen übliches Wort, des Sohnes Frau, die Schwiegertochter zu bezeichnen.

Braun: Schwiegertochter. – Heynatz 2,388: für Schwiegertochter ist außer in Oberdeutschland veraltet. – Campe 4,247 versieht das Wort mit einem Stern. – Oertel 3,303: nurus, des Sohns Frau, die Schwiegertochter. – DWb. IX,1395 bringt u. a. Belege aus Stolberg (1820), A. Gryphius (1698), D. Werder, Bürger, Voß, Ludwig (1891).

Untergangsgrund: Homonymie. Karl v. Bahder (Wortwahl, 60,153 f.), das Et. Wb. (1963), Tr. Wb. (6,189) machen den lautlichen Zusammenfall von *Schnur* „Schwiegertochter" und *Schnur* „Bindfaden" für den Wortuntergang verantwortlich. Diese Erklärung hat man neuerdings in Zweifel gezogen. Su. Öhman (a. a. O. S. 91) warnt vor der Übertreibung der Homonymenfurcht und führt als erschreckendes Beispiel diese zwei gleichklingenden Wörter an. Dort heißt es: „Es braucht viel Phantasie, um sich Kollisionen zwischen diesen beiden Wörtern vorzustellen. Solange nicht Beweise dafür vorhanden sind, daß

Schnur ‚Schwiegertochter' wirklich der Homonymenfurcht zum Opfer gefallen ist, wird es angebracht sein, andere Erklärungsgründe zu suchen.“ Su. Öhman will nur die Wirkung der Homonyme anerkennen in den Fällen, wo die betreffenden Wörter einem ganz begrenzten Begriffskreise angehören. Natürlich ist es nicht abzustreiten, daß beide Wörter in zwei völlig verschiedene Vorstellungskomplexe hineingehören. F. Debus erinnert, gegen Su. Öhmans Auffassung, an Fälle wie ahd. *lîdan* „gehen“ und ahd. *lidan* „dulden“, wo schon die erste Bedeutung im Mhd. fast untergegangen ist. Nach Ausweis der Wortgeographie erklärt Debus (a. a. O. S. 28 f.): „Sowohl die begrifflich voneinander getrennten als auch die zueinander in engerer Beziehung stehenden homonymen Wörter sind zwar durch die Anwendung in ganz bestimmter Sprechsituation und durch ihre Stellung im syntaktischen Gefüge dem Sinne nach eindeutig. Trotzdem aber sind sie nicht gefeit gegen auftretende störende Assotiationen, die zur Umgehung eines der Wörter führen können ... Die Homonymenfurcht ist naturgemäß bei Wörtern, die – wie auch Schnur in beiden Bedeutungen – häufiger gebraucht werden, viel stärker. Dadurch ist die Möglichkeit unerwünscht auftretender Assoziationen bedeutend größer. In der Sprache aber werden allgemein die Wörter vorgezogen, die die gewünschten Vorstellungen am sichersten hervorrufen“. Stellt man nun die Frage: Warum ist *Schnur* „Schwiegertochter“ und nicht *Schnur* „Bindfaden“ in der Schriftsprache untergegangen?, so darf man wohl mit Sicherheit darauf antworten, daß sich von den Zusammensetzungen *Schwiegertochter, -mutter* her eine analoge Bezeichnung für *Schwiegertochter* anbot (vgl. Debus a. a. O. S. 30).

Schöne Schönheit

Adelung 3,1624: die Schönheit ... Im Hochdeutschen ist es veraltet, seitdem Schönheit üblicher geworden. Einige neuere Dichter haben es zwar wieder einzuführen gesucht, aber wenig Nachfolger gefunden.

Campe 4,253: (–). – DWb. IX,1490: durch Klopstock neu belebt und seitdem wieder durchaus üblich, jedoch auf die gehobene sprache beschränkt.

Untergangsgrund: Homonymie. – s. *e*-Abstrakta.

Schrittschuh Schlittschuh

Adelung 3,1659 verzeichnet beide Formen und verteidigt *Schrittschuh*, weil man damit schnell auf dem Eis fortschreite.

Heynatz 2,396: Schlittschuh wird für Hochdeutsch gehalten. Adelung hat beides in der ... Buchstabenreihe aufgeführt, und verteidigt Schrittschuh, dadurch, daß man damit schnell auf dem Eise fortschreite. – Campe 4,279: der Schlittschuh, welches das bezeichnendere und bessere Wort ist. – DWb. IX,759: die alte sprache kennt ausschließlich die bildung *schrittschuh*, ahd. *scritescuoch, scritschoch*, mhd. *scrîtscôhe;* ebenso erscheint es noch im nhd. als *schrittschuch*, Stieler 1937; auch jetzt lebt *schrittschuh* in verschiedenen mundarten weiter.

Untergangsgrund: Umbildung unter dem Einfluß eines anderen Wortes. *Schrittschuh*, mhd. *schritschuoch*, ahd. *scrit(e)scouh* ist unter dem Einfluß von *Schlitten* im Oberdeutschen seit dem 17. Jh. umgebildet (s. Tr. Wb. 5,127).

Schuldherr Gläubiger

Adelung 3,1676 verzeichnet es für *Gläubiger*.

König: Gläubiger. – Campe 4,289: (–). – DWb. IX,1900: noch bei Adelung und Campe aufgeführt, jetzt indes außer gebrauch gekommen.

Untergangsgrund: Bedeutungsverengung des Bestimmungsteils des Kompositums. *Schuld* als Zahlungsverpflichtung in bezug auf den Gläubiger, d. h. „Guthaben" ist heute untergegangen. Adelung nennt solche Schulden *aktive Schulden* im Gegensatz zu den *passiven Schulden*, die man einem andern zu zahlen verbunden ist (s. Ad. Wb. 3,1674). Mit dem Untergang der ersten Bedeutung sind die damit gebildeten Zusammensetzungen *Schuldherr, Schuldmann* untergegangen.

schuldigen beschuldigen

Bei Adelung 3,1676 ist es veraltet.

Campe 4,289: (+). – DWb. IX,1912: in neuhochdeutscher zeit ist *schuldigen* im 16. jh. noch sehr gewöhnlich, besonders bei Luther in der form *schüldigen* ... dann verschwindet es aus der litteratur und wird durch die zusammensetzungen *be-* oder *anschuldigen* ersetzt. von den wörterbüchern verzeichnet es Dasypodius ... dagegen Maaler nicht. die späteren führen es als selten oder veraltet auf, meist mit belegen aus der bibel ... wenn

schuldigen in der 2. hälfte des 18. jh. bei Klopstock und den Göttinger dichtern (Voß, Stolberg, Claudius) wieder auftaucht, so liegt hier bewußte erneuerung des alten sprachgebrauchs vor. fortgewirkt scheint sie nicht zu haben. ebenso ist *schuldigen* in neuern mundarten nirgends bezeugt.
Untergangsgrund: Verdrängung durch die deutlichere Erweiterung *beschuldigen* s. *Fahr.*

Schwäher Schwiegervater
Adelung 3,1705: ein im Hochdeutschen den Schwiegervater zu bezeichnen, so wie Schwäherin, die Schwiegermutter.
Heynatz 2,401: für Schwiegervater ist veraltet. – Campe 4,312: (–) Schwiegervater. – DWb. IX,2180 f.: das wort wird in neuerer zeit nur in gehobener oder altertümelnder sprache gebraucht.
Untergangsgrund: Verdrängung durch eine verdeutlichende Zusammensetzung. – s. *Schwieger.*

Schwertmage ein männlicher Verwandter, Verwandter von der väterlichen Seite
Adelung 3,1747: ein jetzt veraltetes Wort, einen männlichen Verwandten oder einen Verwandten von der väterlichen Seite zu bezeichnen, ... im Gegensatze eines Spillmagen, eines weiblichen Verwandten.
Campe 4,341 versieht das Wort mit einem Stern. – DWb. IX,2590: J. Paul verwendet dies nur in gelehrten rechtskundigen kreisen noch bekannte wort.
Untergangsgrund: etymologische Isolierung. – s. *Mage.*

Schwieger Schwiegermutter
Adelung 3,1749: ein im Hochdeutschen veraltetes Wort, die Schwiegermutter zu bezeichnen.
Braun: ist veraltet, man sagt dafür: Schwiegermutter. – Heynatz 2,406: welches bei Luther für Schwiegermutter oft genug vorkommt, ist veraltet. Beugel hat es behalten. – Campe 4,349: (–). – DWb. IX,2112: in der nhd. umgangssprache ist das wort durch *schwiegermutter* verdrängt, gehobener rede ist es noch immer angemessen.
Untergangsgrund: Verdrängung durch eine verdeutlichende Zusammensetzung. B. Delbrück (a. a. O. S. 112) motivierte die Form *Schwiegermutter* mit einem „Unlustgefühl", das *Schwieger*

hervorrief, weil es naturgemäß die Assoziation mit den zahllosen Maskulina auf *-er*, suchte, von diesen aber abgewiesen wurde. Diese Ansicht ist nicht überzeugend, da man in neuerer Zeit Feminina auf *-er* bildet, ohne sich an die Maskulina mit entsprechender Endung zu stören, z. B. die *Klapper*. Der eigentliche Grund ist mehr innersprachlicher Natur. Debus (a. a. O. S. 60 f.) beschreibt den Untergangsgrund der Simplizia und das Aufkommen neuer Zusammensetzungen folgendermaßen: „Der Mangel an eindeutiger Klarheit als Folge der etymologischen Verwandtschaft der Wörter Schwieger, Schwäher, Schwager ist letztlich der Grund für die verdeutlichende Ausdrucksweise". Gerade deshalb suchte der Sprechende nach einem besseren Ausdruck, den Delbrück (a. a. O.) den *glücklichen Fund* nannte. Dieses Suchen interpretiert Debus (S. 69) als eine immanent gegebene, unbewußte Intention in Richtung auf einen besonderen Ausdruck hin. Für die ausschließliche Geltung von *Schwieger-* (und nicht *Schwäher-*) in der nhd. Schriftsprache äußert sich Debus (a. a. O. S. 78) folgendermaßen: „Durch die Möglichkeit der Komposition mit Mutter bzw. Vater war eine hinreichende Bezeichnungsklarheit erreicht. Es konnte also leicht entweder Schwieger oder Schwäher auf Kosten des anderen bestimmend werden. Daß sich im Sprachbewußtsein jedoch Schwieger gegen das theoretisch gleichberechtigte Schwäher durchsetzte, zeugt von der größeren Wichtigkeit des Wortes und der durch das Wort Bezeichneten. Dies wird auch dadurch bestätigt, daß sich der Volksmund in zahlreichen Sprichwörtern und Redensarten im Gegensatz zum Schwiegervater nur mit der (bösen) Schwiegermutter beschäftigt ... Affekttragende Wörter prägen sich tiefer ein, als das bei anderen der Fall ist. Innerhalb des Hauses und im Familienleben nimmt die Schwiegermutter besonders auch als Großmutter den Kindern gegenüber, eine wichtige und oft beherrschende Stellung ein. Der Schwiegervater in dieser Hinsicht eine weniger wichtige Rolle".

schwind geschwind
Adelung 3,1751: ein im Hochdeutschen veraltetes Bey- und Nebenwort, wofür geschwinde üblich ist.
Campe 4,351 versieht es mit einem Stern. – DWb. IX,2645 ff.: im hd. ist es im 16. jh. noch ungemein häufig, aber schon in der ersten hälfte des 17. jh. finden sich nur vereinzelte nachzügler

(bei Zinkgref, Spee, Werder); wenn es im 18. jh. wieder bei Klinger auftaucht, so liegt hier wol eine künstliche erneuerung vor, sonst ist dafür das erst seit dem mhd. nachweisbare compositum *geschwind* eingetreten.
Untergangsgrund: Verdrängung durch eine verdeutlichende Erweiterung. – s. *ringern.*

Secret Abort
Adelung 4,5: das heimliche Gemach, der Abtritt; in welchem Verstande ehedem ein anständiger Ausdruck der feinern Welt war, jetzt aber bis zur gemeinen und niedrigen Sprechart hinab gesunken ist.
Campe (Verdeutschungswb.): der Abtritt. – DWb. X, I,404: literaturbelege bes. aus dem 16. jh. ... später selten ... noch jetzt in vielen Mundarten.
Untergangsgrund: Euphemismus. – s. Euphemismus.

Seelgeräth
Adelung 4,14 markiert das Wort durch einen Stern: von dem alten Geräth, ein Testament, Vermächtnis, ein im Hochdeutschen veraltetes, ehedem sehr gangbares Wort, ein jedes Vermächtnis zu bezeichnen, welches zum Heil seiner Seele machte, wohin denn nicht nur die Seelbäder, sofern auch die Seelmessen, Vermächtnisse an Kirchen und Klöster u. s. f. gehören.
Campe 4,373 versieht das Wort mit zwei Sternen. – DWb. X, I,44 ff.: der grund, daß das wort in der nhd. schriftsprache seit dem ende des 16. jahrh. so vollständig aufgegeben ist, liegt einerseits in der bedeutungsentwicklung des wortes *gerät* im nhd ..., wodurch die hier vorliegende verwendung allmählich unverständlich geworden ist, andererseits in dem einfluß der reformation und der sprache Luthers auf die gestaltung des nhd., denn da die anschauung, welche dem worte in den verschiedenen nuancen seiner bedeutung, zu grunde liegt, daß nämlich den im fegefeuer büßenden *seelen* durch priesterliche fürbitte, wie durch gute werke der überlebenden erlösung oder linderung gebracht werden könne, durch die reformation abgeschafft ist, so hatte sie für das wort naturgemäß keine verwendung mehr. mundartlich hat es sich vielfach erhalten, namentlich im oberdeutschen.
Untergangsgrund: kulturgeschichtliche Bedingungen. Das Wort ist mit der Sache untergegangen.

ſegnen verfluchen
Adelung 4,22: Böses wünschen, fluchen, lästern, vielleicht auch weil man dazu ehedem das Zeichen des Kreuzes mißbrauchte.
Campe 4,382: ungewöhnlich ist segnen in der Bedeutung, Böses wünschen, fluchen, lästern. – DWb. X, I,126 bringt u. a. einen Beleg aus Herder und bemerkt: *segnen* im sinne des gegentheils euphemistisch oder ironisch.
Untergangsgrund: Euphemismus. Scheffler (a. a. O. S. 116): „Aber nicht bloß das Heilige sondern auch das Gefürchtete vermeidet man auszusprechen ... Im mhd. wird geradezu *saelec* für *unsaelec* gebraucht; und in den verschiedenen Sprachen wird für *fluchen* ein Zeitwort verwandt, das zugleich schwören, beten, oder gar segnen bedeutet. So heißt das Hebräische *barakg* ‚segnen, fluchen'. Danach gebraucht Luther an verschiedenen Stellen seiner Bibelübersetzung *segnen* im Sinne von fluchen".

Sehe Sehkraft
Adelung 4,22: das Vermögen zu sehen; eine nur noch im gemeinen Leben übliche Bedeutung.
König: pop. la vue. – Campe 4,385: (*x*) niedrig aber deshalb noch nicht verwerfliches Wort. – Oertel 4,10: Sehkraft. – DWb. X, I,128: der neueren sprache ist das wort fremd.
Untergangsgrund: Verdrängung durch eine verdeutlichende Zusammensetzung.

ſeigern sickern
Adelung 4,35: Es ist ein Iterativum oder Intensivum von seihen, tröpfeln machen, tropfenweise herab sinken machen. In den gemeinen Sprecharten ist sickern gleichfalls tropfenweise durchrinnen.
Campe 4,392: (–). – Oertel 4,12: seihen. – Kaltschmidt: sikkern. – DWb. X, I,202 bringt u. a. Belege aus Möser (1780), Kant, Rückert.
Heute ist das Wort außer im bergmännischen Gebrauch untergegangen (s. P./B.).
Untergangsgrund: Durch Ausgleichung des grammatischen Wechsels traten *seigen* und die iterative Form *seigern* neben *seihen. seigern* ist (wie *bidmen, Böttisch, Bühl, Geiß, Hafen* „Topf", *Lefze, nafzen, rahn, stad, Wasen*) eines der ursprünglich gemeinhochdeutschen Wörter, die sich im Niederdeutschen nicht

voll behauptet haben und darum durch andere Bildungen verdrängt worden sind (s. v. Bahder 1925, Wortwahl S. 28 ff.).

Selbstheit

Adelung 4,49: ein von einigen mystischen Schriftstellern gebrauchtes Wort, das Abstraktum von selbst, ingleichen die eigene Person zu bezeichnen... Andere haben dafür Eigenheit gebraucht.

König: l'existence, l'être, la personne, l'individue. – Campe 4,407: (–). – Kaltschmidt: Ichheit, Selbstwesenheit, Persönlichkeit, das seelische Wesen, Egoismus, Eigenliebe, die eigene Meinung. – DWb. X, I,444: ist besonders in der classischen litteratur des 18. jh. und beginnenden 19. jh., kaum noch jetzt, üblich. Goethe gebraucht *Selbstheit* und *Selbstigkeit* als Verdeutschung für *Egoismus* (s. Dt. Wortgeschichte, Bd. II,219).

Untergangsgrund: Die Zweideutigkeit des Wortes, die durch Goethes Verdeutschungsvorschlag noch hervorgehoben wurde, führte zu seinem Untergang. Eindeutigere Bildungen wie *das Ich, das eigene Wesen, die Eigenartigkeit, der Egoismus, die Selbstsucht, die Eigenliebe* vermochten das Wort leicht zu ersetzen.

Send

Adelung 4,54: ein nur noch in einigen Gegenden übliches Wort, ein geistliches Sittengericht zu bezeichnen,... das Synodal-Gericht, Sendgericht.

Braun: ein veraltetes Wort, aus dem Lat. Synodus zusammengezogen, bedeutete ein geistliches Gericht, ein Synodalgericht genannt. – Campe 4,413: (+). – Oertle 4,14: geistliches Gericht, Sittengericht. – DWb. X, I,571 bringt einen Beleg aus Grillparzer und bemerkt: in neuerer zeit mit der sache ausgestorben.

Untergangsgrund: kulturgeschichtliche Bedingungen. Das Wort ist mit der Sache untergegangen.

Senkler

Adelung 4,58: ein Handwerker, welcher allerley Senkel, d. i. Schnüre und Riemen, verfertigt und selbige an der Spitze mit dünnem Bleche beschlägt.

Jacobsson 3,135: ein geschenktes Handwerk, das aber nicht überall im Gang ist. In Nürnberg und anderen großen Reichsstädten findet man sie, und machen mit den Beutlern oder Hand-

schuhmachern daselbst eine Zunft aus. – Campe 4,416: (–). – DWb. X, I,596: verfertiger von schnürbänden, schnallen, schnürriemen.
Das Wort lebt heute in *Schnürsenkel* fort (vgl. Kretschmer, Wortgeographie, S. 434).
Untergangsgrund: kulturgeschichtliche Bedingungen. Mit dem Untergang des alten Berufs ist das Wort untergegangen.

seuchtig süchtig
Das Wort ist bei Adelung 4,68 für: „mit einer Sucht behaftet" veraltet.
Heynatz 2,414: hat Luther, 1. Tim. 6,4. nicht sowohl für süchtig, wie Adelung es erklärt, als vielmehr für kränklich. – Campe 4,422 versieht es mit zwei Sternen: ehemals eigentlich siech. – DWb. X, I,699: Hamann nimmt es wieder auf.
Untergangsgrund: Verdrängung durch die umgelautete Form *süchtig*, mhd. *sühtec*, ahd. *suhtig* „krank" (s. Weig.-Hirt Wb. 1909, Bd. 2,1006).

Sichermahl Ziel
Adelung 4,80: ein im Hochdeutschen wenig bekanntes Wort, ein Mahl, wonach man zielet oder schießet zu bezeichnen.
Heynatz 2,415: kömmt nur bei Luther, 1. Sam. 20, für Ziel vor. – Campe 4,425 markiert es durch einen Stern: wahrscheinlich von einem veralteten Worte sichern, oder einem Verstärkungsworte von sehen, zielen. – DWb. X, I,730 bringt einen Beleg aus Schuppius und bemerkt: in einer stelle der Lutherschen bibelübersetzung für ziel gebraucht.
Untergangsgrund: Das verlangte Bild wird in der Zusammensetzung *Sichermal* nicht deutlich. (vgl. Ad. Magazin für deutsche Sprache, Ersten Jahrganges, Zweites Stück, S. 70). Campes Vermutung (s. o.) ist etymologisch noch nicht bewiesen.

siech krank
Adelung 4,87: krank, im Hochdeutschen, doch nur in engerm Verstande mit einer langwierigen Krankheit oder Schwachheit behaftet.
König: qui languit, languissant; infirme; maladif. – Oertel 4,19: langwierig krank, kränklich, mit Kränklichkeit behaftet. – Kaltschmidt: von einer Seuche befallen. – DWb. X, I,838 f.: mund-

artlich scheint *siech* nicht mehr sehr lebendig zu sein ... allgemein gebräuchlich scheint es jedenfalls nicht mehr zu sein.
Untergangsgrund: Euphemismus. Das alte gemeingermanische *siech* war eingeschränkt auf besonders schlimme, unheilbare Krankheiten. Es wurde früh durch den Euphemismus *krank,* das früher „schwach“ bedeutete, verdrängt. (vgl. K. Scheffler a. a. O. S. 123).

ſint seit
Adelung 4,108: im Hochdeutschen völlig veraltet ... im Oberdeutschen aber noch für seit gebraucht wird.
Heynatz 2,218: für seit ist veraltet. – Campe 4,453 versieht das Wort mit einem Stern und einem Kreuz. – DWb. X, I,1204 ff.: alte nebenform zu *seit,* im mhd. ist *sint* bei den autoren des 16. bis 18. jh. überaus häufig. so ist es in Luthers bibelübersetzung die einzige und auch sonst bei ihm mindestens die vorherrschende form. außerdem findet es sich bei zahlreichen autoren des 16. jh., im 17. jh. werden die belege für *sint* viel seltener ... dagegen ist *sint* häufig im 18. jh. bezeugt, so noch bei den älteren dichtern der classischen zeit: Claudius, Pestalozzi, Miller, Bürger, Schubart. ... seitdem in der schriftsprache erloschen.
Untergangsgrund: etymologische Unsicherheit. *sint* ist eine alte Nebenform zu *seit,* mhd. *sit,* ahd. *sid.* Das *n* in *sint* ist noch nicht erklärt (vgl. Franck 1902, Zs. f. dt. Alt. 46,168 ff.). Wegen dieser etymologischen Unsicherheit ist das Wort durch die aus mhd. *sit* diphtongierte Form *seit* verdrängt worden.

ſintemahl weil, indem
Adelung 4,109: ein Bindewort, welches einer angeführten Ursache zur Begleitung dienet, und seinen Stand allemahl zu Anfange des Satzes hat, für weil, indem ... In der edlern Schreibart der Hochdeutschen ist es veraltet, als welche es gern den Kanzelleyen überlässet, wo man die Wörter und Partikeln nicht vielsylbig genug bekommen kann.
Braun: ein veraltetes Bindewort für indem, weil wird dermal nur noch von alten Kanzleiverwandten, so wie das schleppende alldieweilen gebraucht: ehedem wurden oft gar beyde zusammengesetzt, sintemalen und alldieweilen. – Campe 4,453 versieht es mit zwei Sternen: für die scherzhafte Schreibart, bes. wenn man auf diese lächerliche Kanzleischreibart anspielen will,

ist es noch brauchbar. – DWb. X, I,1211 ff.: seit anfang des 18. jh. aufgegeben. wenn es, wie gar nicht selten, doch angewendet wird, erscheint es als bewußter archaismus und parodistische nachahmung des kanzleistils und hat daher einen leicht scherzhaften anstrich (Belege aus Wieland, Kozbue, Heine, Rückert, Vischer).
Untergangsgrund: sintemal ist eine Zusammenziehung aus *sît dem mâle daz* (Behaghel 1928, Dt. Syntax 3,245). Durch die Zusammenziehung hat das Wort seine Deutlichkeit verloren (vgl. Ad. Magazin für deutsche Sprache, Ersten Jahrganges, Zweites Stück 1782, S. 64).

ſo welcher = der, welche = die, welches = das
Adelung 4,117: Als ein Wörtchen, welches die Stelle eines relativen Fürwortes vertritt ... Dieses relative *so* hat in den neuern Zeiten viele sehr harte Feinde bekommen, welche es schlechterdings aus der Deutschen Sprache verbannt wissen wollen. Ich sehe indessen keinen Grund dazu, indem es von allen, auch den besten Schriftstellern, unzählige Mahle gebraucht wird ... wenigstens kann man es alsdann nicht entbehren, wenn in einem und eben demselben Satze „das, welcher" mehrmals stehen sollte, da denn dessen öftere Wiederholung einen Übelklang machen würde. Der Brief ist verloren, welchen ich dem Manne mitgab, der gestern mit der Post, so nach Berlin ging, abreiste.
Teller 180f. wünschte: daß kein guter Schriftsteller den Gebrauch der Partikel so für das Beziehungswort welcher, welche, welches sich ferner erlaubte. Denn es ist doch schon eigen einer so kleinen Partikel das Geschäft aufzubürden, außer der Stelle, die ihr angewiesen ist, ein größeres Wort zu vertreten.
Untergangsgrund: semantische Hypertrophie. *so*, das keinen bedeutenden Lautkörper hat und semantisch belastet ist, konnte gegen die Relativpronomen *welcher* „der", *welches* „das", *welche* „die", die mit größerer Lautmasse ausgestattet sind, keinen Widerstand leisten und ist außer Gebrauch gekommen.

ſöhnen versöhnen
Adelung 4,128: welches außer der Zusammensetzung veraltet ist, und nur noch in der dichterischen Schreibart gebraucht wird.
Campe 4,466: (–) besonders in den zusammengesetzten aussöhnen und versöhnen. – Sanders bringt Belege aus Gotter, Schwei-

nichen, Baggesen. – DWb. X, 4,1023 (unter *sühnen*): von Klopstock, Herder und Goethe wird *sühnen, söhnen* neu belebt, und so von Campe in beiden formen *söhnen* und *sühnen* ohne einschränkung verzeichnet. für die verwendung, „versöhnen", „sich versöhnen" ist neben *sühnen versöhnen* üblicher geworden; die maa. kennen das wort im allgemeinen nicht mehr ... in neuerer zeit hat Gotter nur *söhnen.* Klopstock gibt *söhnen* den vorrang.
Untergangsgrund: Verdrängung durch eine Erweiterung. Verdrängen durch die verdeutlichenden Erweiterungen *aus-, versöhnen.*

der Sondersieche der Aussätzige
s. *Miselsucht.*
Untergangsgrund: kulturgeschichtliche Bedingungen. – s. *Miselsucht.*

Sonnenluft
Adelung 4,146: in der Astronomie, der um der Sonne befindliche der Luft ähnliche flüssige Körper.
Soltau 4,1799: ich kenne dieses Wort nicht, und es scheint mir auch nach den Begriffen, die man sich heutiges Tages von der Sonne macht, nicht mehr recht statthaft zu seyn. Denn obgleich ohne Zweifel die Sonne, der Mond, und jeder andere Weltkörper, mehr oder weniger, von einer Masse ihrer eigenen Ausflüsse umgeben werden, so ist es doch nicht wahrscheinlich, daß diese Ausflüsse bey irgend einem derselben unserer Luft ähnlich seyn sollten. Am wenigsten ist wohl dieses bey der Sonne der Fall. Diese scheint vielmehr, statt der Luft, mit einer von ihr ausgehenden Lichtmaterie umgeben zu seyn. – Campe 4,482: in der Sternwissenschaft, ein feiner, flüssiger, die Sonne, wie die Luft, umgebender Körper, welcher freilich nicht eine Luft genannt werden kann, weil nicht zu behaupten ist, daß er von der Art wie die Luft, welche die Erde umgiebt sei. – DWb. X, 1,1666 zitiert Campes Erklärung: ein freier, die sonne wie die luft umgebender körper und bemerkt: nicht gebräuchlich, obwol wir von einer *sonnenatmosphäre* reden.
Untergangsgrund: Das Wort hat wenig Anschauungsgehalt.

sothan so getan
Adelung 4,153: welches im Hochdeutschen unbekannt ist, aber nicht nur in den Oberdeutschen Kanzelleyen, sondern auch im

Niederdeutschen häufig vorkommt. Es bedeutet 1. solch, 2. dergestalt.
Heynatz 2,431 f.: a) sothan und sothanig für dieses, vorher erwähnt, u. d. g. gehört zu den größten Ekelhaftigkeiten des Geschäftsstils einiger Ehrenmänner, ist indessen in Oberdeutschland noch sehr gäng und gebe ... b) ... als ein Nebenwort für so oder auf solche Art ist noch unausstehlicher, als das vorherige. – Campe 4,489: in den Kanzelleien. – DWb. X, I,1817: die belege reichen bis in das 19. jh., doch ist das wort seit beginn der klassischen periode (seit Lessing) im gewöhnlichen gebrauche aufgegeben und findet sich nur in alterthümelnder sprache, in nachahmung des kanzlei- und gerichtsstils oder sonst in besonderer absicht.
Untergangsgrund: Etymologische Undurchsichtigkeit. Durch die Zusammenziehung aus *so gethan* hat das Wort seine Deutlichkeit verloren und ist untergegangen (vgl. Ad. Magazin für deutsche Sprache, Ersten Jahrganges, Zweites Stück 1782, S. 64 ff.).

Span Uneinigkeit, Streit, Zwist
Adelung 4,158: Mißhälligkeit, Uneinigkeit, Streit, eine im Hochdeutschen veraltete Bedeutung, in welcher es ehedem im Oberdeutschen sehr gangbar war, und es in einigen Gegenden noch ist.
Campe 4,493: In manchen O. D. Gegenden noch jetzt Uneinigkeit, Streit, Trennung. – DWb. X, I,1868 bringt Verse aus Keller. – Tr. Wb. 6,419: Es war einst nicht selten, wird aber heute in gewählter Sprache gebraucht.
Das Wort lebt heute in der veralteten Wendung fort: *einen Span wider jemand haben* „einen Anlaß zum Streit mit jemandem haben" (s. Borchardt 1955, S. 454).
Untergangsgrund: etymologische Isolierung. *Span*, mhd. *span* bedeutet ursprünglich „Spannung". „Es ist im Kern dasselbe Wort wie *Spann* und hat sich erst infolge von Bedeutungswandel durch die nhd. Vokaldehnung von spannen getrennt ...". (Tr. Wb. 6,419).

Spannader Nerv, Sehne
Adelung 4,161: ein Nahme der Sehnen oder Nerven des menschlichen oder thierischen Körpers.

Campe 4,499: (–) eine Benennung der Sehnen. – Hyrtl S. 143 f.: als ein relativ junges Wort hat sich die Spannader erhalten ... bis gegen Ende des 18 Jh., wo sie zum letztenmal aufathmete, in J. F. Meckel's: *Von den Spannadern des Gesichts, Berlin 1775.* Sie wurde auch für Sehnen, aber nie für Bänder gebraucht.
Untergangsgrund: Zweideutigkeit.

Spillmage
Von Adelung 4,208 durch einen Stern markiert: einen Verwandten von der Spillseite, d. i. von der weiblichen Seite, zu bezeichnen; von Mag, ein Verwandter, und Spille, die Spindel, ein altes Sinnbild des weiblichen Geschlechtes.
Campe 4,526: (–). – DWb. X, I,2488 bringt einen Beleg aus J. Paul und bemerkt: in neuerer sprache ist das wort eigentlich nicht mehr lebendig, in der zusammenstellung mit *schwertmage* bezeichnet es allgemein „verwandte".
Untergangsgrund: etymologische Isolierung. – s. *Mage.*

Spitzsäule Pyramide, Obelisk
Adelung 4,219: ein erst in den neuern Zeiten gebildetes Wort, die griechische Pyramide dadurch zu übersetzen, wo nur das Wort Sänke nicht recht üblich ist, daher der Nahme einem Prachtkegel oder Obelisk angemessener seyn würde.
Heynatz 2,436 f.: Insofern die Pyramide ein Gebäude ist, hat Campe Spitzgebäude vorgezogen. Aber diese Gebäude liefen ja nicht in eine Spitze zu, sondern waren eben platt. Indessen ist Spitzsäule doch hundertmal besser als Feuersäule. – Campe 4,536: (–). – DWb. X, I,2646: spitze säule, obelisk, pyramide, wol von den sprachreinigern des 17. jh. zur ersetzung der fremden ausdrücke aufgebracht.
Untergangsgrund: mißlungene Verdeutschung. Der Begriffsinhalt ist in der Verdeutschung undeutlich.

Sprachlehrer Grammatiker
Adelung 4,229: eine Person, welche andere in einer Sprache unterrichtet. In engerer Bedeutung ist es der Verfasser einer Sprachlehre oder andern grammatischen Schrift.
König: le grammairien, le maître de langue. – Oertel 4,39: Grammatiker. – DWb. X, I,2767: in älterer zeit für grammatiker ... jetzt von einem, der praktischen sprachunterricht erteilt,

in einer oder mehreren sprachen (berufsmäßig) unterrichtet, wofür früher sprachmeister galt.
Untergangsgrund: Homonymie. Der lautliche Zusammenfall mit dem häufiger gebrauchten *Sprachlehrer* „jd., der eine fremde Sprache lehrt" hat eine störende Homonymie verursacht.

Stachelschrift Satire
Adelung 4,267: ein von einigen für Satyre gebrauchtes Wort, welches aber wenig Beyfall gefunden hat.
Heynatz 2,440: Stachelschrift ist noch wirklich das üblichste. – Campe 4, 574: (–). – DWb. X, II,1,410 verweist auf Heynatz und bemerkt: im 17.–18. jh. nicht gerade selten. Es bringt Belege aus Thomasius (1701), Rabener, J. Paul, Günther.
Untergangsgrund: mißlungene Verdeutschung.

Starkgeisterei
Adelung 4,301: Von einigen aus dem Ausdruck starker Geist gebildetes Wort, diejenige Fertigkeit zu bezeichnen, da man die Lehren der geoffenbarten Religion als Vorurtheile zu bestreiten und zu verwerfen sucht.
Campe 4,596: (*x*) in der engeren Bedeutung soll diese Benennung so wie die eines Starkgeistes kein Lob sein. – Oertel 4,51: eine eingebildete Geistesstärke.
Das Wort scheint – nach Ladendorf – Anfang der siebziger Jahre abgeleitet zu sein. Heute ist das Schlagwort untergegangen.
Untergangsgrund: Schlagwort, dessen Schlagkraft sich rasch abnützte. Über die Lebensdauer der Schlagworte äußert sich Otto Ladendorf (a. a. O. S. IX) folgendermaßen: „Einzelne sind wie Meteore, andere wie Kometen, noch andere lassen sich als eine Art Wandelsterne bezeichnen, deren Glanz erst im Laufe der Zeiten verblaßt oder die sogar bei passender Gelegenheit, manche selbst wiederholt, plötzlich wieder in neuem Licht erstrahlen".

Steife Stärke
Adelung 4,330: so wird die Stärke, womit man die Wäsche zu steifen oder zu stärken pflegt, häufig die Steife genannt.
Campe 4,615: (–). – DWb. X, II,2,1832: diese bedeutung ist im allgemeinen dem nd. eigentümlich.
Untergangsgrund: Homonymie. Der lautliche Zusammenfall mit *Steife* „Steifheit" verursachte eine störende Homonymie. *Stärke* hat das Wort verdrängt.

ſtrack gerade
Adelung 4,414: ein im Hochdeutschen veraltetes und nur noch in den gemeinen Sprecharten übliches Wort, welches gerade bedeutet. Ein stracker Weg.
König: droit. – Oertel 4,70: gerade. – Kaltschmidt: gerade. – DWb. X, III,951 ff.: mundartlich. – Tr. Wb. 5,620: das Adj. strack, mhd. nicht selten, begegnet bis ins 18. Jh. häufig. Goethe gebraucht es gern ... Zwar wird es 1780 von Adelung als „im Hochdeutschen veraltet" bezeichnet, doch tritt es gelegentlich auch in neuerer Zeit auf ... Mundartlich ist es, besonders als Adv., westd. und nordd., noch gebräuchlich.
Untergangsgrund: etymologische Isolierung. Das eigentlich lebendige Glied der ganzen Sippe ist *strecken.* Sonst sind *strack, stracklich, gestrack* untergegangen. *stracks* wird heute oft durch Zusammensetzungen wie *schnurstracks, spornstracks* erläutert. (s. DWb. X, III,601).

Stückgeſtell Lafette
Adelung 4,467: ein Gestell, worauf ein Stück, d. i. eine Kanone lieget, wofür aber das ausländische Lafette üblicher ist.
Heynatz 2,459: es ist aber dafür (für *Lafette*) wegen der Vieldeutigkeit ein besseres zu wünschen. – Campe 4,725: (–). – Oertel 3,3 (unter *Lafette*): Kanonengestell, Stückgestell. – Kaltschmidt: Kanonengestell.
Untergangsgrund: Mißlungene Verdeutschung. Zweideutigkeit der Verdeutschung.

ſtümmeln verstümmeln
Adelung 4,475: Im Hochdeutschen ist es ... dem zusammengesetzten verstümmeln, welches die Verunstaltung näher bezeichnet, am üblichsten.
Campe 4,730: (–). – Kaltschmidt: verstümmeln. – DWb. X, IV, 404: das simplex herrscht im ganzen mhd. und im nhd. bis auf das 18. jh.
Untergangsgrund: Verdrängung durch die verdeutlichende Erweiterung *verstümmeln.* – s. *Fahr.*

Süße Süßigkeit
Adelung 4,507: ein veraltetes Wort für Süßigkeit.
Braun befürwortet das Wort. – Campe 4,756: (–). – Oertel 4,88:

poet. für Süßigkeit. – DWb. X, IV,1327: bei Adelung als veraltet gebucht, gewinnt aber im 19. jh. besonders jedoch in moderner dichtung wieder an boden.
Untergangsgrund: Homonymie. – s. *e*-Abstrakta.

T

Tagesatzung
Adelung 3,525 markiert das Wort durch einen Stern: ein zu einem feyerlichen Geschäfte besonders zu einer öffentlichen Versammlung bestimmter Tag ... diese Versammlung selbst. Es kommt ... in der Schweiz vor.
König: le jour assigné pour l'assemblée des Etats, des deputés etc. – Campe 4,766: in der Schweiz, ein zu einer feierlichen Verrichtung, Verhandlung ... bestimmter Tag. – Oertel 4,91 verzeichnet das Wort im Sinne Adelungs. – DWb. XI, I,84: die eidgenössische tagsatzung (bis 1848 bestehend).
Das Wort lebt heute in der Schweiz fort als „Tagung der Ständevertreter" und in Österreich bedeutet es in der Amtssprache „behördlich bestimmter Termin, Gerichtstermin" (s. J. Ebner).
Untergangsgrund: kulturgeschichtliche Bedingungen. Das Wort ist in unserem Zeitalter mit der Sache untergegangen.

Tagewähler
Adelung 4,523: derjenige, welcher aus Aberglauben gewissen Tagen vor andern einen Vorzug zuschreibt ... Daher die Tagewählerei, die Einbildung größerer Vorzüge gewisser Tage.
König: l'homme superstitieux dans le choix des jours. – Campe 4,767 (–) bringt einen Beleg aus Herder. – Oertel 4,91 (unter *Tagewählerei*): das abergläubische Wählen gewisser Tage zu gewissen Verrichtungen.
Untergangsgrund: kulturgeschichtliche Bedingungen. Untergang des Wortes mit dem Untergang des alten Glaubens.

Tändelwoche Flitterwoche
Adelung 4,529 bringt es für *Flitterwochen.*
Das Wort fehlt bei Braun, König, und im DWb. – Campe 4,772:

(–) die ersten Wochen nach der Hochzeit, in welchen die jungen Eheleute noch mit einander tändeln. – Oertel 4,92: Flitterwoche. – Langen, Dt. Wortg. II, S. 31: Während Susanne von Klettenberg in ihren Aufsätzen die *Tändelei in der Freundschaft* als eine moralisch unerlaubte Wollust verwarf, sahen die Anakreontiker darin einen erotisch-spielerischen Reiz. Gerstenberg und Claudius nennen ihre lyrischen Sammlungen Tändeleien.

Das Wort scheint eine willkürliche Zusammensetzung des 18. Jh. zu sein.

Untergangsgrund: Zweideutigkeit. Da die Bedeutung des Wortes *Tändelei* zwischen dem anständigen und dem unanständigen Sinn schwankte, vermied man das zweideutige Wort in den Zusammensetzungen und entschied sich unbewußt für ein eindeutigeres Wort. *Flitterwoche* mußte es verdrängen, denn darin steckte ein sinnlich-anschaulicheres Bild. Adelung schreibt in seinem Wörterbuch 2,214 (unter *Flitterwoche*): „Es ist noch Flitterwoche, entweder, weil die jungen Weiber in der ersten Woche nach der Hochzeit noch die hochzeitliche Flitterhaube trugen, oder auch von einer noch in Nürnberg üblichen Gewohnheit, da man bey einer Hochzeit vor das Brauthaus Flittern zu streuen pflegt".

täuben betäuben

Adelung 4,539: taub machen, in welchem Verstande es so wohl eigentlich als figürlich nur in dem zusammen gesetzten betäuben üblich ist.

Heynatz 2,466: (schreibt *tauben*) ist mir in Mochels Urne von Schmohl S. 183 vorgekommen: Dagegen taubte Basedow die Ohren. Wenn es noch täubte hieße. Sonst sagt man dagegen verschloß seine Ohren. – Campe 4,781: (–). – Das Wort fehlt bei König, Oertel. – DWb. XI, I,1,169 f. bringt vereinzelte Verse aus Klopstock, Uhland, Rückert, Voß.

Untergangsgrund: Das Wort ist durch die verdeutlichende Erweiterung verdrängt. s. *ringern.*

Terminey

Adelung 4,556 versieht es mit einem Stern: Gebieth, Bezirk ... welches nur noch bey den Bettelmönchen, besonders Oberdeutschlandes, üblich ist, wo es eigentlich den Bezirk bedeutet, in welchem ein Bettelkloster zum Unterhalte seiner Ordensglieder

Almosen einsammeln darf... Daher terminiren, in der Terminey Almosen sammeln, und hernach auch betteln überhaupt, der Terminirer... wandernder Bettler.
Campe (Verdeutschungswb.): 1. der Amtskreis, oft auch nur der Bettelkreis eines Mönches, d. i. derjenige Bezirk worin er zu betteln und andere Amtsgeschäfte zu verrichten hat, 2. das Betteln selbst. – DWb. XI, I, 1,260 bringt einen Beleg aus Goethes Götz.
Untergangsgrund: kulturgeschichtliche Bedingungen. Untergang des Wortes mit dem Untergang der Sache.

Theiding Theidung
Adelung 4,571 markiert es durch einen Stern: 1. eine Frist, ein Termin, Gerichtstag, 2. ein Vergleich, er sey nun gerichtlich oder außergerichtlich, 3. Geschwätz.
Campe 4,804 versieht das Wort mit einem Stern. – DWb. XI, I, 1,234 verzeichnet folgende Nebenformen: *Teiding, Teding, Taiding, Täding, Theding, Teidung, Tädung, Tedung* und bringt einen Beleg aus Voß und Verse aus Stolberg.
Untergangsgrund: Bedeutungsverengung. Ahd. *tagading* war die auf einen bestimmten Tag anberaumte Volksversammlung. Dann wurde der Ausdruck ausgedehnt auf „jede beratende Versammlung". Später sank die Bedeutung zu „unnützes Gerede" ab (s. Tr. Wb. 7,39). Heute lebt das Wort in dieser letzten Bedeutung versteinert in „*Narrenteiding*" fort.

Theuere Teuerung
Adelung 4,579: im Hochdeutschen veraltet... im Oberdeutschen gebraucht man es für ... Theuerung.
Heynatz 2,469: Theure für die Theurung ist Oberdeutsch. – Tr. Wb. 7,46: schriftsprachlich bis über die Mitte des 19. Jh.
Untergangsgrund: Homonymie. – s. *e*-Abstrakta.

Tollhaus Heilanstalt
Adelung 4,622 verzeichnet es für das heutige *Heilanstalt*.
Bei Braun gebucht. – Campe 4,844: (–). – Oertel 4,11: Irrenhaus. – DWb. XI, I, 1,641 bringt mehrere Belege aus dem 18. 19. Jh.
Untergangsgrund: Euphemismus. Aus euphemistischen Gründen sind *Heilanstalt* oder schlichtweg *Anstalt* an seine Stelle getreten (vgl. Scheffler, a. a. O. S. 124).

träglich erträglich
Adelung 4,643: ein im Hochdeutschen veraltetes Wort für erträglich.
Campe 4,858: (*x*) Es ist träglich. – DWb. XI, I, 1,1150: in der literarischen sprache lebt das wort bis ins 17. jh. ... mundartlich bis heute nd. bezeugt.
Untergangsgrund: Die verdeutlichende Erweiterung hat das Wort verdrängt. s. *Fahr.*

Trau Trauung
Adelung 4,649: im gemeinen Leben für Trauung.
Braun: besser Trauung. – Campe 4,861: (–) die Trauung. – DWb. XI, I, 1,1284: heute in der niederen umgangssprache und den maa. Nieder- und z. t. Mitteldeutschlands.
Untergangsgrund: Verdrängung durch die verlängerte Lautform.

Trockene Trockenheit
Adelung 4,687: ein im Hochdeutschen selten gebräuchliches Abstraktum ... für Trockenheit.
Braun verzeichnet nur *Trockenheit.* – Heynatz 2,479: heißt besser Trockenheit. Einige gebrauchen Trockniß, welches Wort Adelung nicht erwähnt. – Campe 4,888: (–). – DWb. XI, I, 2,261: seit dem anfang d. 18. jhs. wird *trockne* schriftsprachlich allmählich durch *trockenheit* (s. d.), das schon für Steinbach (1734) 2,860 als gebräuchlicher gilt, abgelöst, findet sich aber noch häufiger bei Göthe. – Tr. Wb. 7,129: älter (als *Trockenheit*) und noch in der klass. Zeit gebräuchlich.
Untergangsgrund: Homonymie. – s. *e*-Abstrakta.

Trügerei Betrügerei
Adelung 4,680: ein für Betriegerey und Betrug im Hochdeutschen veraltetes Wort, welches noch zuweilen von den Dichtern gebraucht wird.
Braun verzeichnet *Trug* und bemerkt dazu: ist schon veraltet: man sagt besser Betrug dafür. – Heynatz 2,480 f.: kömmt nicht allein bei Luther, sondern steht auch am Ende des Liedes: Ach Herr Gott wir loben dich: Beschütz vor Türken, Tiranei, vor Pabsts Mord und Trügerei. Die jetzigen Schriftsteller sagen entweder Trug oder Betrug oder Betrügerei. – Campe 4,900: (–) der Betrug. – DWb. XI, I, 2,1280: nhd. *trügerei* hat seine blüthe im

16. und 17. jh. Luther und die ihm folgende polemik verwendet es häufig ... späterhin wird das wort durch *betrügerei, betrug* abgelöst. lexikographisch wird es später, aber länger und häufiger gebucht als *trüger*.
Untergangsgrund: Das Wort ist hauptsächlich durch die Erweiterung *Betrügerei* vertreten. *Trug* ist heute auf die gewählte Sprache beschränkt.

Trümmer Singular von Trümmer
Adelung 4,709: Verschiedene Schriftsteller, denen der wahre Nominativ dieses Wortes nicht bekannt war, glaubten, er hieße der Trümmer, und machten daher den Plural auch Trümmern. Beydes ist unrichtig und wider allen Sprachgebrauch.
Campe 4,901: ob es aber eben so tadelhaft und verwerflich sei die Trümmer, Mz. Trümmern zu sagen, wie mehrere gute Schriftsteller gethan haben, mögen Andere entscheiden. – Oertel 4,129: Aus Unkenntniß des Sing. Trumm, Plur. Trümmern, gemacht, bes. Klopstock, Kosegarten, Seume, Voß. – DWb. XI, I, 2,1337 bringt u. a. Belege aus Stifter, A. v. Droste-Hülshoff, Mommsen, Platen, Gutzkow, Vischer. – Tr. Wb. VII,150 führt Belege aus Klopstock (1780), Voß (1785), Freiligrath (1840), C. F. Meyer, Goethe (1808) an.
Untergangsgrund: Homonymie. Die seit der Mitte des 18. Jh. versuchte Bildung von *Trümmer* als Sing. zum Pl. *Trümmer* ist mißlungen, weil die zwei Wörter lautlich zusammenfielen, was eine störende Homonymie verursachte. Deshalb mußte das neue Wort, das keine allgemeine Geltung genoß, vor dem altbewährten Wort untergehen.

Tünch Tünche
Adelung 4,721: in einigen oberdeutschen Gegenden ist er männlichen Geschlechts, der Tünch.
Campe 4,910: im O. D. ... der Tünch. – DWb. XI, I, 2,1772: im 19. jh. ... tritt *tünch* (m.) völlig gegenüber *tünche* (f.), zurück. Diese apokopierte Nebenform gebraucht auch Goethe (s. P. Fischer, Goethe-Wortschatz, S. 638).
Untergangsgrund: Tünch ist eine jüngere apokopierte Nebenform von *Tünche* (s. P./B. Wb.). Heute hat die Hauptform die Nebenform verdrängt.

U

überjahrt hochbejahrt

Bei Adelung 4,758 mit einem Stern versehen: mehr als die gewöhnliche Anzahl Jahre alt; ein im Hochdeutschen unbekanntes Wort.

Heynatz 2,491 empfiehlt sein Wiederbeleben, „weil es das Französische suranné genau ausdrückt". – Campe 5,24: (–). DWb. XII, II,330 bringt Belege aus Sonnenfels und Herder.

Untergangsgrund: Euphemismus. Als Altersbezeichnung war *überjahrt* wahrscheinlich kein schönes Wort. *über-* drückt hier „ein Überschreiten des normalen Maßes" aus. Vielleicht erinnerte dieses Überschreiten an den Tod. DWb. XII, II,330: „was aber alt und *überjaret* ist, das ist nahe bey seinem ende". Das Adjektiv mit dem ornativen *be*-Präfix *bejahrt* drückt dieses Überschreiten nicht aus. Auch die Steigerung *hochbejahrt* ist ein ‚anständiges Wort'. Beide Ausdrücke sind milder als das alte *überjahrt.* Das Wort ist wahrscheinlich aus euphemistischen Gründen untergegangen. *Hochbejahrt* ist heute an seine Stelle getreten.

überley

Adelung 4,763: nur in den gemeinen und niedrigen Sprecharten für übrig.

Heynatz 2,492 (s. *überläng*): man sagt hin und wieder nicht allein, es ist etwas überlei geblieben, sondern auch er hat Geld überlei, d. i. entweder im Überfluß oder von den gemachten Ausgaben übrig, oder so viel daß er davon entbehren kann, so daß dieser Ausdruck also dreideutig ist, welches aber bei übrig ebenfalls statt findet... Campe 5,30: (*x*) ehemahls gebrauchte man dafür auch überläng. – DWb. XI, II,391: ist seit dem 15. jh. literarisch bezeugt und von den wbb. als synonym von *übrig* bis ins 19. jh. gebucht, heute veraltend.

übermachen übertreiben

Adelung 4,764: übertreiben; eine im Hochdeutschen veraltete Bedeutung.

Braun: er hat den Brief übermacht. – Heynatz 2,492 f.: für übertreiben hat Luther Jer. 8, 36, Sir. 16, 10. Sie habe es mit ihren Sünden übermacht, heißt es in der letzten Stelle. In einigen Ge-

genden gebraucht man doch das Mittelwort übermacht für übertrieben. Die übermachte Tollheit dieses Stadtregenten. – Campe 5,31 versieht es mit zwei Sternen. – DWb. XI, II,401: im 16. und 17. jh. allgemein unter einfluß der bibelsprache Luthers noch von wbb. des 18. jh. gebucht ... Gottsched aber lehnt bereits den ausdruck *übermachte sünden* als ‚nicht gut' ab: besser könnte man sagen *überhandnehmende* oder *übermäßige sünden*, denn was heißt *übermachen*? entweder übertünschen oder überkleiden oder gar nichts (1758).
Untergangsgrund: Zweideutigkeit wegen der Vieldeutigkeit des Grundwortes. – s. Gottscheds Anmerkung oben.

übermeistern meistern
Bei Adelung 4,765 ohne Vorzeichen: durch überlegene Macht, ... überlegene Fähigkeit überwinden.
Campe 5,32: (–). – DWb. XI, II,416 bringt u. a. Belege aus J. Möser, Goethe. – P./B. kennzeichnet es als vlt. mit einem Kreuz und bringt folgenden Beleg aus Goethe: als die Müdigkeit sie übermeisterte.
Untergangsgrund: Sprachökonomie. Das Wort ist durch die kürzere Lautform verdrängt worden.

übermögen übertreffen
Adelung 4,765: durch überlegenes Vermögen überwinden; ein im Hochdeutschen seltenes Wort ... Sprichw. Wer den andern übermag, der steckt ihn in den Sack. – Campe 5,32: (*x*). – Kaltschmidt: hinüber können, gern hinüber wollen. – DWb. XI, II,423: von obd. und nd. wbb. des 15. jh. bis zur gegenwart gebucht ... Teller (1794) sagt ausdrücklich, daß es veraltet sei ... belege aus dem 19. jh. vereinzelt. – P./B. kennzeichnet es als vlt. mit einem Kreuz und bringt Belege aus dem 18. 19. Jh. (Wieland, C. F. Meyer).
Heute ist das Wort ausgestorben.
Untergangsgrund: semantische Verschiebung. Das Wort ist untergegangen, weil das zweite Kompositionsglied in der Bedeutung von „vermögen, können" untergegangen ist.

übersommern
Adelung 4,777: den Sommer über erhalten, wie überwintern, ob es gleich nicht so gewöhnlich ist. Die Schweizer pflegen ihr Vieh auf den Alpen zu übersommern.

König: passer l'été, demeurer pendant l'été dans un endroit. Campe 5,47: (–). – DWb. XI, II,560 bringt Belege aus Platen, Hilpert, J. Paul, Hebel.

übrigen erübrigen
Adelung 4,788: übrigbehalten, wo es doch nur in dem zusammen gesetzten erübrigen üblich ist.
Braun: kommt selten vor. – Campe 5,61: (–). – DWb. XI, II,705 f.: im 18. jh. veraltend, ... mit antiquierender tendenz noch bei Scheffel: es übrigt noch, euch des klosters bücherei zu zeigen (1907).
Untergangsgrund: Verdrängung durch eine verdeutlichende Erweiterung. s. *ringern.*

Uchse Achselhöhle
Adelung 4,788 kennzeichnet es als veraltet durch einen Stern: ein im Hochdeutschen fremdes, nur im Oberdeutschen gangbares Wort.
Campe 5,61: (landschaftlich) die Höhle unter dem Arme. – DWb. XI, II,714: aus der schriftsprache seit dem 17. jh. geschwunden, aber von wbb. bis ins 18. jh. gebucht.
Untergangsgrund: Isolierung einer abgelauteten Form. *Uchse,* ahd. *uochasa, uochisa,* mhd. *uohse* ist eine abgelautete Form aus *ahs(a)la,* mhd. *ahsel. Uchse* hat sich nicht weiterentwickelt und blieb isoliert. Seit dem 17. Jh. ist es deswegen aus dem allgemeinen Schriftdeutschen verschwunden. Heute hat *Achsel,* das in vielen Zusammensetzungen fortlebt wie z. B. *Achselband, -drüse, höhle, -klappen, -schweiß, -stücke, -träger, -zucken* u. a. fortlebt, die abgeleitete Lautform völlig verdrängt.

der Umschattige Polarkreisbewohner
Das Wort wird von Adelung 4,813 für *Periscii* verzeichnet.
Es ist nach Heynatz 2,504 ein wenig ungeschickt gebildet, „daher andere Kreisschattige dafür sagen, welches zwar bei der ersten Bekanntschaft nicht gleich verständlich, aber doch sonst in Ansehung der Bildung ohne Tadel ist". – Campe 5,96: (–). – DWb. XI, II,1059 zitiert unter *umschattig* aus Wolffs Vollständ. mathem. Lexikon (1747).
Untergangsgrund: Das Wort ist wegen seiner begrifflichen Undeutlichkeit untergegangen.

umzechig der Reihe nach, abwechselnd
Adelung 4,825: ein im Hochdeutschen völlig unbekanntes Wort. Sie wissen wohl, ihre Herrschaft über mich ist umzechig. Less. Heynatz 2,508: edler sagt man dafür umwechselnd. Die Stelle aus Lessing: Sie wissen wohl, ihre Herrschaft über mich ist umzechig, wird von Adelung unrichtig erklärt: Mehrere Personen üben ihre Herrschaft über mich nach der Reihe herum aus; denn daselbst (Freigeist Aufz. 2, Auftr. 1.) ist nur von zwei Mamsellen die Rede. Also: Was zwischen zwei oder mehr Personen umwechselnd oder herumgeht, heißt umzechig. – Campe 5,115: (–). – DWb. XI, II,1287 bringt u. a. Belege aus Lessing, Zinzendorf (1728), Fr. L. Jahn, Holthei.

un- Bildungen
Das *un*-Präfix ist unter allen Präfixen und Suffixen das lebensfähigste „von der Urzeit bis auf den heutigen Tag" (s. Tr. Wb. 7,257). Täglich werden neue Wörter mit dem Präfix *un*- erzeugt. Täglich geraten andere in Vergessenheit. K. Euling (DWb. XI, III,8) hat recht, wenn er schreibt: „der lebendige sprachgebrauch schafft unablässig neues, modelt das alte, bildet neue verwendungen heraus, die wieder zu neuen oder theilweise neuen wortindividuen führen". Man könnte diese Erscheinung folgendermaßen erklären: *leicht zusammengefügte Bildungen gehen leicht auseinander* (vgl. die *be*-Präfixe).
Nach dem Typus *ádèva* „Nichtgott", – im altindischen wird der Vater zum Nichtvater, der Bruder zum Nichtbruder – der einen okkasionellen und individuellen Charakter hat, sind viele Wörter untergegangen, z. B. *Undienst, Unehe, Unfreund, Unfreundschaft*, u. a. m. Einige *un*-Bildungen leben heute nicht mehr, weil die positive Form untergegangen ist, oder weil diese Form wegen semantischer Verschiebung die alten Vorstellungen nicht mehr hervorrufen können, z. B. *Ungeschmack, Ungemach, Undauung, unbelieben, Unbelieben, unerleidlich.*
Auch viele verbale Zusammensetzungen mit *unabge-*, *unange-*, *unausge-*, sind untergegangen, weil sie im allgemeinen Gelegenheitsbildungen „ohne beglaubigung längeren lebens" sind (s. DWb. XI, III,17). Einige positive Adjektive wie *aussprechlich, verbesserlich, vergleichlich, verzüglich* sind Rückbildungen aus den negierten Formen. Sie sind wieder untergegangen.

Unbau

Adelung 4,831: der Mangel des Baues, ein nur in einigen Gegenden übliches Wort. Ein Feld in Unbau kommen lassen, es verwildern lassen.

Heynatz 2,511 zitiert Adelung. – Campe 5,125: (–). – Oertel 4,139: Mangel an Anbau. – DWb. XI, III,250: veraltet und mundartlich, obwohl noch im 19. jh. verzeichnet.

Untergangsgrund: Von der Wortbedeutung aus kann *Umbau* zwei Bedeutungen haben: 1. eine negative „schlechter Bau", 2. eine improvative Bedeutung „Mangel an Bau". (vgl. DWb. XI, III,25). Wegen dieser Zweideutigkeit hat man das Wort vermieden. Das Wort ist daher untergegangen.

Unbelieben Unzufriedenheit

Adelung 4,833: der Gegensatz von Belieben, Mißbelieben ... Unbelieben an etwas empfinden.

Heynatz 2,513: nicht besser (als *unbeliebig*) ist das Unbelieben oder Mißbelieben an einer Sache, wofür man besser sagt die Unzufriedenheit mit derselben. – Campe 5,129: (–). – DWb. XI, III,312 bringt Verse aus Rückert.

Untergangsgrund: Semantische Verschiebung der positiven Form. Der substantivierte Infinitiv *Belieben* stammt aus dem veralteten tr. Verb. *belieben* „gefallen": Belieben an etwas finden, oder haben (Ad. Wb. 1,276). Diese Bedeutung hat sich noch in „etwas ganz nach Belieben tun" erhalten. Allgemein hat es heute die Bedeutung „einer willkürlichen Entscheidung" angenommen (vgl. Tr. Wb. 1,276). Diese Bedeutungsverschiebung wirkte störend auf die Zusammensetzung *Unbelieben*. Das Wort mußte deshalb untergehen.

unbeliebig

Adelung 4,833: nicht beliebig ... Ein unbeliebiges Verfahren, welches uns Unb'elieben verursacht.

König: plus usité, mißfällig. – Heynatz 2,513: ist kein sehr vorzügliches Wort. Was uns beliebig ist, beruht auf unserer eigenen Willkür; besser unlieb. – Campe 5,129: (–). – DWb. XI, III,312 bringt Belege aus Goethe, J. v. Müller, Hegner, Gotthelf (1894) und bemerkt: obwohl von Adelung und Campe und den von ihnen abhängigen wörterbüchern bis tief ins 19. jh. hinein empfohlen, doch infolge der neueren abgeblaßten bedeutung von *beliebig* veraltet und mundartlich geblieben.

Untergangsgrund: Semantisches Verblassen der positiven Form. Infolge der abgeblaßten Bedeutung von *beliebig* ist die Negation *unbeliebig* untergegangen.

Undauung

Bei Adelung 4,841 durch einen Stern markiert: ein in der anständigen Sprechart veraltetes Wort, den Mangel der Verdauung, die Schwäche des Magens, da er die Speisen nicht gehörig verdauen kann, zu bezeichnen, welche von der Unverdaulichkeit noch verschieden ist.

Heynatz 2,515: die Undauung für Mangel der Verdauung „ist in der anständigen Sprechart veraltet"; Adelung. Wenn es nur jemals in der anständigen Sprechart gewöhnlich gewesen ist! – Campe 5,137: (–). – DWb. XI, III,433: noch bei Adelung und Campe.

Untergangsgrund: Untergang der positiven Form. Mit dem Untergang des Grundwortes *dauen* sind die Ableitungen und Zusammensetzungen *Dauung, Undauung, Dauungskraft, Dauungssaft* u. a. m. untergegangen.

Undienst

Bei Adelung 4,841 mit einem Stern versehen: ein nur im Oberdeutschen gangbares Wort, als der Gegensatz von Dienst, nützliche Handlung, da denn Undienst eine einem andern nachtheilige oder unangenehme Handlung bezeichnet. Jemanden einen Undienst thun.

Campe 5,138: (–). – DWb. XI, III,439 bringt folgenden Beleg aus Lessing: wenn meine bemühungen ... durch die nehmlichen undienste scheitern könnten.

Untergangsgrund: s. *un*-Präfix.

Unehe

Adelung 4,842: ein im Hochdeutschen veraltetes Wort für Concubinat ... Da wir für das fremde Concubinat kein völlig gangbares Deutsches Wort haben, indem Kebsehe gleichfalls veraltet ist, so sollte man dieses gute Wort in Umlauf zu bringen suchen.

Heynatz 2,516: freilich könnte Unehe auch wohl eine sogenannte jungfräuliche Ehe bedeuten. Er starb 74 Jahre alt, nachdem er 40 Jahre lang mit seiner Frau in einer vollkommenen Unehe gelebt hatte. – Campe 5,139: (–). 1. Concubinat. 2. eine Ehe ohne

Ausübung der ehelichen Rechte. – Oertel 4,141: 1. unechte Ehe, Konkubinat, 2. unausgeübte Ehe. – DWb. XI, III,449: lebensfähig scheint *unehe* nur noch, wenn es andeuten soll, daß die sittliche idee der (vollen) ehe verleugnet wird ... diese versittlichung des ehebegriffs hindert den öfter vorgeschlagenen ersatz des fremdworts *concubinat* durch *unehe*.
Untergangsgrund: s. *un*-Präfix.

unerleidlich unleidlich
Adelung 4,845: unverträglich; unverleidliche Schmerzen.
Das Wort fehlt bei Braun, König, Oertel, Kaltschmidt. – Campe 5,145: (–). – DWb. XI, III,495 bringt einen Beleg aus Holthei und bemerkt: obwohl noch von Adelung und Campe verzeichnet, heute durch unleidlich verdrängt.
Untergangsgrund: Untergang der positiven Form. Adelung (1,1916) verzeichnet *erleidlich* für etwas, „was man erleiden kann. Der Schmerz ist ganz erleidlich. Eine erleidliche Kälte". Heute ist dieses Wort so wie das davon abgeleitete *unerleidlich* untergegangen.

Unfreund
Adelung 4,848: der Gegensatz von Freund, als ein glimpflicher Ausdruck für das härtere Feind. Es ist im allgemeinen Leben, und zwar im Plural am häufigsten üblich.
Campe 5,149: (–). – Oertel 4,142: ein unfreundlicher Mensch, ohne deswegen ein Feind zu sein, die Vorstufe von Feind. – DWb. XI, III,583: in der neueren schriftsprache seltener geworden.
Untergangsgrund: s. *un*-Präfix.

Unfreundschaft
Adelung 4,849: ein im gemeinen Leben üblicher glimpflicher Ausdruck für das härtere Feindschaft.
Campe 5,150: (–). – Das Wort fehlt bei Braun, Oertel, Kaltschmidt, Flügel, Thibaut, Muret-Sanders, Sachs-Villatte, Du. 1, 9, 15, 16.
Untergangsgrund: s. *un*-Präfix.

ung- Bildungen
In ihrem Kampf mit kürzeren Formen haben einige Wörter das *ung*-Suffix verloren, z.B. *Beweisung* „Beweis", *Einführung* „Ein-

fuhr", *Ausführung* „Ausfuhr", *Fortschreitung* „Fortschritt". Andere *-ung*-Bildungen wurden durch den substantivierten Infinitiv verdrängt, z.B. *Aufmerkung „Aufmerken"; Beneidung „Beneiden"; Nachstrebung „Nachstreben"; Urteilung „Urteilen"; Wegnehmung „Wegnehmen"; Bedauerung „Bedauern"*.

Schon im 17. Jh. wimmelte die deutsche Sprache, besonders in wissenschaftlichen Werken von *-ung*-Bildungen (vgl. P. Piur a. a. O. S. 107). Diese starke strömende Fülle nahm gegen Ende des 18. Jh. einigermaßen ab. So sind bei Adelung *Heuchelung* ungewöhnlich, *Urteilen* gewöhnlicher als *Urteilung*, *Genuß* üblicher als *Genießung*, *Bedauerung* nicht mehr gewöhnlich. Heute besteht in einigen Fällen diese Neigung zu kürzeren Bildungen weiter (H. Moser Dt. Wortgeschichte, II,475). Die 16. Duden-Auflage verzeichnet folgende Wörter nicht mehr: *Beklotzung, Entheimung, Entstädterung, Entsündigung*. Im Literaturblatt für germanische und romanische Philologie 1933, 216 zeigt Behaghel, daß die Abneigung gegen die Ableitungen auf *-ung* zum Teil eine Gegenwirkung auf ihren überhäufigen Gebrauch sei.

In vielen anderen Fällen aber weist die allgemeine Schriftsprache der Gegenwart *-ung*-Verlängerungen auf (vgl. Henzen, Wortbild S. 115, R. Kurth in: PBB 78, 1956, S. 307). H. Seidler a. a. O. S. 44) schreibt: „Die sprachliche Entwicklung weist zwar Kennzeichen auf: zunächst eine zunehmende Komplikation alles sprachlichen Geschehens, aller ihrer Aufgaben, Leistungen und Formen ... dann aber einen Drang nach Vereinfachung, um im täglichen Verkehr rasche und wirkungsvolle Reaktionen reibungslos zu ermöglichen". Henzen (a. a. O.) stellt fest, daß die Hauptmasse der *-ung*-Bildungen Ableitungen aus zusammengesetzten Verben sind.

Ungeberde Grimasse

Adelung 4,852: ein im Hochdeutschen selten gewordenes Wort, eine widerwärtige, unanständige, üble, lassende Geberde zu bezeichnen.

Campe 5,151: (–). – DWb. XI,III, 620: von Heynatz als etwas veraltet bezeichnet, doch empfohlen. trotzdem heute nur noch in *ungeberdig* recht lebendig, sonst im wesentlichen veraltet, wenn auch der wiederbelebung nicht fähig.

Untergangsgrund: Die improbative Bedeutung, die das Unanständige im Wort ausdrücken soll, war dem Sprechenden nicht deutlich genug (vgl. Unweg, Unbau). Durch Mangel an Deutlichkeit mußte das Wort untergehen. Das Fremdwort *Grimasse* ist heute an seine Stelle getreten.

ungemach beschwerlich
Adelung 4,859 markiert es durch einen Stern: ein im Hochdeutschen völlig veraltetes Wort, als der Gegensatz von gemach.
Heynatz 2,521: veraltet, und heißt jetzt ungemächlich, Ungemach verursachend. – Campe 5,157: (–). – DWb. XI, III,758: es handelt sich im nhd. nur um dürftige reste einer reichen alten entwicklung.
Untergangsgrund: Untergang der positiven Form. In der Bedeutung von „bequem", „mit wenig Beschwerde oder Reizungen zu unangenehmen Empfindungen verbunden" (Ad. Wb. 2,543) ist *gemach* untergegangen. Heute wird es nur als altertümelndes Adverb für „allmählich" gebraucht (s. Wb. d. Ggw.).

ungeschmack geschmacklos
Adelung 4,863: sowohl keinen Geschmack, als auch keinen angenehmen Geschmack habend, da es denn etwas weniger sagt, als abgeschmackt ... Ungeschmacktes Bier. Was ungesalzen ist, ist ungeschmackt.
Heynatz 2,251: muß heißen geschmacklos. – Campe 5,162: landschaftlich. – DWb. XI, III,854 zitiert Krünitz (1848): das wort u. hat etwas ungelenkiges und möchte daher wohl nicht in die jetzige hd. spr. zurückkehren.
Untergangsgrund: Untergang der positiven Form. Mit dem Untergang des Grundwortes *schmack* „schmackhaft" ist die negierte Form untergegangen.

Ungüte Unfreundlichkeit, Härte, Bosheit, Schlechtigkeit, Grausamkeit
Adelung 4,871: thätige Abwesenheit der Güte, oder guten Gesinnung gegen jemanden, ein im Hochdeutschen ... ungewöhnliches Wort, welches nur noch von einigen für das vorige ungut in der R. A. gebraucht wird, etwas in Ungüte vermerken, es übel nehmen.
Campe 5,170: (–). – DWb. XI, III,1043: mangel an güte, un-

freundlichkeit, härte, bosheit, schlechtigkeit, grausamkeit... schriftsprachlich kaum mehr üblich.
Untergangsgrund: Euphemismus. Das Wort scheint ein Euphemismus für die härteren Synonyma „Unfreundlichkeit, Härte, Bosheit, Schlechtigkeit, Grausamkeit" zu sein. Im Laufe der Zeit hat es sich abgenützt und den verhüllenden Charakter verloren (s. Euphemismus).

unmeidlich unvermeidlich
Adelung 4,877: ein im Hochdeutschen veraltetes Wort für unvermeidlich.
Heynatz 2,525: muß heißen unvermeidlich. – Campe 5,176: (–). – DWb. XI, III,1172: für heute gewöhnliches *unvermeidlich*... von Adelung und Heynatz als veraltet abgelehnt.
Untergangsgrund: Untergang der positiven Form.

Unterstrich Komma, Beistrich
Adelung 4,928: bei einigen ein Nahme des Comma.
Campe 5,217: (–). – DWb. XI, III,1844: unüblich.
Man hat heute für *Komma* die Verdeutschung „Beistrich" (vgl. Verdeutschungsbücher des ADS. VII, S. 36).
Untergangsgrund: mißlungene Verdeutschung. s. *Gebefall.*

Unweg Irrweg
Adelung 4,948: ein ungebahnter Weg... ein falscher Weg, ein Irrweg.
Campe 5,237: (–). – Oertel 4,149: schlechter, ungebahnter Weg. – DWb. XI, III,2171 ff.: schon Eberhard bemerkt synonymik (1793), 231, daß *u.* beinahe außer gebrauch gekommen zu sein scheine, es jedoch gewiss verdiene, beibehalten zu werden... neuere wbb. wie Sachs-Villatte führen es als selten auf, wissenschaftliche prosa verschmäht es nicht.
Untergangsgrund: Der Übergang der negativen in die improbative Bedeutung, der den Eindruck des Unerwünschten ausdrückt (vgl. DWb. XI, III,25; O. Behaghel, Die dt. Sprache 1927, 137) ruft irreführende Assoziationen hervor. Andere Konkurrenzwörter wie *Irrweg, falscher Weg* u. a. haben das Wort verdrängt.

Urgicht Bekenntnis eines Missetäters

Adelung 4,961: ein altes nur noch in den Rechten mancher Gegenden übliches Wort, das Bekenntnis eines Missethäters, besonders dessen Bekenntnis auf der Folter zu bezeichnen.

Braun: die Bekenntniß eines Missethäters... Urgicht ist ebenfalls ein altes, nur in den Rechten übliches Wort, gichten hieß bekennen: also Urgicht das große oder Hauptbekenntniß. – Campe 5,246: (–) wahrscheinlich für Vergicht, Bekenntniß überhaupt, von gichten, bekennen und nach dem alten Gebrauch V für U zu setzen, wo man aus Vergicht leicht Urgicht machen konnte. – Oertel 4,154: Bekenntnis eines Missethäters, vom alten „gichten" bekennen. – DWb. XI, III,2425 bringt einen Beleg aus Schubart (1789).

Untergangsgrund: etymologische Isolierung. Das Wort ist eine Ableitung aus dem ausgestorbenen *gichten* „bekennen". *Urgicht* ist gleichfalls untergegangen.

urkunden beurkunden

Adelung 4,964: bezeugen, ein nur noch in den schriftlichen öffentlichen Verhandlungen, z. B. in Verträgen aller Art, Notariats-Instrumenten, u. s. f. übliches Wort, welche sich gemeiniglich mit den Worten anzufangen pflegen: wir – urkunden und bekennen u. s. f., wo es weiter nichts als bezeugen bedeutet, außer diesem Falle aber im Hochdeutschen völlig veraltet ist.

Heynatz 2,543: ein nur bei den Geschäftsmännern noch übliches Zeitwort, für bezeugen. Wir urkunden und bezeugen hiermit. – Campe 5,248: (–). – DWb. XI, III,2462 ff.: Adelung, Heynatz und Campe bezeichnen das w. mit ausnahme der geschäftssprachlichen wendungen als völlig veraltet, doch ist es noch immer belegbar, wenn auch *beurkunden* üblicher ist.

Untergangsgrund: Mangelnde Analogie. *ur-* + einfaches Verb kennt die Sprache der Gegenwart nur ganz selten. Vielleicht ist *beurteilen* die einzige Ausnahme. Deshalb hat die Erweiterung *beurkunden* das Wort verdrängt.

Ursacher Verursacher

Adelung 4,967: eine im Hochdeutschen ungewöhnliche Bedeutung, welche nur zuweilen in den Rechten von dem Urheber einer bösen Handlung gebraucht wird.

Heynatz 2,544: für Veranlasser, Urheber, Anstifter, ist Ober-

deutsch. Einige schreiben auch Ursächer. Sie sind der Ursächer von allen diesen Unordnungen. – Campe 5,250 versieht das Wort mit einem Stern. – DWb. XI, III, 2522 bringt u. a. Belege aus Scriver (1721); J. J. Schwabe, J. M. Miller, Fouqué, Tieck (1828), Zscherkke, Scheffel (1889), D. Fr. Strauß und bemerkt: im 19. jh. noch bei einigen autoren und rechtssprachlich vorkommend. heute zu gunsten von *verursacher*, *veranlasser* zurückgetreten.
Untergangsgrund: Das Wort ist durch die Erweiterung *Verursacher* verdrängt worden. s. *ringern*.

Urtheiler
Adelung 4,971: ein im Hochdeutschen veraltetes Wort, welches ehedem üblich war, nicht so wohl den Richter, als vielmehr die Beysitzer eines Gerichtes, welche das Urtheil abfassen, zu bezeichnen, wofür jetzt in einzelnen Fällen der Ausdruck Urtheilsverfasser üblich ist.
Heynatz 2,545: für Urtheilsverfasser oder Urtheilssprecher ist veraltet. Urtheiler für urtheilender Mann ist nicht gebräuchlich. – Das Wort ist nach dem DWb. XI, III,2590 in historischer Darstellung nicht selten (Belege aus Goethe, Schiller, Herbart, Schopenhauer, O. Ludwig, Scherer).
Untergangsgrund: kulturgeschichtliche Bedingungen. Das Wort ist mit der Sache untergegangen.

V

Valant Teufel
Adelung 4,974: in einigen gemeinen Sprecharten ein Nahme des Teufels.
Campe 5,254: in N. D. – Oertel 4,164: böser Geist. – Kluge Et. Wb. (1921) kennzeichnet es als veraltet für den Teufel durch ein Kreuz und bemerkt: wohl ein alter Euphemismus. – P. Fischer (Goethe-Wortschatz): bei Goethe in der nd. Form Voland, Bez. des Teufels als des Verführers zum Bösen.
Untergangsgrund: Euphemismus. – s. Euphemismus.

Valetrede Abschiedsrede
Adelung 4,975 verzeichnet es für Abschiedsrede.
DWb. XII, I,10 zitiert Adelung.
Untergangsgrund: Mit dem Untergang des Bestimmungsteils der Zusammensetzung, der nur in der Wendung *Valet sagen* versteinert fortlebt, ist das zusammengesetzte Wort untergegangen.

Valetschmaus Abschiedsschmaus
Adelung 4,975 verzeichnet es für *Abschiedsschmaus.*
Campe (Verdeutschungswb.): (–). – DWb. XII, I,10 bringt einen Beleg aus J. Paul und zitiert Adelung.
Untergangsgrund: Mit dem Untergang des Bestimmungsteils der Zusammensetzung, der nur in der Wendung *Valet sagen* versteinert fortlebt, ist das zusammengesetzte Wort untergegangen.

ver- Bildungen
Einige Adjektive, die früher die Suffixe *-bar*, *-sam*, *-haft* hatten, haben dieselben mit dem in der allgemeinen Schriftsprache der Gegenwart sehr häufig vorkommenden Suffix *-lich* umgetauscht (s. DWb. XII, I,56). Auch zusammengesetzte Verben mit *ver-* berühren sich vielfach besonders mit solchen auf *be-*, *er-*, *zer-*, *ab-*. Das liegt in der Bedeutung dieser Partikeln, indem sich der Begriff „fort, hinweg", der *ver-* zugrunde liegt, vielfach mit der Bedeutung von *er-* „aus", *zer-* „auseinander" und *ab-* „fort, hinweg" deckt. Infolgedessen entsteht oft ein Präfixumtausch.

Veracht Verachtung
Adelung 4,986 (unter *Verachtung*): ehedem auch der Veracht.
Campe 5,261 (unter *Verachtung*): ehemahls sagte man auch der Veracht. – DWb. XII, I,62 bringt einen Beleg aus Rückerts Makamen und bemerkt: später (nach 1561) nicht mehr in der sprache lebendig.
Untergangsgrund: Verdrängung durch die erweiterte Lautform *Verachtung.* – s. *ung.*

verarten entarten
Adelung 4,989: im Hochdeutschen wenig gebraucht ..., indem ausarten, zuweilen auch entarten dafür üblich sind.
König: plus usité ausarten. – Campe 5,263: (–). – DWb. XII,

I,86 bringt Verse aus Gryphius, Herder, Moscou und bemerkt: zum theil durch *entarten* und *ausarten* ... verdrängt.
Untergangsgrund: Präfixumtausch. – s. *ver-*

verbesserlich
Adelung 4,993: ein Wort, welches in dem Gegensatze unverbesserlich am üblichsten ist.
König: peu usité, corrigible. – Campe 5,266: (–). – Oertel 4,1666: was sich verbessern läßt. – DWb. XII, I,106 bringt einen Beleg aus Lessing und bemerkt: heute meist nur in der zusammensetzung *unverbesserlich* erhalten.
Untergangsgrund: s. *un*-Bildungen.

verbösern verschlimmern
Adelung 4,1001: ein im Hochdeutschen ungewöhnliches Wort, wofür daselbst verschlimmern üblich ist.
Heynatz 2,547: Logau hat es; allein jetzt ist verschlimmern dafür allgemein gebräuchlich. Im Scherz liest man zuweilen, besonders in Oberdeutschen Schriften: Statt zu verbessern hat er es verbösert. – Das Wort gehört bei Heynatz zu den Wörtern, „welche der allgemeine Gebrauch noch nicht gebildet hat, und welche dennoch von einigen versucht worden".
Campe 5,271: (–). – Oertel 4,167: böser, schlimmer machen. – DWb. XII, I,151: im älteren nhd. gebräuchlich.
Untergangsgrund: Geringe Gebrauchsfrequenz. Heynatz, Antib. 2,547 schreibt: „Man merke also von solchen auf -ern ausgehenden und mit ver- anfangenden Wörtern, welche der allgemeine Gebrauch noch nicht gebildet hat, und welche dennoch von einigen versucht worden, vornehmlich folgenden: verbösern ... vergeringern."

verbothschaften verkünden
Adelung 4,1001 kennzeichnet es für verkünden durch einen Stern.
Das Wort fehlt bei Braun, König und Oertel. – Campe 5,271: (+).
Untergangsgrund: Wortungeheuer. Wörter dieser Art sind heute selten. Außer *erkundschaften, auskundschaften, vergesellschaften, abwirtschaften, bewirtschaften*" (s. Mater, Rückläufiges Wörterbuch, 1965), kennt die allgemeine Schriftsprache der Gegenwart kein anderes Wort.

verbutten verkrüppeln
Adelung 4,1006: nur in den gemeinen Sprecharten üblich..., butt, d. i. klein und unansehnlich werden und bleiben. Bäume, Gewächse, Thiere, Kinder verbutten, wenn sie nicht gehörig wachsen.
König: se dit vulgairement des arbres, des enfants, etc. – Campe 5,275: (–). – DWb. XII, I,186 bringt Belege aus Grimm (1872), J. Paul und bemerkt: selten in der schriftsprache.
Untergangsgrund: Verschwinden des Grundwortes aus der allgemeinen Schriftsprache. Das Grundwort *butt* ist aus der allgemeinen Schriftsprache verschwunden. Es lebt nur im Niederdeutschen in der Bedeutung von „klotzig, stumpf-breit" fort. Mit dem Grundwort ist auch die Ableitung untergegangen.

verdringen verdrängen
Adelung 4,1021: häufig für verdrängen gebraucht.
Braun: er hat mich verdrungen. – König: on dit mieux verdrängen. – Campe 5,281: man gebraucht es häufig aber ungut für verdrängen. – DWb. XII, I,250: im 18. jh. ist das wort allmählich durch *verdrängen* ersetzt worden (Belege aus Fleming, Uz, Schiller, Haller, Thümmel, Lessing, Gellert, Wieland).
Untergangsgrund: Das Wort verdringen wurde hauptsächlich im übertragenen Sinn gebraucht. Das DWb. XII, I,249 schreibt: zwar ist *verdringen* in sinnlicher bedeutung noch nachzuweisen, doch hat sich die übertragene ganz überwiegend stark entwickelt. Man gebraucht aber das Verb *verdrängen* gleichmäßig in der eigentlichen und uneigentlichen Bedeutung, d. h. es bezeichnet allgemeinere Begriffe. Da das spezielle *verdringen* jederzeit durch das allgemeinere *verdrängen* ersetzt werden konnte, mußte es als entbehrlich betrachtet werden (vgl. v. Bahder, Wortwahl, S. 75).

verewigt verstorben
Adelung 4,1026: verewigt werden, sterben.
Heynatz 2,558: ist zweideutig. Unter einem verewigten Freunde denkt man sich am natürlichsten denjenigen, der durch... Verdienst unsterblich gemacht ist. – Campe 5,286: (–). – DWb. XII, I,284 zitiert Adelung und bringt Verse aus Haller (1788).
Untergangsgrund: Euphemismus. – s. Euphemismus.

verfuchsschwänzen verleumden
Adelung 4,1037: welches nur in den niedrigen Sprecharten üblich ist. Jemanden bey einem andern verfuchsschwänzen, ihn durch Fuchsschwänzerey, d. i. Schmeicheley, bey demselben nachtheilig werden.
Campe 5,293: (*x*).
Untergangsgrund: Wortungeheuer.

vergeringern verringern
Adelung 4,1043: nur in den gemeinen Sprecharten üblich, geringer machen, ... vermindern, verringern.
Bei Heynatz 2,547 gehört das Wort zu den *ver-ern* Bildungen, „welche der allgemeine Gebrauch noch nicht gebildet hat, und welche dennoch von einigen versucht worden". Er bemerkt: Gottsched wollte, daß man verringern verabschieden, und dafür vergeringern sagen sollte, welches in der That in ältern Wörterbüchern gefunden wird. Verringern meinte er, sei so arg, als wenn man verrößern statt vergrößern sagen wollte. Er bedachte aber nicht, daß man ring für gering noch jetzt hin und wieder spricht, roß für groß aber nie ein Mensch gesprochen hat. – Campe 5,298 versieht das Wort mit einem Stern.
Untergangsgrund: artikulatorische Schwierigkeit. Wegen ihrer artikulatorischen Schwierigkeit ist die störende Silbe *ge* ausgefallen.

vergleichlich
Adelung 4,1049: nur in unvergleichlich üblich.
König: ne se dit que dans le composé. – DWb. XII, I,475 bringt einen Beleg aus Goethe und bemerkt: unüblich.
Untergangsgrund: s. *un*-Bildungen.

vergrünen verblühen
Adelung 4,1053: aufhören zu grünen, in der dichterischen Schreibart.
Campe 5,304: (–). 1. grün werden, 2. aufhören zu grünen. – Oertel 4,175: aufhören zu grünen. – DWb. XII, I,495: heute ist es fast durch wörter, wie *verblühen* u. ähnl. verdrängt.
Untergangsgrund: Das Wort ist durch das sinnlich anschaulichere *verblühen* verdrängt worden.

verharrlich beharrlich
Adelung 4,1059: welches von einigen für das edlere beharrlich gebraucht wird.
König: on dit plus noblement: beharrlich. – Campe 5,308: (+). – DWb. XII, I,533 bringt ältere Belege.
Untergangsgrund: Präfixumtausch. – s. *ver*-Bildungen.

verhausen verschwenden
Adelung 4,1061: nur im gemeinen Leben ... durch übles Hausen, d. i. (Haushalten) verschwenden. Sein Vermögen verhausen.
König: dissiper son bien. – Campe 5,309: (*x*) durch übles Hausen verbringen, durchbringen. Sein Vermögen verhausen. – DWb. XII, I,542: in den mundarten noch in dieser bedeutung vorkömmlich.
Untergangsgrund: Untergang des Simplex. *hausen* im Sinn von „den Haushalt (gut) führen, sparsam wirtschaften" ist aus der allgemeinen Schriftsprache der Gegenwart verschwunden. Es ist heute ein Dialektwort (s. Wb. d. Ggw.). Infolgedessen ist die Zusammensetzung untergegangen.

verhenkert verteufelt
Adelung 4,1063: in den gemeinen Sprecharten übliches Wort, als ein glimpflicher Ausdruck für das härtere verteufelt, im hohen Grade arg, böse u. s. f.
Campe 5,310: (*x*) in hohem Grade schlimm, böse u. oft dient es auch nur den Begriff zu verstärken. Verhenkert böse ... auch wird es in der Volkssprache als ein Ausruf des Unwillens und der Verwunderung gehört. Ei verhenkert! – DWb. XII, I,562 verzeichnet dafür keine Belege aus dem 20. Jh. – Das Wort findet sich in Du. 1, 7, ist aber im Du. 15, 16 nicht mehr aufgenommen.
Untergangsgrund: Euphemismus. – s. Euphemismus.

verhitzen erhitzen
Adelung 4,1064: gebräuchlicher erhitzen.
König: pop. v. erhitzen. – Campe 5,311: (+) Von Menschen pflegt man sich erhitzen, von Thieren, sich verhitzen zu sagen. – DWb. XII, I,572: gebräuchlicher erhitzen.
Untergangsgrund: Präfixumtausch. – s. *ver*-Bildungen.

verhoffentlich hoffentlich
Adelung 4,1064: im gemeinen Leben von hoffentlich.

Braun: verhoffen und verhoffentlich sind schlecht: besser hoffen und hoffentlich. – Heynatz 2,563: muß heißen hoffentlich: Diese Freyheit wird verhoffentlich keinen Kenner Wunder nehmen; Gottscheds Vorrede zu Th. 5 seiner Schaubühne, S. 3. Es werden verhoffentlich die Einwürfe dadurch wegfallen. – Campe 5,311: (landschaftlich). – Oertel 4,177: besser hoffentlich. – DWb. XII, I,575 f. führt nur ältere Belege an.
Untergangsgrund: Sprachökonomie. Das Wort ist durch die kürzere Lautform verdrängt worden.

verköstigen bekösten

Adelung 4,1072: mit der nöthigen Kost versehen, wofür doch beköstigen üblicher ist.
Campe 5,319: (+). – Oertel 4,179: mit der nötigen Kost versehen. – DWb. XII, I,683 bringt Belege aus Goethe und Spielhagen (1879).
Untergangsgrund: Präfixumtausch. – s. *ver*-Bildungen.

Verlassenschaft Nachlaß

Adelung 4,1078: Hinterlassenschaft, Nachlas.
Campe 5,324: (–). – DWb. XII, I,734 bringt u. a. Belege aus Wieland, J. Paul, Tieck, Gutzkow, Goethe, Schiller, Platen (1848).
Untergangsgrund: Bedeutungsverschiebung. Das Verb *verlassen* hatte bis ins 19. Jh. hinein auch die Bedeutung „als Erbe hinterlassen" und die *Verlassenschaft* war noch vor wenigen Jahrzehnten „das Hinterlassene, das Erbteil". Heute ist das Wort in dieser Bedeutung in Österreich noch üblich.

verlockern verschwenden

Adelung 4,1087: durch leichtsinnige Ausgaben, Verschwenden. Sein Vermögen verlockern.
Campe 5,330: (x) durch lockeres, d. h. lustiges leichtsinniges Leben verschwenden. – Oertel 4,182: durch lockeres Leben verschwenden. – DWb. XII, I,820 übernimmt Adelung.
Untergangsgrund: Untergang des Grundwortes. *lockern* in der Bedeutung „locker leben" (s. Adelung 2,2090: Doch wo er lokkert, spielt und säuft) ist untergegangen. Damit ist auch die Zusammensetzung *verlockern* untergegangen.

verneuern erneuern **verneuen** erneuen

Adelung 4,1100: zwei jetzt nur noch im gemeinen Leben für die edleren erneuen und erneuern übliche Zeitwörter.

Heynatz 2,547 f.: verneuern gehört zu den Wörtern, welche der allgemeine Gebrauch noch nicht gebildet hat, und welche dennoch von einigen versucht worden ... – Campe 5,339: erneuern ist edler. – DWb. XII, I,917 ff. (unter *verneuen):* heute verdrängt durch *erneuen* und XII, I,921 f.: *erneuern.*

Untergangsgrund: Präfixumtausch. – s. *ver*-Bildungen.

vernützen abnützen

Adelung 4,1102: im Hochdeutschen wenig gebraucht ... völlig abnützen. Das Messer ist vernützt.

Campe 5,342: (*x*). – DWb. XII, I,949 bemerkt: die vorsilbe *ver-* in der ursprünglichen bedeutung: fort, hinweg. Es bringt u. a. einen Beleg aus J. Paul.

Untergangsgrund: Präfixumtausch. – s. *ver*-Bildungen.

verstarren erstarren

Adelung 4,1148: im gemeinen Leben für das edlere erstarren. Braun: besser erstarren. – Campe 5,378: (–) in der guten Sprech- und Schreibart nicht gebraucht wird, indem für die edlern mit (er) zusammengesetzten Wörter oft die mit (ver) zusammengesetzten in der gemeinen Sprechart gebraucht werden. – DWb. XII, I,1619: in der heutigen Sprache durch *erstarren* verdrängt.

Untergangsgrund: Präfixumtausch. – s. *ver*-Bildungen.

verstören zerstören

Adelung 4,1153: durch gewaltsame und völlige Trennung des Zusammenhanges trennen, in welchem Verstande es doch in der edlern Schreib- und Sprechart veraltet ist.

Campe 5,382: besser zerstören. – DWb. XII, I,1772: die bedeutung „zerstören, vernichten“ ist veraltet.

Untergangsgrund: Präfixumtausch. – s. *ver*-Bildungen.

vertragsam verträglich

Adelung 4,1162 verzeichnet es für *verträglich.*

Braun verzeichnet es als hochdeutsch. – Heynatz 2,581: vertragsam für geneigt mit andern in Frieden zu leben heißt besser verträglich. Wenn angedeutet werden soll, daß jemand geneigt sei,

mit andern sich wieder zu vertragen, d. i. sich zu versöhnen, so ist weder vertragsam noch verträglich gut, sondern man sagt lieber versöhnlich. – Campe 5,389: (–). – Oertel 4,197: sehr verträglich. – DWb. XII, I,1942: nicht mehr übliche nebenform für *verträglich*. das wort ist nur für das spätere mittelalter und das 18. jh. zu belegen ... dann bezeugen Adelung und Campe es als üblich.
Untergangsgrund: Suffixumtausch. – s. *ver*-Bildungen.

Vertraute der, die = der, die Verlobte
Adelung 4,1163: eine Vertraute, ein Vertrauter, in der höhern Schreibart zuweilen eine Verlobte, ein Verlobter.
Campe 5,391: (–). – DWb. XII, I,1954: eine *vertraute* heißt eine braut, weil sie von den ältern dem bräutigam anvertrauet wird, und sich ihm vertrauen soll (Gottsched beobachtungen 222); von Adelung für die höhere schreibart in anspruch genommen, von Voigtel Wb. 3,543 a (*vertraute, vertrauter,* ‚verlobte, verlobter') und Campe als noch üblich hingestellt. tatsächlich aber schon in der literatur des 18. jhs. nicht mehr nachweisbar, von absichtlich alterthümelnder anlehnung an die bibelsprache abgesehen.
Untergangsgrund: Untergang des Grundwortes. „In der mhd. periode ist *vertrauen* ‚verloben, vermählen' am häufigsten ... der gebrauch ist nach 1700 noch vereinzelt nachweisbar. *vertrauen* in der Luther bibel ersetzen Eck und die Züricher bibel (1531) durch *vermählen*." (DWb. XII, I,1945). Mit dem Untergang dieses Wortes ist später die Ableitung *Vertraute* untergegangen.

verunruhigen beunruhigen
Adelung 4,1166: im gemeinen Leben für das anständigere beunruhigen.
Heynatz 2,583 zitiert Ad. und bringt folgende Belege: Das Ende Ihres Briefes hat mich verunruhiget; Klarissa Th. 1 S. 103. Ein geknicktes Rosenblatt konnte ihn verunruhigen, Meißners Aleibiades Th. 2. S. 306. – König: plus usité beunruhigen. – Campe 5,393: (+). – DWb. XII, I,2039: seit dem 16. jh. in gebrauch, im 17. und zu anfang des 18. häufig, später selten.
Untergangsgrund: Präfixumtausch. – s. *ver*-Bildungen.

vervortheilen bevorteilen, übervorteilen

Adelung lobt es unter *bevortheilen* 1,962: vervortheilen, welches nicht unbekannt ist, ist dem heutigen Gebrauche des Wortes Vortheil angemessener und bedeutet, einen andern um seinen Vortheil bringen. Unter *vervortheilen* 4,1167 behauptet er aber, es sei nur im gemeinen Leben einiger Gegenden für das anständigere *bevortheilen* üblich.

Heynatz 2,584 entscheidet sich für *bevortheilen.* –

Campe 5,349: (*x*). – DWb. XII, I,2062 sagt, das Wort sei bei Adelung nicht vorhanden.

Untergangsgrund: Präfixumtausch. – s. *ver*-Bildungen.

verzüglich

Adelung 4,1190: ein nur in den Rechten einiger Gegenden übliches Wort. Verzügliche Schutzreden oder Ausflüchte, welche dazu dienen, eine angestellte Klage zu verzögern, auf gewisse Zeit aufzuschieben.

König: dilatoire. – Campe 5,409: (–) verzügliche Schutzreden. – DWb. XII, I,2674 f.: lexikalisch ist das wort seit 1601, literarisch schon 1499 und wiederholt in rechtssprachlichem zusammenhang belegt, im gegensatz zu der verneinung *unverzüglich* ist *verzüglich* jedoch trotz lexikalischen nachweises bis 1783 kaum über das 17. jh. hinaus lebendig.

Untergangsgrund: s. *un*-Präfix.

Vieharzt Tierarzt

Adelung 4,1195 f.: derjenige, welcher die Vieharzneykunst verstehet und übet, oft auch nur ein jeder, der sich dafür ausgibt. Gelehrte Viehärzte der neuen Zeit nennen sich indessen lieber Tierärzte, und ihre Kunst die Thierarzneykunst, vermuthlich um des dem Vieh anklebenden verächtlichen Nebenbegriffes Willen. Im gemeinen Leben pflegt man einen Vieharzt auch einen Vieh-Doctor zu nennen.

Campe 5,411: edler aber nicht so bestimmt Vieharzt. – DWb. XII, II,08: das wort hält sich in seiner neutralen bedeutung noch lange hier und da auf dem lande bis heute, ist aber im amtsgebrauch (berufsbezeichnung) und der gebildeten umgangssprache völlig durch *thierarzt* verdrängt; doch würde man, wenn es sich nicht um berufsbezeichnung handelt, sagen können: *der schäfer, schmied u. ä. ist ein guter vieharzt;* zur spöttischen bezeichnung des gelehrten thierarztes dient nicht *vieharzt* sondern *viehdoktor*. – Küpper IV,288 verzeichnet folgende Bezeichnungen als Berufsschelten für den Tierarzt: *Arschlochastronom, Bullenextrakt-Agent, Bullenextraktor, vierbeiniger Doktor, Gaulsdoktor, Gleistrampelmorodipink, Kuharschastronom, Kuhdoktor, Kuhficker, Pferdedoktor, Pferdeflicker, Pferdekarboler, Rucksackbulle, Rucksackbummerl, Rucksacktier, Rucksackschneider, zweibeiniger Stier, Viechdoktor, Viehdoktor, Viehmuse, Ziegendoktor.*

Untergangsgrund: Bedeutungsverschlechterung. In der Sprache der Gegenwart ist *Vieh* deutlich ein Schimpfwort. *Tier* hingegen ist weniger hart. Das macht sich besonders bemerkbar in den Zusammensetzungen mit beiden Wörtern. Noreen weist darauf hin, daß im Schwedischen die alten Zusammensetzungen mit *fä* „Tier" untergegangen seien, weil *fä* ein Schimpfwort sei (s. Holthausen a. a. O.). Hier entscheidet das Moment der Schönheit, das bei der natürlichen Wortwahl eine gewisse Rolle spielt. So werden oft *häßliche Wörter* vermieden, weil sie unangenehme Ideenassoziationen hervorrufen. Allmählich geraten solche Worte in Vergessenheit.

Vocativus Schelm

Adelung 4,1218: in der vertraulichen Sprechart pflegt man einen leichtfertigen Menschen, einen Vocativus zu nennen.

Campe (Verdeutschungswb.): im gemeinen Leben, der Schalk. – DWb. XII, II,452 bringt u. a. Belege aus J. Paul (1826); Tieck (1828), Holtei.

In Österreich ist es ugs. für *Schelm* (s. J. Ebner).

Untergangsgrund: Scherzwort. – s. Scherz- und Schimpfwörter.

vogtbar mündig

Adelung 4,1223: im Hochdeutschen veraltet, und nur noch in einigen, besonders Oberdeutschen Gegenden, für mündig, so wie unvogtbar für unmündig, üblich ist, eigentlich der sich selbst beherrschen kann. So auch die Vogtbarkeit.

Braun: ist schon fast veraltet: besser mündig, mannbar. – Campe 5,432: (+) in einigen O. D. Gegenden, über sich selbst vogten könnend, mündig, volljährig. Auch nannte man ehemals mannbare Töchter, welche einen Ehevogt oder Eheherrn nehmen können, vogtbar. – DWb. XII II,445: im 18. jh. ist das wort bereits

ungebräuchlich, so fragt Gottsched: was heißt vogtbares alter? beytr. 2. crit. hist. 4,563 f. (1732). am längsten hält sich *vogtbar (-ig, -lich)* in der Schweiz.
Untergangsgrund: Untergang des Grundwortes *vogten.*

Vorbewußt
Adelung 4,1254: der Zustand, da jemand vorher von einer Handlung weiß, ehe sie vollzogen wird, da sie ihm vorher bewußt ist, nur noch mit einigen Vorwörtern in der dritten und vierten Endung. Es ist mit meinem Vorbewußt geschehen, mit meinem Wissen ... Bey einigen die Bewußtheit.
Campe 5,464: (–). – DWb. XII, II,906 f.: veraltet. – P./B. führt folgenden Beleg aus Goethe: nicht ganz ohne Vorbewußt Charlottes.

Vorfallenheit Vorfall
Adelung 4,1264: welches zuweilen, obgleich ohne Noth, für Vorfall (Begebenheit, Ereignis) gebraucht wird, eine jede zufällige, besonders menschliche Begebenheit zu bezeichnen.
Heynatz 2,598: ein sehr entbehrliches Wort, da Vorfall eben so viel sagt. – Campe 5,475: (+) ein Wort wie Begebenheit, welches für Vorfall gebraucht wird. – DWb. XII, II,1025: veraltet ... Campe bezeichnet es als vlt. bei Göthe ist es häufig, auch bei schriftstellern des 19. jh. ist es noch oft nachzuweisen.
Untergangsgrund: Sprachökonomie.

Vornennwort Pronomen
Bei Adelung 4,1285 für *Pronomen* durch einen Stern markiert. Campe: bei Bödicker und einigen andern ältern Sprachlehrern, ein Name des Fürwortes. – DWb. XII, II,1367: schwerfällige verdeutschung von pronomen, verdrängt durch das bei puristen übliche *fürwort.*
Untergangsgrund: mißlungene Verdeutschung. – s. *Gebefall.*

vorträglich zuträglich, nützlich, förderlich
Adelung 4,1309: ein oberdeutsches Wort für nützlich, heilsam, wofür im Hochdeutschen zuträglich üblicher ist.
Braun: besser zuträglich. – Heynatz 2,604: für nützlich, heilsam, zuträglich ist Oberdeutsch. – Bodmers Milton, S. 38: Ob der offenbare Krieg oder verborgene List vorträglicher. So auch

S. 46 und in mehreren Stellen. – Campe 5,513: allgemein bekannt und gewöhnlich ist dafür zuträglich. – DWb. XII, II,1771: das wort im 17. jh. außerordentlich häufig, begegnet im 18. seltener; aber nicht nur bei oberdt. schriftstellern, und ist dann der schriftsprache völlig entschwunden.
Untergangsgrund: Untergang des Grundwortes. *vortragen* in der Bedeutung von „nützen, fördern" ist ganz veraltet (s. DWb. XII, II,1770). Infolgedessen ist die Ableitung *vorträglich* untergegangen.

Vorweser Vorgänger
Adelung 4,1313: im Hochdeutschen Vorfahr gewöhnlicher. Heynatz 2,605: muß heißen Vorfahr. – Campe 5,522: gewöhnlicher der Vorfahr, Vorgänger. – DWb. XII, II,1937: vom 17. bis 19. jh. gebräuchlich, in der sprache der gegenwart von den genannten synonymen (*vorläufer, vorfahr*) endgültig verdrängt.
Untergangsgrund: Untergang des Grundwortes. – Das Wort ist Nomen Agentis des untergegangenen Verbes *vorwesen.* Mit dem Untergang des Verbes ist das Wort untergegangen.

Vorwort Präposition
Adelung 4,1314: bey den neuern Sprachlehrern werden die Präpositionen im Deutschen Vorwörtern genannt.
Braun: Präpositio. Fürwort ist eine Fürbitte. – König la préposition. – Heynatz 2,605: Präposition. – Campe 5,522: (–). – Oertel: Praepositio.
In Österreich benützen es die Grammatikbücher: J. Stur (Deutsches Sprachbuch [1968], I,109): Verbinde in den folgenden Sätzen das Vorwort mit dem richtigen Fall.
Untergangsgrund: Homonymie. Das 18. Jh. entscheidet nach Gottscheds Vorgehen den alten Kampf zwischen *vor* und *für* dahingehend, daß *vor* in der Bedeutung des lat. „prae", *vor* in der Bedeutung des lat. „pro" steht. Gottsched schreibt: „So muß pronomen ein Fürwort, und praepositio ein Vorwort heißen, welcher Unterschied wohl und gut zu beachten wäre" (Beiträge zur Critischen Historie, 1734, 7,496). Es ist Gottscheds Verdienst, daß sich *Fürwort* „Pronomen" bis heute durchgesetzt hat. *Vorwort* „Präposition" ist aber lautlich mit *Vorwort* „Vorrede" zusammengefallen. Dadurch enstand eine störende Homonymie.

W

waglich gefährlich

Adelung 4,1338: mit Gefahr verbunden.

Campe 5,540: (–). – DWb. XIII,419: im 16. jh. als ‚gefährlich' nicht selten gebraucht ... aber später ganz verschollen ... erst gegen ende des 18. jh. tritt das Wort (mit *wagnis, wagespiel, wagestück,* und anderen bildungen von *wagen*) wieder hervor, wird von Wieland gebraucht und erscheint dann namentlich in den ritterromanen. auch bei andern, ohne sich indes dauernd einbürgern zu können, doch wird es von Adelung und noch von Campe (verdeutschungswb. 348) als ein gebräuchliches wort angeführt.

Untergangsgrund: bewußte Neubelebung eines alten Wortes. Mit *Wagespiel, Wagestück* und anderen Bildungen von *wagen* kam das Wort, das im 16. Jh. häufig war, in den Romanen und Schriften der Romantiker aus Liebe zum Altdeutschen wieder auf. Mit dem Nachlassen der romantischen Begeisterung ging das Wort wieder unter.

Wahlkind Adoptivkind

Bei Adelung 4,1340 mit einem Stern versehen: ein ungewöhnliches, von einigen versuchtes Wort, ein adoptirtes Kind zu bezeichnen; welches aber den Fehler hat, daß es der Analogie der meisten übrigen mit Wahl zusammen gesetzten Wörter zuwider ist, wo es eine thätige Bedeutung hat, dagegen es hier eine passive haben mußte. Wahlkind kann nach dieser Analogie nichts anderes bedeuten, als ein Kind, welches das Wahlrecht hat.

Heynatz 2,608: von Rüdiger gemißbilligt, von Campe aber vertheidigt worden. – Campe 5,546: (–). – DWb. XIII,577: die verdeutschung tritt seit dem 16. jh. ... ohne sich dauernd behaupten zu können. begünstigt wird sie in den kreisen der sprachreiniger des 17. jh. und bei Campe; in die amtliche rechtssprache hat sie nur wenig einzudringen vermocht.

In Österreich sagt man bis heute *Wahlkind* „Adoptivkind" und *Wahleltern* „Adoptiveltern" (vgl. E. Ebner).

Untergangsgrund: Zweideutigkeit. Adoptivkind ist ohne weiteres deutlicher als *Wahlkind*, das zweierlei bedeuten könnte: 1. ein Kind, das gewählt (adoptiert) ist, 2. ein Kind, das das

Wahlrecht hat (s. Adelung oben). Deshalb hat das Fremdwort das zweideutige Wort verdrängt.

Währmann Gewährsmann

Adelung 4,1348: eine Person, welche für die Wahrheit einer Versicherung oder einer Rede zu stehen hat, wofür doch das vollständigere Gewährmann edler ist.

Heynatz 2,619: Wehrmann muß heißen Gewährmann, wofür andere, oder vielmehr die meisten Gewährsmann sprechen. – DWb. XIII,939: im 18. jh. häufig allgemein (Belege aus Hagedorn, Lessing, Thümmel, F. A. Wolff [1797]).

Untergangsgrund: Der nicht ausgebildete Wortbau ist durch *Gewährsmann* verdrängt worden. – s. *Fahr.*

walgen walgern

Adelung 4,1362: nur im gemeinen Leben üblich und hin und wieder rollen bedeutet.

König: pop. rouler. – Campe 5,557: mit den Händen hin- und herrollen, auch wol nur, in den Händen, zwischen den Fingern viel hin- und her-bewegen. Den Teig wälgern ... wälgern ist Beförderungswort zu walgen. – DWb. XIII,1227: ein früher weit verbreitetes wort, das jetzt noch im bair, und in einer bestimmten bedeutung im nd. lebt, sonst durch die weiterbildung *walgern, wälgern* die auch dem schriftdeutschen angehören, zurückgedrängt ist.

Untergangsgrund: Zurückdrängung durch die Iterativform *walgern.*

walten verwalten

Adelung 4,1371: regieren, herrschen; eine zwar noch übliche Bedeutung, welche aber auch immer seltener zu werden anfängt.

Karl Korn (Sprache in d. verwalteten Welt, 1958, S. 20): In unserem Sprachzustand ist walten noch verständlich, aber es ist ein altes Wort und, wer es heute gebraucht, gerät leicht in den Geruch, ein poetisierender Kauz aus dem vergangenen Jahrhundert zu sein.

Untergangsgrund: Das Wort ist durch die erweiterte Lautform verdrängt worden. s. *ringern.*

Wandel Fehler
Adelung 4,1376 versieht es mit einem Stern für Fehler, Strafe. Heynatz 2,611: Wandel für Fehler oder Tadel hat Luther mehrmals; jetzt gebraucht man es nicht mehr. – Campe 5,565: (+) Eine Veränderung ins Schlimme, eine nachtheilige Veränderung, ein Mangel, Fehler. – DWb. XIII,1546: die anführungen in den wörterbüchern des 17. und 18. jh. beziehen sich meist deutlich auf Luthers Bibel. Es bringt Belege aus M. Miller, G. Werner, Fleming, Mörike und folgenden Beleg aus Rückert: ich suche nicht händel im handel/und bin in meinem wandel ohne wandel.
Untergangsgrund: Bedeutungsverschiebung. Die Wendung *ohne Wandel* hat Luther mit seiner Bibelübersetzung eingeführt. Das Wort scheint allgemein nicht verstanden zu worden sein, da die Züricher Bibel (1537) (s. F. Kluge. Von Luther bis Lessing 1918) und die katholischen Übersetzer (s. DWb. XIII,1543) andere Ausdrücke dafür brachten. Im Anschluß an Luthers Bibel führen die Wörterbücher bis ins 19. Jh. hinein *Wandel* im Sinne von „Fehler" an.

wannenher, wannenhero woher
Adelung 4,1384: eine im Hochdeutschen veraltete Partikel, wofür wir kürzere und bestimmtere Ausdrücke haben.
Braun: man sagt besser dafür woher. – Campe 5,577: landschaftlich. – DWb. XIII,1906: erweiterung von *wannenher* in der kanzleisprache, wie *bishero, hinfüro* (nach dem muster von *jetzo*) ... es wird dann im späten 17. und 18. jh. bis in den anfang des 19. jh. in der prosasprache, die sich dem kanzleistil anlehnt (in der dichtung nur bei Brockes), ganz wie *weshalb* gebraucht.
Untergangsgrund: Das einfache *wannen* „woher" wurde im 16. Jh. neben *von wannen* gebraucht. Im 17. Jh. taucht es bei Logau, Rist, Moscherosch auf. Im 18. Jh. wird es von Herder altertümelnd gebraucht. Etwas später (im 18. Jh.) sind die Erweiterungen *wannenher, wannenhero* gleichfalls untergegangen. Sie sind heute durch die kurze Lautform *woher* verdrängt.

Wannewehr Turmfalke
Adelung 4,1384: der Nahme eines Raubvogels, welcher zu den Falken oder Habichten gehöret. Falco Cenchris, bei andern

Tinniculus, im gemeinen Leben Wannenweihe, Wandwehe, Wiegwehe ... Weil er in alten Mauern und Felsen nistet, so wird er an andern Orten auch Steingalle, Steinschmatz, und, wegen seines grauen Kopfes auch Graukopf genannt.
Campe 5,571: (–). – DWb. XIII,1908 f.: beide compositionsglieder des wortes (vgl. Schade ahd. wb. 1092, *wammoweho*, Suolahti. vogelnamen 340 f.) treten in mannigfaltigen abweichungen auf, besonders das zweite.
Das DWb. gibt diese Abweichungen genau an.
Untergangsgrund: Schwankende Lautform. Die beiden Kompositionsglieder treten in mannigfaltigen Abweichungen auf.

waser was für
Adelung 4,1400: ein im Hochdeutschen längst veraltetes Umstandswort, welches nur noch in der Deutschen Bibel vorkommt für *was für*. Aus waser Macht thust du das?
Heynatz 2,616: veraltet. – Campe 5,581 markiert das Wort durch einen Stern. – DWb. XIII,2288 f.: eine aus *was für* ausgehende neubildung der kanzleisprache des 15. jh. ... die aus der Lutherbibel bekannte formel *aus waser macht* kommt auch im 18. jh.
Untergangsgrund: Durch die Zusammenziehung aus *was für* hat das Wort seine Deutlichkeit verloren und ist untergegangen (vgl. Ad. Magazin für deutsche Sprache. Ersten Jahrganges. Zweites Stück 1783 S. 65 ff.).

waserlei was für
Adelung 4,1400 (unter *waser*): Man hat davon im Oberdeutschen noch das indeclinable Adjectivum waserley ... Man thue es auch durch waserley Mittel man wolle.
Heynatz 2,616: Oberdeutsch. – Campe 5,581 versieht das Wort mit einem Stern. – DWb. XIII,2289 bringt u. a. folgenden Beleg aus Wieland: feind aller barbarei, gleißnerei und schurkerei, unter waserlei masken sie sich auch verbergen mögen
Untergangsgrund: Untergang des Grundwortes *waser*.

Warthe Zugnetz
Adelung 4,1417: ein großes Zugnetz zum Fischen, welches aus zwey starken Wänden, es daran zu ziehen, und einem Sacke in der Mitten bestehet ... Allein es scheinet vielmehr von dem al-

ten Wadt, Wand, Gewand abzustammen, ... weil man dergleichen Netze auch das Zeug zu nennen pflegt.
König: le grand filet de pêcheur. – Campe 5,598: (–). – DWb. XIII,2570 f.: außerhalb der rechtlichen und technischen litteratur erscheint das noch nicht allgemein bekannte wort nicht häufig.
Untergangsgrund: Etymologische Isolierung. Mit dem Untergang der Wurzel *Wat* „das Kleid, das Geflochtene" ist das Wort untergegangen.

Watsack Felleisen
Adelung 4,1417: ein gemeiniglich ledernes Behältnis, Kleider und andere Geräthschaften darin auf der Reise bey sich zu führen, besonders auf den Reisen zu Fuße. In den meisten Fällen ist dafür das Wort Felleisen üblicher.
Campe 5,598: (+). – Oertel 4,234: Felleisen. – Hyrtl: Watsack heißt überhaupt jeder Behälter von Leder, zur Aufbewahrung der verschiedensten Gegenstände, wie er als Felleisen und Mantelsack auf Reisen gebraucht wird, um Kleider und Esswaren darin zu verpacken.
Untergangsgrund: Untergang des Bestimmungsteils der Zusammensetzung. Das Wort *Wat* „Kleid, Gewand" schied im 17. Jh. aus der Schriftsprache. Wunderhorn und Uhland versuchten im 19. Jh. vergeblich das Wort neu zu beleben. (s. Kl./Mi. Wb. 16,842). Das Wort *Watsack* ist mit dem Untergang seines Bestimmungsteiles undeutlich geworden.

Wehtage Krankheit, Schmerzen
Adelung 4,1440: Tage, an welchen man Schmerzen empfindet und dann Krankheit, Schmerzen u. s. f. überhaupt.
Campe 5,630: (+). – DWb. XIV, I, 1,313 ff.. schmerz, krankheit, unglück. seit Schupp schriften (1729) 689, Besser schriften (1732) 2,431, Bodmer abh. v. wunderbaren (1740) 416 zieht sich dann das wort, wie die anderen bildungen auf *-tage* in das mundartlich gefärbte schriftthum zurück, so daß es auch den classikern des 18. und 19. jh. fehlt und nur in (halb)mundartlichem gebrauch bei Voß, Göthe, Zschokke, Immermann, Auerbach, Goltz, Handel-Mazzetti ... gelegentlich auftritt.
Untergangsgrund: Man empfand früher *-tag* als Suffix, das einen Zustand übler Art (Schmerz) bezeichnete. Diese Bedeutung

ist heute verlorengegangen. Das Wort wurde außerdem häufig in Zusammensetzungen gebraucht wie: *Augen-*, *Brust-*, *Eingeweide-*, *Gelenk-*, *Gicht-*, *Glieder-*, *Haupt-*, *Herz-*, *Kehlen-*, *Kopf-*, *Kriegs-*, *Lieb-*, *Liebe-*, *Magen-*, *Milz-*, *Mutter-*, *Nieren-*, *Ohren-*, *Rücken-*, *Scham-*, *Schenkel-*, *Seiten-*, *Stein-*, *Valentins-* (s. DWb. XIV, I, 1,322). Diese Zusammensetzungen sind gleichfalls untergegangen.

weiden aus Weidenholz

Adelung 4,1448 f.: aus dem Holze der Weide verfertigt ... eine weidene Ruthe.

Campe 5,638: (–). – Oertel 4,240: von Weide oder Weidenholz, weidener Korb, weidene Ruthe, weidenes Geräth. – DWb. XIV, I, 1,575 f.: jetzt fast nur in den mundarten.

Untergangsgrund: Vieldeutigkeit des Grundwortes. Die verschiedenen Bedeutungen von *Weide* 1. Eingeweide; 2. Speise; Nahrung der Tiere oder der Menschen; 3. Ort, wo das Vieh seine Nahrung selbst sucht, wo es weidet; 4. Gewächs (Weidenholz); 5. Jagd (s. Ad. Wb. 4,1446 f.) machte die adjektivische Ableitung zweideutig.

Weigand, Wigand Kämpfer

Adelung 4,1542: ein längst veraltetes Wort, welches ehedem einen Kriegsmann, braven Soldaten, tapfern Helden bedeutete.

DWb. XIV, I, 1,633 f.: ist nach hoher blüthe zumal im volksepos des mittelalters seit ende des 13. jh. zurückgegangen, lebt aber im ganzen sprachgebiet bis anf. d. 16 jh. ... dichter und gelehrte des 17. jh. knüpfen ausdrücklich an mhd. sprachgebrauch an ... Gottsched, Adelung, Campe haben die erneuerung des worts nicht unterstützt, von den classikern zeigt nur Wieland neigung dafür, die wenigen dichter, die sich sonst dafür einsetzen, dringen nicht durch ... so ist das wort über den gelehrtenkreis kaum hinausgedrungen; nicht zu vergleichen mit den gelungenen erneuerungen altdeutscher wörter wie: *hain*, *halle*, *minne*, *norne*, *rune*.

Untergangsgrund: mißlungene Neubelebung eines altdeutschen Wortes. Wie *Ger*, *Kämper*, *Minne*, *Norne*, *Rune* u. a. mißlungene Neubelebungen alter Wörter konnte sich das Wort trotz Neubelebungsversuchen im 18. Jh. nicht durchsetzen. Da die Theoretiker Gottsched, Adelung, Campe nicht mitgehen wollten, drang das Wort über den gelehrten Kreis kaum hinaus (s. Kl.;Mi. Et. Wb. 1963, S. 848).

Weinmonat Oktober
Adelung 4,1460: der Deutsche Nahme des Oktobers, weil in den Weinbauländern die Weinlese in denselben fällt; ein Nahme, welchen er bereits von Carl dem Großen bekommen hat.
Du. 16: alte dt. Bez. für Oktober.
Untergangsgrund: s. Wintermonat.

Weltkörper Himmelskörper
Adelung 4,1433: ein in dem unbegränzten Raume des Himmels befindlicher Körper, als ein Theil der Welt betrachtet.
Campe 5,673: (–). – DWb. XIV, I, 1,1613 f.: seit dem 17. jh. als fachwort der astronomie geläufig, wenn auch in neuerem sprachgebrauch gegenüber *himmelskörper* zurückgetreten.
Untergangsgrund: Das Wort ist durch das sinnlich anschaulichere *Himmelskörper* verdrängt.

Weltling ein sinnlich gesinnter Mensch
Adelung 4,1484: ein neues, aber richtig gebildetes Wort, einen weltlich, d. i. irdisch oder sinnlich gesinnten Menschen zu bezeichnen.
Heynatz 2,626: „ein neues aber richtig gebildetes Wort." Adelung. Man versteht darunter einen Menschen, der nur für die Vergnügen der Welt lebt. Eberhards Amyntor, Vorerinnerung S. 2: Man findet den Weltling, der die unsittlichen epikurischen Grundsätze befolgt, als einen Bösewicht abgeschildert. – König: peu usité: le mondain. – Campe 5,674: (–). – Oertel 4,246: Weltkind.
Untergangsgrund: Zweideutigkeit. Der den Bildungen mit *-ling* oft anhaftende verächtliche Nebensinn (vgl. Henzen Wortbildung § 104) zeigt sich häufig. Man spürt ihn besonders in diesem Beleg bei Adelung (Wb. 4,1484): „Der Weltlinge Lüste verschwinden vor ihm bey jedem Blicke in die ernste Ewigkeit". Manchmal tritt dieser Nebensinn zurück, z. B. als Bezeichnung für den im Weltleben stehenden Laien, für den Weltbürger oder für den Bewohner der neuen Welt (s. DWb. XIV, I, 1,1644). Gelegentlich aber verleiht dieser Nebensinn dem Wort den Charakter eines Schimpfwortes (s. Pansner, Deutsches Schimpf-

wörterbuch, 1839 S. 77). Diese Vieldeutigkeit des Wortes rief irreführende Vorstellungen hervor und wirkte störend für das Fortbestehen des Wortes. Konkurrenzwörter wie *Epikurist, Weltbürger, Bösewicht* sind heute an Stelle des zweideutigen Weltling getreten.

Wendelstein Wendeltreppe
Adelung 4,1485 versieht es mit einem Stern für Wendeltreppe.
Campe 5,677 kennzeichnet es mit zwei Sternen: eine Wendeltreppe aus Stein. – DWb. XIV, I, 1,1757 f.: kunstgeschichtliches fachwort.
Untergangsgrund: Man kann sich durch die undeutliche Zusammensetzung den verlangten Begriff nicht vorstellen.

Wetterableiter Blitzableiter
Adelung 4,1512 verzeichnet es als Synonym zu *Blitzableiter.*
Braun: besser Blitzableiter. – König: le paratonnerre. – Oertel 4,251: richtiger Blitzableiter.
Untergangsgrund: kulturgeschichtliche Bedingungen. Die Kompositionsbildung *Blitzableiter* ist in der neueren Sprache in Zusammenhang mit der präzisen Erforschung der Meteorologie entstanden. Der Bestimmungsteil der Komposition *Blitzableiter* ist genauer und daher deutlicher als *Wetterableiter.*

Widerchrist Antichrist
Adelung 4,1521: ein unmögliches, nur in 1. Joh. 2, 18, 22 befindliches, und nach Antichrist gebildetes Wort, einen falschen Lehrer der christlichen Kirche zu bezeichnen.
DWb. XIV, I, 2,936 ff.: *widerchrist* ist im 16. (vor allem bei Luther) und 17. jh. zahlreich, später weniger häufig bezeugt. Es bringt einen Beleg aus Goethe (1782).
Untergangsgrund: Homonymie. Der erste Kompositionsteil fiel mit *wieder* lautlich zusammen und verursachte eine störende Homonymie.

widerstehlich
Adelung 4,1525 lehnt es nicht ganz ab: am häufigsten in dem Gegensatze unwiderstehlich.
Braun: ist nicht gewöhnlich; wohl aber unwiderstehlich. – Campe 5,705: besonders in dem entgegengesetzten unwiderstehlich. –

Oertel 4,254: dem man widerstehen kann. – DWb. XIV, I, 2,1287: ist nicht gewöhnlich; wohl aber *unwiderstehlich.* Es bringt u. a. Belege aus Basedow (1764); Chr. Garve (1784); D. Fr. Strauß (1840); O. Dittrich (1923); Hippel (1827).

Wildschur Wolfspelz
Adelung 4,1547: eine Art großer Wolfspelze, an welchen die Haare auswendig sind. Das Wort ist mit der Sache selbst aus den slavischen Ländern zu uns gekommen.
Braun: ein großer Pelz, an welchem die Haare auswendig sind. – Campe 5,721: (–). – Oertel 4,256: Wolfspelz, mit auswärts gekehrter Haarseite. – DWb. XIV, II,120: seltener und namentlich österreichisch, ... aus poln. *wilczura* ‚wolfspelz'; volksetymologisch manchmal zu ndd. *schuur* ‚fell, haut' gezogen; ... ; zuerst belegt, und zwar als m. bei Hermes' Sophiens reise 2,158.
Untergangsgrund: Die etymologische Schwierigkeit und die in der neueren Sprache mit volksetymologischer Anlehnung an *Wild* und manchmal auch an *Schnur* entstandene Bedeutung „ein um die Lenden geschlagenes Tierfell" (s. DWb. XIV, II,120) haben den Untergang des Wortes im Sinn von *Wolfspelz* vorbereitet.

Windmonat November
Adelung 4,1558: eine alte, schon zu Carls des Großen Zeit bekannte Benennung des Novembers, weil in demselben die stärksten Herbststürme zu wüthen pflegen. Sie ist neben allen übrigen Deutschen Monatsnahmen im Hochdeutschen veraltet, und zwar aus Ursachen, welche ich in meinem Magazin entwickelt habe.
Du. 16: alte dt. Bez. für Oktober, gelegentlich November.
Untergangsgrund: s. *Wintermonat.*

Wintermonat November
Adelung 4,1566: 1. ein Nahme der drei Monathe, welche den Winter ausmachen, welche der Jänner, Februar und März sind. 2. Eine Benennung des Novembers, weil die Witterung jetzt schon winterlich zu werden anfängt. Carl der Große gab ihm den Nahmen Wintermonath. Beyde Benennungen werden wenig mehr gebraucht.
Du. 16: alte dt. Bez. für: Dezember; schweiz. für Dezember.
Untergangsgrund: Adelung (Magazin für die deutsche Sprache,

Bd. 1, St. 2, S. 78) schreibt: „Diese Nahmen wurden nach und nach entweder ganz oder mit geringeren Veränderungen in allen Deutschen Provinzen angenommen, und in vielen sind sie noch üblich. Nur die heutige Hochdeutsche Mundart legte selbige, als sie sich mit Geschmack auszubilden anfing, wieder bey Seite, und nahm dagegen die Römischen Nahmen auf. In dem Deutschen Museum, Januar 1781 wird dawider geeifert, die Einführung der Römischen Nahmen für eine thörichte, von allem Menschenverstande entblößte Neuerung erkläret, und allen Musen-Almanachen, Kalendermachern u. s. f. auf das dringlichste eingeschärft, die alten Deutschen Nahmen wieder gangbar zu machen.“ Campe trat in seiner Schrift „Über die Reinigung und Bereicherung der Deutschen Sprache“ (Braunschweig 1794) für die altdeutschen Monatsnamen und ihre Neubelebung auf. Heute haben die römischen Namen in der Schriftsprache gesiegt. Wegen der schwankenden Bedeutung und der unbequemen Form der deutschen Namen mußten sie untergehen (vgl. K. Weinhold, Die deutschen Monatsnamen, Halle 1869).

wirthbar bewohnbar, wirtlich, gastlich
Adelung 4,1576: bewohnbar, bewohnt. Das Wort ist von einigen neuern, vermuthlich nach Art dieser Herren auf gerathewohl, und ohne etymologische Kenntniß gebildet worden, indem wirthen für hausen, wohnen, längst veraltet ist, wenn es anders je üblich gewesen, daher das Wort nur einen sehr dunklen Begriff gewähren kann.
Heynatz 2,642: ist in neuern Schriften für hospitalis fast allgemein angenommen. – Campe 5,743: (–). – DWb. XIV, II,648: *einladend, freundlich,* ein wort vorwiegend dichterischer ausdrucksweise, in der ersten hälfte d. 18. jhs. schon vor Klopstock zu älteren *unwirtbar* als positiver gegensatz gebildet. von Ad. abgelehnt, im 19. jh. gegenüber dem herrschenden *wirtlich* nur noch vereinzelt bezeugt.
Untergangsgrund: mißlungene Neubildung.

Wohlfeile Wohlfeilheit
Adelung 4,1595: der Zustand, da etwas wohlfeil ist. Das Wort ist selten, und, wie es scheinet, neuern Ursprungs; indessen ist es doch besser als Wohlfeilheit, Wohlfeilkeit und Wohlfeiligkeit, welche andere dafür versucht haben.

Heynatz 2,647: Ich finde Wohlfeile in den Bibl. Erzähl., habe aber in Bessern Schriftstellern meines Erinnerns Wohlfeilheit mehrmals angetroffen, welches ich also vorziehe. – Campe 5,756: (–) ganz verwerflich sind die Formen Wohlfeilkeit und Wohlfeiligkeit. – DWb. XIV, II,1116 bringt Belege aus Pestalozzi und Goethe.
Heute ist es durch *Wohlfeilheit* verdrängt.

Wonnemonat Mai
Adelung 4,1612: die im Hochdeutschen veraltete Benennung des Monathes May, welche sich von Carl dem Großen beschreibt, und in einigen Provinzen noch jetzt üblich ist ... Ich habe in meinem Magazine die Ursachen angegeben, warum dieser, so wie die übrigen alten Deutschen Monathsnahmen, im Hochdeutschen veraltet sind und veralten müssen.
Du. 16: alte dt. Bez. für: Mai.
Untergangsgrund: s. *Wintermonat.*

Z

zärteln verzärteln
Adelung 4,1650: zärtlich behandeln, welches nur in verzärteln üblich ist.
Campe 5,814: mit üblem verächtlichem Nebenbegriffe. – DWb. XV,299 bringt einen Beleg aus dem 19. Jh. und bemerkt: jetzt schriftsprachlich nur in *verzärteln* fortlebend.
Untergangsgrund: Das Wort ist durch die verdeutlichende Erweiterung verdrängt.

zehrfrei kostenfrei
Adelung 4,1668: jemanden zehrfrey halten, die Unterhaltungskosten in einem Gasthofe für ihn bezahlen, ihn frey halten.
Campe 5,827: (–). – Oertel 4,285: ohne die Zehrung bezahlen zu müssen. – DWb. XV,471 zitiert Adelung und führt einen Beleg aus Chr. Reuter an.
Untergangsgrund: kulturgeschichtliche Bedingungen. Das Wort gehört zu *Zehrfreiheit*, die im 18. Jh. üblich war als „das Recht

sich in einem Gasthofe, oder an einem fremden Orte frey unterhalten zu lassen, auf anderer Kosten zu leben" (Ad. Wb. 4,1668). Mit dem Untergang dieser Sitte ist das Wort untergegangen.

zernichten vernichten
Adelung 4,1689: zerstören.
Braun: auch vernichten. – Campe 5,846: (–). – Oertel 4,289: vernichten. – DWb. XV,728: erst nhd. bes. obd. (schweiz. im 18. jh.; Schiller), bei norddeutschen keineswegs fehlend.
Untergangsgrund: Suffixumtausch. Die Vorsilbe *zer-*, das von allen unbetonten Vorsilben die geringste Verbreitung gefunden hat (Wilmanns, § 134), ruft gleich wie *ver-* die Vorstellung der Trennung hervor. Die Verbreitung der *ver*-Bildungen in der Gegenwartssprache (vgl. Tr. Wb. 7,372 ff.) verdrängte in diesem Fall *zernichten*. – s. *ver-*.

zerscheitern scheitern
Adelung 4,1691: in Stücke scheitern, wofür das einfache scheitern üblicher und auch hinlänglich ist.
Bei Braun als hochdeutsch verzeichnet. – Campe 5,848: (–).
Untergangsgrund: Sprachökonomie. Das Simplex *scheitern* „in Stücke gehen" beinhaltet die Bedeutung von *zer-*. Daher wurde *zer-* als überflüssig empfunden und mußte untergehen.

Zeugefall Genitiv
Adelung 4,1698: bey einigen Sprachlehrern, ein Nahme der zweyten Endung der Nennwörter; eine buchstäbliche Übersetzung des Lateinischen Genitivus. Allein, da diese Benennung den Begriff nur sehr unvollkommen und einseitig ausdruckt, so gebraucht man statt dieses und der übrigen ähnlichen Nahmen, Nennfall, Gebefall, Klagefall, Ruffall, lieber die Ausdrücke, erste, zweyte u. s. f. Endung.
Braun: Genitivus.
Untergangsgrund: mißlungene Verdeutschung. – s. *Gebefall.*

Zeugemutter Natur
Adelung 4,1698: eine Mutter, welche zeuget, etwas aus sich selbst hervor bringet; eigentlich ein Pleonasmus, weil der ganze Begriff schon in Mutter liegt. Indessen wird das Wort zuweilen, um des Nachdrucks Willen, von einer fruchtbaren Mutter gebraucht, be-

sonders im figürlichen Verstande. Die Natur, die fruchtbare Zeugemutter der Dinge.

Heynatz 2,667: Allein Philipp von Zesen oder ein anders Mitglied der fruchtbringenden Gesellschaft gab Zeugemutter als eine Übersetzung von Natur. Ich finde indessen Zeugemutter noch in Bodmers Milton für Erzeugerinn.

Untergangsgrund: mißlungene Verdeutschung. Neben Zesens gelungenen Verdeutschungsversuchen: *Augenblick* „Moment", *Blutgerüst* „Schafott", *Gegenfüßler* „Antipode", *Gesichtskreis* „Horizont", *Losung* „Parole", *Mundart* „Dialekt", *Umgang* „Kontakt", *Trauerspiel* „Tragödie", *Verfasser* „Autor", *Vertrag* „Kontrakt" u. a. m. stammen von ihm folgende mißlungene Verdeutschungen: *Entgliederer* „Anatom", *Krautbeschreiber* „Botaniker", *Reimband* „Vers", *Gipfeltüpfel* „Zenit", *Meuchelpuffer* „Pistole", *Dachschnauber* „Schornstein", *Mannszwinger, Jungfernzwinger* „Kloster", *Talmund* „Echo", *Hauptstütze* „Hut", *Schlachtgabe* „Opfer", *Pflanzherr* „Vater"; er taufte sogar die antiken Gottheiten *Apollo, Juno, Pallas, Athene, Venus, Vulkan, Priapus* auf „Wahrsagegötze", „Himmeline", „Klugine", „Lustine", „Schmiedegötze", „Gartengötze" um. Diese und hundert andere mißlungenen Verdeutschungen können das Fremdwort nicht, oder doch nicht so gut, so schön, so kurz, so deutlich, so bestimmt, so scharf, so treffend, so deckend, so farbig ausdrücken. Bemerkenswert ist, daß die meisten mißlungenen Verdeutschungen aus zusammengesetzten Wörtern gebildet sind. Sie entstehen als Konkurrenzwörter gegenüber den älteren Fremdwörtern und versuchen, sie in den meisten Fällen zu verdrängen. Da die Fremdwörter meistens eine internationale Geltung genießen, müssen die Konkurrenten besonders gut ausgestattet werden, damit sie konkurrenzfähig bleiben. Dadurch daß folgende Verdeutschungen (alle sind Zusammensetzungen) nicht so deckend, so deutlich sind wie das Fremdwort, sind sie konkurrenzunfähig geworden und mußten daher untergehen: *Ballenfieber* „Podagra", *beidlebig* „amphibisch", *Feuersäule,* „Pyramide", *Füllmund* „Fundament", *Gehörkunst* „Akustik", *Haarwachs* „Ende der Muskeln", *kreisschattig* „polarisch", *Kriegsbaumeister* „Ingenieur", *Namenbuch* „Dictionarium", *Oberstrich* „Apostroph", *Personendichtung* „Prosopopöie", *Schandgemälde,* „Pasquill", *Schandschrift* „Pasquill", *Scheibeninstrument* „Astorlabius", *Scheidekünstler* „Chemiker", *Sinnpflanze* „Mimose", *Spannader*

„Nerv, Sehne", *Spitzsäule* „Pyramide", *Stachelschrift* „Satire", *Starkgeisterei* „esprit fort", *Stirnhaar* „Toupet", *Stückgestell* „Lafette", *der Umschattige* „Perisci", *Unterstrich* „Komma", *Vorwort* „Präposition", *Wahlkind* „Adoptivkind", *Zeithalter* „Chronometer", *Zeugemutter* „Natur".

Eduard Engel (Deutsche Stilkunst, 1931, S. 231) versucht *Zeugemutter* in Schutz zu nehmen. Er zitiert die Stelle, wo das Wort bei Zesen steht: „Diese große Zeugemutter aller Dinge, die überschwänglich reiche Natur, mit ihrer wohlgearteten Tochter, der tiefsinnigen Kunst." Dagegen kann man, obwohl dieses Wort in Zesens Satz schön klingt, nicht etwa sagen: das Buch der Zeugemutter aufschlagen, die Wunder der Zeugemutter, Zeugemutter und Kultur, die drei Reiche der Zeugemutter, er kann seine Zeugemutter nicht ändern, das sind Fragen grundsätzlicher Zeugemutter, zurück zur Zeugemutter. Die Verdeutschung ist hier zu eng gefaßt und deswegen mußte sie untergehen.

Zierling

Adelung 4,1714: eine Person, welche sich zieret, sich auf eine gezwungene Art geberdet, oder weigert; in der vertraulichen Sprechart.

Heynatz 2,668: hat Campe für Elegant oder ‚petit-maître' vorgeschlagen. Adelung hat dies Wort ... in einer andern allerdings schicklicheren Bedeutung für eine Person, die sich auf eine gezwungene Art geberdet oder weigert. – Campe 5,866: (*x*). – DWb. XV,1219: das wort bleibt selten und kommt schließlich außer gebrauch.

Untergangsgrund: Der verächtliche Nebensinn, der das *-ling* Suffix meistens begleitet und häufiger Gebrauch ließen einige Wörter auf *-ling* untergehen. So sind neben *Zierling* auch *Kennerling, Leserling, Frönling,* die man im 18. Jh. gebrauchte, untergegangen. Wörter wie *Blendling, Dänkling, Dienstling, Ämtling*, die bei Voß belegt sind, leben heute nicht mehr.

Zinshaus Mietshaus

Adelung 4,1723: Miethhaus.

Campe 5,872: (–). 1. ein Haus, von welchem Grundzins gegeben werden muß. 2. ein Haus, welches auf Zins Andern zum Gebrauch überlassen ist, welches vermiethet ist; das Miethhaus. – J. Ebner bringt folgenden Beleg: Zinshaus, 2, viergeschossig, 20 Mittelwohnungen, lastenfrei 240.000 (Kurier 6. 11. 1968).

Das Wort lebt in Österreich, in der Schweiz und in Süddeutschland fort.
Untergangsgrund: Zweideutigkeit. Bei der Zusammensetzung *Mietshaus* ist die Zweideutigkeit, die Campe oben bei *Zinshaus* andeutete, aufgehoben. Deshalb hat *Mietshaus* in der Schriftsprache das alte Wort verdrängt.

Zitternadel
Adelung 4,1728: ein Stück des weiblichen Schmuckes, welcher aus einem Edelsteine an einem schwachen gewundenen elastischen Drahte bestehet, welcher sich mit einer Nadel endiget, da denn der Stein in einer beständigen zitternden Bewegung ist.
König: l'aiguille tremblante. – Campe 5,877: (–). – DWb. XV,1704: kopfputz der frauen im 18. und 19. jh.
Untergangsgrund: kulturgeschichtliche Bedingungen. Das Wort ist mit der Sache untergegangen.

Zobelthier Zobel
Adelung 4,1729: dasjenige Thier von welchem der Zobel kommt, eine Art Marder, oder Feldmäuse. – Soltau 4,1807: das Wort ist eben so ungewöhnlich und sprachwidrig als wenn man Hermelinthier, Wolfthier, Fuchsthier, Bärthier usw. sagen wollte. Das Thier selbst sowohl, als sein Balg heißt der Zobel.
Braun verzeichnet nur *Zobel.* – Campe 5,877: (–). – DWb. XVI,10 zitiert Adelung.
Untergangsgrund: Tautologie. Die tautologische Zusammensetzung ist heute aus sprachökonomischen Gründen durch das einfache Wort verdrängt (s. auch *Tigertier* bei Adelung).

zollbar zollpflichtig
Adelung 4,1731: verbunden, Zoll zu geben.
Braun verzeichnet es als hochdeutsch. – Campe 5,878: (–). – DWb. XVI,49: in neuerer zeit durch das amtliche *zollpflichtig* bei seite gedrängt.
Untergangsgrund: Das amtliche *zollpflichtig* hat das Wort verdrängt.

Zollstätte Zollamt
Adelung 4,1731: eine Stätte, d. i. ein Ort, wo Zoll entrichtet ist.
Braun verzeichnet es als hochdeutsch. – Campe 5,879: (–). –

DWb. XVI,69: vom 17. bis ins 19. jh. allgemein üblich, jetzt durch *zollamt* verdrängt und nur noch historisch verwandt.
Untergangsgrund: Das amtliche *Zollamt* (s. *zollbar*) hat das ältere verdrängt.

Zuckerschachtel Zuckerdose
Adelung 4,1745: ein metallenes Behältnis in Gestalt einer Schachtel, den geschlagenen Zucker zum Thee u. s. f. darin vorzusetzen.
Campe 5,890: (–). – DWb. XVI,311: durch *zuckerdose* verdrängt.
Untergangsgrund: kulturgeschichtliche Bedingungen. Das Wort ist mit der Sache untergegangen.

zuentbiethen entbieten
Adelung 4,1747: zu Wissen thun, entbiethen; nur noch in den Kanzelleyen. Einem seinen Gruß zuentbiethen.
Campe 5,892: (landschaftlich). – DWb. XVI,337: im 16. jh. als wort des amtlichen schriftverkehrs ... im 17. und 18. jh. allgemein bekannt, aber schon bei Adelung, nur noch in kanzelleyen üblich.
Untergangsgrund: Sprachökonomie. Das schleppende Kanzleiwort ist durch das einfachere *entbieten* verdrängt.

Zufall Anfall
Adelung 4,1747 f.: in engerer Bedeutung, eine unerwartete merkliche Veränderung, welche man nicht näher bezeichnen will, oder kann; hysterische, epileptische Zufälle.
König: l'attaque d'une imprévue maladie. – Campe 5,895: (–). – Oertel 4,300: Anfall. – DWb. XVI,343: heute *anfall.*
Untergangsgrund: Homonymie. – Der heute gebräuchliche Sinn von *Zufall* ist als Lehnübersetzung von lat. *accidens* in der Sprache der Mystiker des 14. Jh. entstanden. Das Wort ist lautlich mit einer engen Bedeutung des älteren *Zufall* (spätmhd. *zuoval*) zusammengefallen und verursachte eine störende Homonymie. Diese enge Bedeutung entspricht unserem heutigen *Anfall.* Die Gebrauchsfrequenz des Wortes im Sinn von *accidens* ließ den Träger der engeren Bedeutung untergehen.

Zugehör Zubehör

Zugehör ist bei Adelung 4,1752 hochdeutsch, *Zubehör* oberdeutsch.

Braun: besser als Zubehör. – Campe 5,897: man sagt dafür auch weniger gut, die Zugehör, die Zugehörde, und ungut, das Zubehör, die Zubehörde, die Zugehörung, die Zubehörung.

In Österreich und in der Schweiz wird es heute neben *Zubehör* allgemein gebraucht (s. J. Ebner, S. 250).

Untergangsgrund: Die Wortsippe *Zubehör, Zubehörde, Zugehör, Zugehörung* hat sich im Rechtsleben des späteren Mittelalters ausgebildet (s. DWb. 16,236). Im 18. Jh. herrscht *Zugehör* vor. Das aus dem Nd. stammende *Zubehör* hat seit dem 19. Jh. *Zugehör* aus der Schriftsprache völlig verdrängt.

zunöthigen zudringen

Adelung 4,1765: ein seltenes Wort.

Heynatz 2,678: sich einem zunöthigen, „wider dessen Willen mit ihm in Verbindung zu kommen suchen, sich ihm aufdringen, zudringen, ein seltenes Wort"; Adelung. Richtiger setzt er hinzu: „Ueblicher ist die Zunöthigung." – Campe 5,910: (+) ganz ungewöhnlich.

Das Wort tauchte wieder bei Lessing, F. H. Jacobi, Goethe, auf. (DWb. XVI,622).

Zulp Zuckerbeutel

Adelung 4,1759 versieht es als niederes Wort für den Zuckerbeutel mit einem Kreuz ... woran man die kleinen Kinder saugen läßt.

Campe 5,905: (landschaftlich). – DWb. XVI,527 bringt Belege aus Fr. L. Jahn, und Rosegger.

Sonst ist das Wort heute aus der allgemeinen Schriftsprache geschwunden.

Untergangsgrund: Es ist ein Dialektwort, aus Obersachsen und Thüringen, das seit Amaranthes 1715 Frauenz.-Lex. 2162 in die Schriftsprache gelangt (s. Kl./Mi. Et. Wb. S. 894). Rosegger gebrauchte es im 19. Jh.: „anstatt nach dem zulp greift der kleine nach der tabaksdose" (DWb. XVI,527). Die heutige Schriftsprache hat das Dialektwort als Fremdkörper in die Mundarten zurückgeschickt.

Zungenheld Maulheld
Adelung 4,1765 verzeichnet es für *Maulheld.*
Campe 5,910: (–). – DWb. XVI,613: dafür jetzt *maulheld.*
Untergangsgrund: abgenütztes Schimpfwort. Adelung verzeichnet neben *Zungenheld* andere Synonyma: *Maulheld,* (in der gemeinen Sprechart), *Großsprecher, Prahler.* Sie alle gelten als Schimpfwörter. Wenn ein Schimpfwort allzuhäufig gebraucht wird, so kann es dahinkommen, daß es als geistlos, zweckwidrig und unbrauchbar empfunden wird, und von einem anderen kräftigeren Ausdruck abgelöst wird. Man kann aber nicht mit aller Sicherheit behaupten, daß dieses Wort deswegen untergegangen ist. Es kommt hier auf die Gebrauchsfrequenz an, die in diesem Fall nicht leicht festzustellen ist, da ein Schimpfwort in verschiedenen Sprachbereichen gebraucht wird. s. *Scherz- und Schimpfwörter.*

zuplumpen hinplumpen
Adelung 4,1766: auf eine plumpe, ungeschickte Art zufahren, in einer Sache übereilt und ohne vernünftige Überlegung handeln.
Campe 5,911: (*x*). – Kaltschmidt: plump zufahren. – DWb. XVI,634: nicht mehr üblich.
Untergangsgrund: zu- ist durch die Vorsilbe *hin-*, die die Richtung „vom Sprecher weg, los" deutlicher ausdrückt, verdrängt.

Zurede Zureden
Bei Adelung 4,1766 ist das Zureden üblicher.
Campe 5,913: gewöhnlicher das Zureden. – DWb. XVI,650 bringt diesen Beleg aus Goethe: durch allerlei *zureden* (zum tanzen) zu bewegen.
Untergangsgrund: Wendungen mit einem substantivierten Infinitiv sind heute beliebt (s. DWb. XVI,652). Der Duden (Stilwörterbuch 1956, 770) bringt folgende Belege: er tat es eigentlich auf unser Zureden (hin); Zureden hilft (Sprichw.). Die Eignung hauptsächlich zu Wendungen ließ *Zurede* durch den substantivierten Infinitiv verdrängen.

Zurückkehr Rückkehr
Adelung 4,1767: der Zustand, da man zurück kehret.
Campe 5,918: (–) kürzer und besser Rückkehr. – DWb. XVI,694: für *rückkehr* im 17. u. 18. jh. beliebt, bes. in den wendungen *bei, in, nach,* meiner z. u. ä.

Untergangsgrund: Sprachökonomie. Die Neigung der neueren Schriftsprache zur kürzeren Form *Rück-* statt *Zurück-* in einigen substantivischen Zusammensetzungen, wie z. B. *Rückblick*, statt *Zurückblick*, ein Wort, das nicht über den Anfang des. 19. Jh. hinausdrang (DWb. XVI,688), *Rückreise*, statt *Zurückreise*, das man bis zum 18. Jh. gebrauchte (DWb. XVI,699), *Rückweg*, statt *Zurückweg*, das sich nur bis zum 17. Jh. hielt (DWb. XVI,709), bewirkte, daß die Bildung *Zurückkehr* durch die kürzere Lautform verdrängt werden konnte.

zusterben anheimfallen
Adelung 4,1776: durch den Tod anheim fallen. Seine Güter sind Fremden zugestorben, sind nach seinem Tode an Fremde gefallen.
Heynatz 2,682: nicht einmal so gut als ansterben. – DWb. XVI,853: im 17. jh. kommt es außer gebrauch gegenüber *anheimfallen*.
Untergangsgrund: Die meisten der trennbaren verbalen Zusammensetzungen mit *zu-* führen heute einen Dativ mit sich, der bezeichnet, wohin die Tätigkeit gerichtet ist. z. B. *zublinzeln, zuflüstern, zuführen, zuhören, zulächeln, zureichen, zurufen, zuschieben, zusichern, zusprechen, zustecken, zuwenden, zuwerfen, zuwinken* (s. Tr. Wb. 8 S. 435). Ein Satz wie: „Er hat dem Lehrer seine Aufmerksamkeit zugewendet", bedeutet „Das Zuwenden der Aufmerksamkeit betrifft den Lehrer". In Analogie dazu sollte der Adelungsche Satz: „Seine Güter sind Fremden zugestorben" bedeuten „Das Zusterben seiner Güter betrifft Fremde". Hier ist das Wort *zusterben* undeutlich. Es hat keine Mitteilungskraft und ruft nur irreführende Vorstellungen hervor. Deshalb mußte es untergehen.

zwagen waschen, baden
Bei Adelung 4,1780 mit einem Stern versehen: ehedem häufig für waschen und baden gebraucht.
Bei Braun als hochdeutsch verzeichnet. – Heynatz 2,683: längst veraltet. – Campe 5,957 versieht es mit zwei Sternen: waschen, baden. Uneigentlich einem den Kopf zwagen, d. i. waschen. – DWb. XVI,929 ff.: *zwagen* hat sich im hd. nur in der dem alten brauche nahestehenden anwendung auf die haupt- und haarpflege bis ins 18. jh. gehalten, mundartlich oberdeutsch ist sonst

geschwunden (s. v. Bahder Wortwahl 75 f.). der schwund beruht auf der durch die anwendung verengten bedeutung von *zwagen*, wie auch das vordringen von *baden* und *waschen*. dafür treten die verben *waschen* und *baden* daneben.
Untergangsgrund: Die engere Bedeutung von *zwagen* „den Kopf waschen" (s. ausführliche Belege bei K. v. Bahder, Wortwahl, S. 75 f.). Im Wettstreit mit den allgemeineren Wörtern *waschen*, *baden*, wurde *zwagen* als überflüssig in der Schriftsprache empfunden und mußte untergehen.

zwier zweimal
Adelung 4,1791: ein veraltetes Adverbieum für zwey Mahl.
Heynatz 2,686: für zweimal ist aus Luther bekannt, aber veraltet. Gottsched in seiner Sprachkunst sagt von diesem Worte oder vielmehr von dem Ausdruck zwier in der Wochen: Mich dünket, es ist zwar alt, aber deutlich. Der Niedersachse behält Luk. 18,12 twie, der Schweizer ändert es in zweimal. – Campe 5,970 versieht es mit zwei Sternen. – DWb. XVI,1160: das späte 18. jh. und das 19. jh., aber nicht über seine mitte hinaus, wählt das wort ... noch gern in poetischem, mehr oder weniger altertümelndem gebrauch ... mundartlich ist es in randgebieten noch lebendig.
Untergangsgrund: Das Wort ist untergegangen, weil die Bedeutung „zweimal" aus der Wortbildung und der Ableitung nicht ersichtlich wird (vgl. Ad. Magazin für deutsche Sprache. Ersten Jahrganges. Zweites Stück 1783 s. 69 ff.).

WORTUNTERGANG

> Wörter werden geboren,
> sie welken und sterben.
>
> *O. Violan. Am Quell der Sprache*

I. Kulturgeschichtliche Bedingungen

Alle Veränderungen der Kultur berühren in erster Linie den Wortschatz einer Sprache. Große und kleine Strömungen haben ihre Spuren in der Sprache zurückgelassen. „Zum Teil wird der ererbte Wortschatz den neuen Bedürfnissen angepaßt, z. T. treten mit den neuen Bedürfnissen neue Wörter in die Sprache, die alten retten sich in eine spezielle Sonderbedeutung oder gehen unter" (Gamillscheg, a. a. O. S. 46).

Es ist die Aufgabe der Kulturhistoriker, nach dem Untergang der Sache zu fragen. Aufgabe der Sprachwissenschaftler ist es, das Verhalten der Wörter beim Untergang zu beobachten.

In der Regel gehen die Sachen nicht plötzlich unter. Sie werden allmählich der jüngeren Generation weniger bekannt, so daß auch das Wort als überflüssig oder inhaltlos empfunden wird. Wörter gehen unter, weil kein Bedürfnis mehr für sie besteht, weil die Sachen verschwunden sind, die sie bezeichnen. Aus diesem Grund ist es möglich, daß folgende Wörter untergegangen sind:

Abhub (restliche Speise), *Absteuer, ausantworten, ausfenstern, Duns, ersingen, Faustrecht* (der Adeligen), *Federleser, feldsiech, Haberecht, haberechten, Harnprophet, hochmögend, Hofschranz(e), Kaufschlag, Leberreim, Leibrock, Leibzucht, Miselsucht, Mönchsschrift, Orlog, Raspelhaus, reitergar, Reitermesse, Ritterzehrung, säcken, Schabab, Seelgerät, Send, Senkler, der Sondersieche, Tagessatzung, Terminey, Urtheiler, Zuckerschachtel.*

„La langue suit son cours, indifférente aux plaintes des grammairiens et aux doléances des puristes“ (Darmesteter, a. a. O. S. 120).
Was in der Sprache mit bewußter Absicht vermieden oder neu gestaltet ist, geht in vielen Fällen wieder unter. Das trifft vor allem für viele Verdeutschungen, Neubildungen und Neubelebungen des altdeutschen Sprachgutes zu, die spurlos untergegangen sind.
Man darf deshalb den Einfluß großer sprachschöpferischer Persönlichkeiten nicht übertreiben. K. Jaberg (Sprachtradition und Sprachwandel. Rektoratsrede vom 21. 11. 1932 S. 20) sagt: „Schriftstellerindividualitäten geben wohl zeitweilig der Literatursprache eine eigene Färbung; auf die Gestaltung der Schriftsprache im weiteren Sinne, besonders aber auf die Umgangssprache, üben sie nur einen geringen Einfluß aus. Und wenn man dieser Absicht den größten deutschen Sprachschöpfer entgegenhält, so ist zu sagen, daß Luther nicht mit individualistischer, sondern mit soziologischer Zielsetzung geschaffen hat“.
Aus diesem Grund sind folgende Bildungen untergegangen:

1. Mißlungene Verdeutschungen: Viele Verdeutschungen konnten das Fremdwort nicht so gut, so schön, so deutlich, so kurz (alle sind Zusammensetzungen), so bestimmt, so treffend, so dekkend (der Begriffsinhalt des Fremdwortes ist in der Verdeutschung entweder zu eng oder zu weit gefaßt), so farbig ausdrücken. Sie konnten mit dem Fremdwort nicht konkurrieren und mußten daher untergehen:
Abgängling „Abortus“, *Absatz* „Kontrast“, *Ballenfieber* „Podagra“, *beidlebig* „amphibisch“, *Brachmonat* „Juni“, *Brandader* „vena cruralis“, *Christmonat* „Dezember“, *einschattig* „polarisch“, *Erdbau* „Souterrain“, *Erntemonat* „August“, *Feuersäule* „Pyramide“, *Gebefall* „Dativ“, *Gehörkunst, Gehörlehre* „Akustik“, *Hornung* „Februar“, *Heumonat* „Juli“, *Klageendung, Kläger* „Akkusativ“, *Klinggedicht* „Sonett“, *kostbar* „preziös“, *kreisschattig* „polarisch“, *Kriegsbaumeister* „Ingenieur“, *Lenzmonat* „März“, *Namenbuch* „Dictionarium“, *Nehmendung* „Ablativ“, *Oberstrich* „Apostroph“, *Ostermonat* „April“, *Personendichtung* „Prosopopöie“, *Prachtkegel* „Obelisk“, *Rufendung,*

Ruffall „Vokativ“, *Scheidekünstler* „Chemiker“, *Spitzsäule* „Pyramide, Obelisk“, *Stachelschrift* „Satire“, *Scheibeninstrument* „Astorlabius“, *Stückgestell* „Lafette“, *der Umschattige* „Polarkreisbewohner“, *Unterstrich* „Komma“, *Vornennwort* „Pronomen“, *Windmonat* „November“, *Wintermonat* „November“, *Wonnemonat* „Mai“, *Zeugefall* „Genetiv“, *Zeugemutter* „Natur“.

2. *Mißlungene Neubildungen:* Neubildungen können sich nur dann verbreiten und halten, solange sie notwendig sind und sie keine gefährlichen Konkurrenzwörter haben. Als gefährliche Konkurrenten gelten solche Wörter, die deutlich gebaut sind, die eine starke etymologische Anlehnung an verwandte Wörter aufweisen und vor allem eine hohe Gebrauchsfrequenz genießen. Solche Wörter machen häufig eine nicht unbedingt erforderliche Neubildung konkurrenzunfähig. So wurden Neubildungen wie *kleinfügig, Künftigkeit, Schelsucht, Schlendergang* gegen *geringfügig, Zukunft, Neid, Spaziergang* als überflüssig empfunden und mußten untergehen.

3. *Bewußt wirkende Neubelebungen:* Nur in seltenen Fällen kann man untergegangenes Sprachgut wieder zum Leben erwecken. Den Mut, untergegangene Wörter wieder in den Sprachgebrauch einzufügen, besaßen vor allem Dichter. Neubelebungen solcher Art waren insbesondere in der klassischen und romantischen Periode der deutschen Dichtung im Schwange. Viele dieser mit Absicht neubelebten Wörter sind heute wieder untergegangen. Wasserzieher, der verdienstvolle Verfasser des etymologischen Wörterbuches der deutschen Sprache, das unter dem Titel „Woher?“ 1918 erschien, hat in dem Kapitel: „Verschollene Wörter, wieder belebt vornehmlich durch Klopstock, Wieland, Herder, Goethe, die Romantik, Richard Wagner“ unter anderem folgende Neubelebungen aufgeführt: *eitel* „lauter“, *fahen* „fangen“, *freislich* „schrecklich“, *Glast* „Glanz“, *gülden* „golden“, *Hinde* „Kuhhirsch“, *sehren* „versehren“, *Werder* „Insel“. Diese und viele andere Neubelebungsversuche wie z. B.: *waglich, Weigand, Wiegand,* sind jetzt wieder untergegangen. Nur wenige Wiedergeburten aus dem 18. Jh. wie Wielands *Königtum* oder Lessings *bieder* gehören heute zum lebendigen allgemeinen Wortschatz.

4. Verdrängung durch amtliche Wörter: Amtlich eingeführte Wörter können leicht ältere Bezeichnungen verdrängen. Durch häufigen Gebrauch werden sie zu gefährlichen Konkurrenten. Ein Beispiel dafür ist das Wort *Rechtsanwalt*, das nach den deutschen Rechtsgesetzen im 19. Jahrhundert als amtliche Bezeichnung benutzt wurde. Seitdem hat es ältere Bezeichnungen wie *Sachführer, Fürsprecher, Rechtsbeistand*, beiseite gedrängt. Ähnliche Beispiele sind: *Zollamt* statt *Zollstätte* und *zollpflichtig* statt *zollbar.*

5. Bewußte Vermeidung einer unbeliebten Lautform: für Bildungen auf -isch haben viele Grammatiker des 18. Jh. die -ig-Nachsilbe gebraucht: *haushältig, argwönig. einbildisch* war z. B. nicht so gut wie *eingebildet.*

6. Luthers Einfluß: Unter dem Einfluß von Luther hat u. a. *beben bidmen* verdrängt. In den oberdeutschen Glossarien wurden Luthers *Lippe* mit „Lefze", *Hügel* mit „Bühel", *Halle* mit „Vorhof", *Grenze* mit „Umkreis" erklärt.
Durch die Bibelübersetzung jedoch vermochte sich der Luthersche Wortgebrauch in der Literatursprache der Folgezeit gegenüber den oberdeutschen Konkurrenzwörtern durchzusetzen und den Sieg über sie davonzutragen.

7. Dialektwörter: Auch die mit bewußter Absicht benützten Dialektwörter in der Schriftsprache werden oft schnell als Fremdkörper empfunden und gehen unter. Beispiele dafür sind *Lehde, nächten, Pinkel, Pinken, Pinkdarm, Zulp.*

8. Euphemismus: Der Euphemismus ist eine bewußte Vermeidung bestimmter Wörter. Charakteristisch ist die Zurückhaltung im Ausdruck, „die den Menschen veranlaßt, gewisse Begriffe nicht mehr mit den vorhandenen üblichen Ausdrücken zu benennen, sondern sie zu verhüllen, sie mehr anzudeuten, und erraten zu lassen, als klar und deutlich zu bezeichnen" (Jaeschke, S. 73). Der Euphemismus trägt den Todeskeim in sich, da sich der verhüllende Ausdruck nach häufigem Gebrauch abnützt und er unter dem Durchbruch des wirklich Gemeinten seine Bedeutung verliert. Euphemismen tauchen häufig als Bezeichnung für die als unaussprechlich empfundenen Körperteile und Orte für Exkrementa, das Geschlechtsleben usw. auf. Sie gehen meist nach einiger Zeit wieder unter wie z. B. *erkennen* „begatten", *Lusthaus* „Bordell", *Blume* „Menstruation", *Materie* „Eiter", *materien* „eitern", *Kammerlauge* „Urin", *das heimliche Gemach Sekret, Privet* „Toilette", *sich betun, hofieren* „sich besudeln", *Gemächt* „Penis", *Geburtsgeile* „Hoden".

Die Scheu, gewisse Dinge auszusprechen, hat in der Sprache auch dazu geführt, daß man die Namen für den Tod und das Sterben zu verschleiern suchte. So sagte man *verewigt* für „verstorben" und *segnen* für „verfluchen". Unangnehme Krankheiten, wie die *Fallsucht*, wurden meistens vermieden und euphemistisch umschrieben durch: „das schwere Gebrechen", „der Jammer". H. Schulz schreibt (a. a. O. S. 170): „Das Wesentliche des Euphemismus muß man darin erblicken, daß ein Wort aus irgend welchen Rücksichten gemieden wird, die an seine Stelle gesetzten Wörter mitunter auch eine inhaltliche Verbesserung aufweisen, notwendig ist das aber nicht". Die oben genannten Bezeichnungen für *Fallsucht* lassen jedoch keine inhaltliche Verbesserung erkennen. Das gilt auch für die Verwendung des Wortes *Untier* als Euphemismus für den Wolf oder *der Feind, Valant,* für den Teufel,*verhenkert* für verteufelt, *überjahrt* für hochbejahrt, *Ungüte* für Unfreundlichkeit. Der Untergang solcher Wörter überrascht uns daher auch nicht.

Darüber hinaus liegt es in der Natur des Euphemismus, einen Umweg einzuschlagen. A. Götze (a. a. O.) bemerkt dazu: „Wird der Umweg durch vieles Begehen so geläufig, daß jeder beim ersten Tritt schon weiß, wohin er führen wird, so wird der Euphemismus geistlos". Die Folge ist, daß er meistens von einem anderen Euphemismus abgelöst wird. Charakteristisch dafür sind die beiden Wörter *Schilling* und *Produkt,* deren verhüllende Tendenz erstmals von A. Götze aufgeklärt worden ist.

9. Scherz- und Schimpfwörter: So wie der Euphemismus den Todeskeim in sich trägt, nützen sich auch die Scherz- und Schimpfwörter nach häufiger Anwendung ab. Das wirklich Gemeinte setzt sich durch und sie werden als geistlos empfunden. Neue Scherz- und Schimpfwörter entstehen und lösen die alten ab (s. Zungenheld).

10. Schlagwörter: Einige Schlagwörter haben im Laufe der Zeit ihre Schlagkraft eingebüßt, weil man sie nicht mehr gebrauchte. So geraten sie langsam in Vergessenheit. Man denke z. B. an das Schicksal von *Starkgeisterei.*

III. Unbewußt wirkende Bedingungen

A. Formale Ausgleichung

Mit der kulturellen Entwicklung vollzieht sich unbewußt eine Umbildung des Sprachmaterials. H. Güntert (Grundfragen der Sprachenwissenschaft, 1956. S. 100) stellt folgenden Grundsatz auf: „Je entwickelter das Geistesleben und die Kultur, um so mehr Assoziationen sprachlicher Art, um so lebhafter das Bedürfnis nach übersichtlicher Ordnung und Bildung von Kategorien, um so stärker die Tendenz zur formalen Ausgleichung und Analogiebildung. Zweckmäßigkeit, Klarheit und Schönheit sind die Hauptziele, denen man jetzt zustrebt. Dabei vollzieht sich eine fortwährende Umbildung des Materials". Diese Umbildungen zeigen sich an folgenden Erscheinungen:

1. Sprachökonomie: Charakteristisch für die Sprachökonomie ist ihr Streben nach Kürze und Knappheit. Unnötige Verlängerungen und überflüssige Silben verschwinden. Kürzere Lautformen verdrängen die längeren wie z. B. *ähneln* „ähnlichen", *Gelöbnis* „Angelöbnis", *heute* „anheute", *noch* „annoch", *Acht* „Aufacht", *erbauen* „auferbauen", *erwachen* „auferwachen", *aussinnen* „ausersinnen", *sich rühmen* „sich berühmen", *schwängern* „beschwängern", *Beweggrund* „Bewegungsgrund", *daher* „dannenher, dannenhero", *Demut* „Demütigkeit", *ehrbar* „ehrbarlich", *einst* „einsten", *sich verstehen* „sich einverstehen", *Ende* „Endschaft", *kriegen* „erkriegen", *rufen* „errufen", *fest* „festiglich", *Fortschritt* „Fortschreitung", *fruchtbar* „fruchtbarlich", *hoffentlich* „verhoffentlich", *Gitter* „Gegitter", *gelenk* „gelenksam", *Lust* „Gelust", *Hälfte* „Halbscheid", *Handel* „Handelschaft", *hart* „härtiglich", viele *(ig)lich*-Bildungen sind auch untergegangen, *klar* „klärlich", *mild* „mildiglich", *mißliebig* „mißbeliebig", *Rat* „Ratschlagung", *meistern* „übermeistern", *Vorfall* „Vorfallenheit", *woher* „wannenher", „wannenhero", *scheitern* „zerscheitern", *Rückkehr* „Zurückkehr". Auch einige tautologische Bildungen wie „*Kneipschenke*", „*Lustreiz*", „*Zobeltier*" oder pleonastische wie „*idealisch*" haben auf den überflüssigen Teil verzichtet.

2. Erweiterungen: Wir können den Vorgang beobachten, daß einfachen Wörtern zusammengesetzte oder zusammengesetzten Wörtern weitere Verlängerungen zur Seite treten, daß jene durch diese verdrängt werden, z. B. *Abwesenheit* „Abwesen", *ängstigen* „ängsten", *beabsichtigen* „beabsichten", *beglaubigen* „beglauben", *begütigen* „begüten", *beschönigen* „beschönen", *Bedränger* „Dränger", *Einmütigkeit* „Einmut", *Empfehlung* „Empfehl", *Aufenthalt* „Enthalt", *Gefahr* „Fahr", *gefährlich* „fährlich", *gefräßig* „fräßig", *festigen* „festen", *aufheitern* „heitern", *beherbergen* „herberg(ier)en", *erhitzen* „hitzen", *erhöhen* „höhen", *aushöhlen* „höhlen", *bejahen* „jahen", *erkalten* „kalten", *verlangen* „langen", *erlauben* „lauben", *erledigen* „ledigen", *erleichtern* „leichtern", *Gelindigkeit* „Lindigkeit", *zermalmen* „malmen", *Nachbildung* „Nachbild", *benamen* „namen", *verringern* „ringern", *Geschmack* „Schmack", *beschuldigen* „schuldigen", *geschwind* „schwind", *aus- versöhnen* „söhnen", *verstümmeln* „stümmeln", *betäuben* „täuben", *erträglich* „träglich", *Trauung* „Trau", *Betrügerei* „Trügerei", *erübrigen* „übrigen", *Verachtung* „Veracht", *verwalten* „walten", *Wohlfeilheit* „Wohlfeile", *verzärteln* „zärteln".

3. Präfix- und Suffixumtausch: Wörter gehen unter, indem sie ihre Präfixe oder Suffixe mit anderen Wörtern umtauschen. Der Präfixumtausch kommt in den letzten zwei Jahrhunderten wesentlich häufiger vor als der Suffixumtausch. Untergegangen wegen Präfixumtauschs sind: *aufhüllen* „enthüllen", *beekeln* „anekeln", *befechten* „anfechten", *behändigen* „aushändigen", *berupfen* „abrupfen", *beschälen* „abschälen", *beschehen* „geschehen", *beschulden* „verschulden", *entknüpfen* „aufknüpfen", *entküssen* „abküssen", *sich entwehren* „sich erwehren", *erdummen* „verdummen", *erlauern* „belauern", *erstummen* „verstummen", *ertauschen* „eintauschen", *ertreten* „zertreten", *erwerfen* „verwerfen", *gevollmächtigen* „bevollmächtigen", *Obsorge* „Fürsorge", *ohn*-Bildungen sind fast alle durch un-Bildungen abgelöst, *verharrlich* „beharrlich", *verhitzen* „erhitzen", *verköstigen* „beköstigen", *verneuen* „erneuen", *verneuern* „er-

neuern“, *vernützen* „abnützen“, *verstarren* „erstarren“, *verstören* „zerstören“, *verunruhigen* „beunruhigen“, *zernichten* „vernichten“.
Untergegangen wegen Suffixumtauschs sind: *artlich* „artig“, *Empfindnis* „Empfindung“ und viele *nis*-Bildungen, *ganghaft* „gangbar“, *vertragsam* „verträglich“.

4. *Leicht zusammengefügte Bildungen:* Bildungen, die sich rasch zusammengefügt haben, gehen, wie wir beobachten können, merkwürdigerweise oft ebenso rasch wieder unter. Deutliche Beispiele dafür sind die *be*-Präfixe und die *un*-Bildungen. Aus diesem Grund sind folgende Wörter untergegangen: *bebinden, beblechen, bebluten, begittern, bebrücken, beeisen, befeilen, befischen, beflammen, befrieren, begliedern, bekappen, beklügeln, bekrauten, bepurpern, beschlingen, beschmausen, besteifen, Undienst, Unehe, Unfreund, Unfreundschaft.*

5. *Gelegenheitsbildungen:* Bildungen wie: *Poetenkasten, Reimfüller, verbösern* u. a. gehen, da sie nur selten gebraucht werden, sehr bald wieder unter.

6. *Lautliche Veränderungen:* In einigen Fällen gehen Wörter wegen lautlicher Veränderungen unter. Das kann dann der Fall sein, wenn aus den Dialekten entlehnte Lautformen hochdeutsche verdrängen oder wenn eine umgelautete durch eine unumgelautete, eine verschobene durch eine unverschobene Form verdrängt wird oder wenn eine Hauptform eine Nebenform ersetzt, Beispiele dafür sind: *Alberkeit* „Albernheit“, *anländen* „anlanden“, *behörig* „gehörig“, *einschläfen* „einschläfern“, *entzwischen* „inzwischen“, *fahen* „fangen“, *fodern* „fordern“, *gulden* „golden“, *keichen* „keuchen“, *mausen* „mausern“, *pichen* „pechen“, *Porte* „Pforte“, *Schrittschuh* „Schlittschuh“, *schiel* „scheel“, *seigern* „sickern“, *seuchtig* „süchtig“, *Tunch* „Tünche“, *walgen* „walgern“, *Zugehör* „Zubehör“. Auch die *-icht*-Bildungen haben ihre Lautform durch einen Absorptions- oder Aufsaugungsprozeß verändert. So sind folgende *-icht*-Bildungen untergegangen: *beinicht, blumicht, brandicht, dornicht, drüsicht, eiteridht, erdicht, faulicht, felsicht, gabelicht, glasicht, grandicht, grasicht, grindicht, hefidht, hölzicht, hornicht, hügelicht, kalkicht, käsicht, kiesicht, klebericht, knorpelicht, knorricht, knospicht, kreidicht, kugelicht,*

lappicht, laubicht, lehmicht, leimicht, letticht, lumpicht, markicht, masericht, mehlicht, milchicht, pelzicht, perlicht, pfulicht, rosicht, salzicht, schieferricht, schuppicht, schwammicht, schwefelicht, steinicht, streificht, talgicht, teigicht, tonicht, tranicht, weinicht.

B. Gesetz der Deutlichkeit

O. Behagnel (Die deutsche Sprache, 1917, S. 102) schreibt: „Der oberste Zweck der Sprache ist die Verständlichkeit. Dazu gehört ..., daß für den Hörer jede andere als die vom Redenden beabsichtigte Anschauung ausgeschlossen, daß also der Ausdruck nicht zweideutig ist". Zweideutigen Wörtern ist keine lange Lebensdauer beschieden. Man kann sie in folgende Gruppen einteilen:

1. Zusammensetzungen und Ableitungen, die durch ihre Bildung nur irreführende Vorstellungen hervorrufen: Angelstern, Denkzeit, doppelherzig, Ehehaft, Einkindschaft, Einzögling, federhart, feldschön, fragselig, Gastgeboth, hartlehrig, hausarm, Jungfernschloß, schlägefaul, Sichermal, Spannader, Sonnenluft, Tändelwoche, übermachen, Unbau, Ungebärde, Wahlkind, Weltling, Wendelstein, Wetterableiter, Zinshaus sowie die meisten mißlungenen Verdeutschungen.

2. Zusammenziehungen wie: maßen, sintemal, sothan, waser, waserlei.

3. Zusammensetzungen und Ableitungen, die einen Nebensinn haben wie: Freudenleben, Lächler, Poeterey.

4. Zusammensetzungen und Ableitungen, die gegen die Sprachanalogie gebildet sind wie: allerseitig, Laßdünkel.

5. Homonyme Wörter: Auch „Homonyme gefährden Eindeutigkeit und Klarheit sprachlicher Verständigung" (Tschirsch, S. 141 f.). Der lautliche Zusammenfall allein verursacht keine störende Homonymie. Eine solche entsteht erst dann, wenn sich bei gleichlautenden Wörtern die Möglichkeit einer sprachlichen Verwechslung ergibt, wodurch die Deutlichkeit der Sprache beeinträchtigt und ihr Wert als Kommunikationsmittel herabgemindert wird. Als Opfer der störenden Homonymie sind folgende Wörter anzusehen: *Abgötter, Afterkind, Beichtiger, Beute* „Bienenstock", *brandmalen, bräuchlich, Bruch* „Hose", *Durst* „Kühnheit", *Eigenwille* „Monarchie", *eigenwillig* „monarchisch", *englisch* „engelhaft", *Feine* „Feinheit", *freyen* „befreien", *Gilbe* „das Gelb", *Gleiche* „Gleichheit", *Haarwachs* „Ende der Muskeln", *Halbe* „Seite", *Heitere, Kläre, Klinge* „Talschlucht", *kriegen* „Krieg führen", *Küssen* „Kissen", *Lähme, Lauer* „ein lauernder Mensch", *lecken* „springen", *Mahlschatz, Maul* „Maulesel", *Maus* „Muskel", *Näher* „Schneider", *Pläne* „Ebene", *rahmen* „zielen", *Rathküssen, Rauhe, Rege, Schandgemälde, schiffen, Schnur* „Schwiegertochter", *Schöne, Sprachlehrer* „Grammatiker", *Steife* „Stärke", *Theure, Trockene, Trümmer* (Singular von Trümmer), *Vorwort* „Präposition", *Widerchrist* „Antichrist", *Zufall* „Anfall".

6. Etymologische Isolierung: Ein Wort kann untergehen, wenn es sich in den sprachlichen Zusammenhang nicht einreihen läßt. Es handelt sich in den meisten Fällen um Wörter mit geringer Gebrauchsfrequenz. Auch ist von großem Einfluß, ob ein Wort mit anderen Wörtern in einen etymologischen Zusammenhang gebracht werden kann. „Wörter, die keine oder nur eine schwache etymologische Anlehnung an verwandte Wörter haben, behaupten im Wettbewerb mit Sinngleichen, die von stark benützten verwandten und lautähnlichen Wörtern gestützt werden, nur schwer ihre Geltung". (Lindqvist, S. 108). Aus Mangel am etymologischen Zusammenhang sind folgende Wörter untergegangen: *Brast, dahlen, Gaden, glum, kebsen, Mage, Quehle, Räder* „Sieb", *Schwertmage, Span, Spillmage, strack, Uchse, Urgicht, Wathe, Watsack, Wildschur.*

7. Wörter mit schwankenden Lautformen: Wegen ihrer schwankenden Lautform sind folgende Wörter durch andere Wörter mit festen Lautformen verdrängt: *Klinse, Näber, Narrentheidung, Pfipps, Rooß, Wannewehr.*

C. *Gesetz der Sicherheit*

1. Schwankende Geschlechtsform: Viele *-niß*-Bildungen sind wahrscheinlich wegen ihrer schwankenden Geschlechtsform untergegangen, z. B. *Anerkenntnis, Bedauernis, Bedingsnis, Bedrohnis, Bedrücknis, Begabnis, Bestrebnis, Beklagnis, Bewegnis, Bezeichnis, Bitternis, Empfindnis, Entbehrnis, Erfahrnis, Entgeltnis, Erfindnis, Erschaffnis, Erschrecknis, Erwerbnis, Quälnis, Schlechtnis, Störnis, Übereinkömmnis, Unbehagnis, Verbündnis, Verbindnis, Vereinständnis, Vergleichnis, Vergrämnis, Verhindernis, Verzagnis, Vorbedeutnis, Zagnis, Zerstörnis* (s. Paul, Dt. Gr. V, S. 72 f.).

2. *Unsichere Betonung:* Vermutlich sind einige *miß*-Bildungen wegen Unsicherheit in der Betonung untergegangen wie z. B. *mißbieten, Mißbündnis, Mißfall, mißgehen, Mißgebot, Mißschlag, mißschwören, Mißtritt, mißtun, Mißverhalten.*

3. *Artikulatorische Schwierigkeit:* Die Häufung von Konsonanten und die große Länge der Wörter bereiten phonetische Schwierigkeiten, die für den Untergang folgender Wörter eine Rolle gespielt haben mögen: *Rentenierer, ruchtbar, vergeringern, verfuchsschwänzen.*

4. *Schwierige Konjugation:* Ein Grund für den Untergang von Verben ist die Schwierigkeit ihrer Konjugation. „Der Sprechende sucht nicht nur mit möglichst wenig Anstrengung deutlich verstanden zu werden, sondern auch sich nicht bloßzustellen" (Lippold S. 52). So sind folgende Verben wahrscheinlich wegen ihrer unsicheren Konjugation untergegangen: *aufenthalten, kurzweilen, ratfragen.*

D. Semantische Bedingungen

1. *Semantisches Verblassen oder Untergang des Grundwortes:* Mit dem semantischen Verblassen oder dem Untergang des Grundwortes sind folgende Zusammensetzungen untergegangen: *altvettelisch, anderns, bändig, beleibzüchtigen, bemorgengaben, bewittumen, bezwisten, Danknehmigkeit, einschildern, erfreien, gilblich, haberechten, läffeln, laß, Quarre, renten* (Grundbedeutung: *Zinsertrag*), *sauersichtig, Schilderey, unbeliebig, Undauung, unerleidlich, ungemach, ungeschmack* (geschmacklos), *unmeidlich, verbutten, verhausen, verlockern* (verschwenden), *Vertraute* (Verlobte), *vogtbar, vortraglich, Vorweser.*

2. *Semantische Verschiebung:* Ein Bedeutungswandel kann dazu führen, daß ein Wort untergeht. Von diesem störenden Einfluß sind folgende Wörter betroffen worden: *abfällig* „abtrünnig", *auffußen, Elend* „Exil", *kennbar, Nebenchrist, Nebenmensch, niederträchtig, schildern, Schuldherr, Theiding, übermögen, Unbelieben, Verlassenschaft, Vieharzt, unbeliebig.*

3. *Semantische Hypertrophie:* Semantische Überlastung kann weiterhin ein Grund dafür sein, daß ein Wort in der einen oder anderen Bedeutung untergeht, z. B. Kram (Bude), Gesicht (Sehkraft), gleichgültig (synonym), so (der, das, die).

4. *Konkurrenz zwischen Wörtern, die einen spezielleren und anderen, die einen allgemeineren Begriff bezeichnen:* Ein Wort geht unter, wenn es einen spezielleren Begriff bezeichnet, der in einem anderen Wort, das allgemeiner ist, bereits enthalten ist. D. h. das erste Wort kann jederzeit durch das zweite abgelöst werden (vgl. v. Bahder, Wortwahl). Folgende Wörter sind aus diesem Grund untergegangen: *abergläubig, Ammern, Anerkenntnis, Bequemheit, Biergeld, flauen, frühklug, Gäspe, Jaherr, langsichtig, verdringen, zwagen.*

LITERATURVERZEICHNIS

I. Lexikalische Quellen

Adelung, J. Ch.: Grammatisch-kritisches Wörterbuch der hochdeutschen Mundart, mit D. W. Soltaus Beiträgen, revidiert und berichtigt von Franz Xaver Schöneberger, Wien 1811

Amaranthes, Joh.: Nutzbares, galantes und curiöses Frauenzimmer-Lexicon, Leipzig 1715

Borchardt (Wustmann-Schoppe): Die sprichwörtlichen Redensarten im deutschen Volksmund, 7. Auflage von A. Schirmer, Leipzig 1954

Braun, H.: Deutsches orthographisch-grammatisches Wörterbuch, München 1793

Brockhaus (Sprachbrockhaus), 4. Auflage, Leipzig 1944; 7. Auflage Wiesbaden 1958

Bruns, K.: Die Amtssprache. Verdeutschung der hauptsächlichen im Verkehre der Gerichts- und Verwaltungsbehörden gebrauchten Fremdwörter, Braunschweig 1892

Campe, J. H.: Wörterbuch der deutschen Sprache, Braunschweig 1807 bis 1811

– Wörterbuch zur Erklärung und Verdeutschung der unserer Sprache aufgedrungenen fremden Ausdrücke, Braunschweig 1813

Dasypodius, P.: Dictionarium latino-germanicum et viceversa ... Argentorat 1537

Deutsches Rechtswörterbuch, Weimar 1914 ff.

Deutsches Wörterbuch von Jacob Grimm und Wilhelm Grimm, Leipzig 1854–1960

Dietz: Ph.: Wörterbuch zu Dr. M. Luthers deutschen Schriften, Leipzig 1870

Dornseiff, F.: Der deutsche Wortschatz nach Sachgruppen, Berlin 1959

Duden: Rechtschreiben der deutschen Sprache, 1. Aufl. Leipzig 1880, 9. Aufl. Leipzig u. Wien 1915, 11. Aufl. Leipzig 1937, 15. Aufl. Mannheim 1961, 16. Aufl. Mannheim 1968

Ebner, J.: Wie sagt man in Österreich? Wörterbuch der österreichischen Besonderheiten. Mannheim 1969

Eberhard, J. A.: Versuch einer allgemeinen deutschen Synonymik, Halle 1795–1802

Engel, E.: Entwelschung. Verdeutschungswörterbuch für Amt, Schule, Haus, Leben, Leipzig 1918

Fischer, H.: Schwäbisches Wörterbuch, Thübingen 1904–1936

Fischer, P.: Goethe-Wortschatz, Leipzig 1929

Flügel, J. G.: Praktisches englisch-deutsches und deutsch-englisches Wörterbuch in zwei Teilen. Teil II. Deutsch-Englisch, Hamburg 1855

Frisch, J.: Teutsch-lateinisches Wörter-Buch, Berlin 1714

Fulda, F.: Versuch einer allgemeinen teutschen Idiotikensammlung, Berlin u. Stettin 1788
Götze, A.: Frühneuhochdeutsches Glossar, Berlin 1960
Heinsius, Th.: Volksthümliches Wörterbuch der deutschen Sprache, Hannover 1818–1822
Henisch, G.: Teutsche Sprach und Weißheit. Ausg. Vindel 1616. Nur 1. Teil
Herders Sprachbuch, Freiburg, Basel, Wien 1960
Hetzel, S.: Wie der Deutsche spricht, Leipzig 1896
Heynatz, J. F.: Versuch einer deutschen Antibarbarus, Berlin 1796/97
Heyne, M.: Deutsches Wörterbuch, Leipzig 1890/95
Heyse, J. Ch. A.: Allgemeines verdeutschendes und erklärendes Fremdwörterbuch, Hannover 1919
Höfler, M.: Deutsches Krankheitsnamen-Buch, München 1899
Hyrtl, J.: Die alten deutschen Kunstworte der Anatomie, Wien 1884
Jacobsson, J. K. G.: Technologisches Wörterbuch, Berlin 1781/84
Jahn, J. Fr. L. Ch.: Bereicherung des hochdeutschen Sprachschatzes, versucht im Gebiete der Sinnverwandtschaft; ein Nachtrag zu Adelungs und Nachlese zu Eberhardts Wb., Leipzig 1806
Kaeding, F.: Häufigkeitswörterbuch der deutschen Sprache, Berlin 1898
Kaltschmidt, J. H.: Vollständiges stamm- und sinnverwandtschaftliches Wörterbuch der deutschen Sprache aus allen ihren Mundarten und mit allen Fremdwörtern, Nördlingen 1851
Kiesewetter, L.: Neues vollständiges Fremdwörterbuch zur Erklärung und Verdeutschung der in der heutigen deutschen Schrift- und umgangssprache gebräuchlichen Fremdwörter, Glogau u. Leipzig 1859
Kinderling, J. Fr. A.: Über die Reinigkeit der deutschen Sprache, Berlin 1795
Klenz, H.: Schelten-Wörterbuch, Straßburg 1910
Kluge, F.: Deutsche Studentensprache, Straßburg 1895
– Etymologisches Wörterbuch der deutschen Sprache, 9. Aufl. 1921, 15. Aufl. (bearbeitet von A. Götze) 1951, 17., 18., 19. Aufl. (bearbeitet von Mitzka) 1957. 1960. 1963
Knobloch, J.: Sprachwissenschaftliches Wörterbuch, Heidelberg 1961 ff.
König, A. (Verleger): Nouveaux Dictionnaire Allemand-François, Straßburg 1805
Kramer, M. D.: Das neue Dictionarium oder Wort-Buch in teutsch-italien. Sprach, Nürnberg 1678
Kretschmer, P.: Wortgeographie der neuhochdeutschen Umgangssprache, Göttingen 1918
Küpper, H.: Wörterbuch der Umgangssprache, Hamburg 1963/66
Ladendorf, O.: Historisches Schlagwörterbuch, Straßburg 1906
Lexer, M.: Kärntisches Wörterbuch, Leipzig 1862
– Mittelhochdeutsches Taschenwörterbuch, Stuttgart 1961
Mackensen, L.: Deutsches Wörterbuch, Laupheim 1955
Mater, E.: Rückläufiges Wörterbuch der deutschen Gegenwartssprache, Leipzig 1965
Müller-Fraureuth, K.: Wörterbuch der obersächsischen und erzgebirgischen Mundarten, Dresden 1911–1914

Muret-Sanders: Enzyklopädisches englisch-deutsches und deutsch-englisches Wörterbuch, 2. Teil: Deutsch-Englisch, Berlin-Schöneberg 1905
Oertel, E. F. Ch.: Grammatisches Wörterbuch der deutschen Sprache (Vier Teile in zwei Bänden), München 1835
Paul, H.: Deutsches Wörterbuch, 1. Aufl. Halle 1897, 6. Aufl. (bearbeitet von W. Betz), Tübingen 1966
Pekrun, R.: Das deutsche Wort, München 1959
Pfeltzer, K.: Das treffende Wort, München 1961
Richter, J.: Grammatisches Wörterbuch der deutschen Sprache, Leipzig u. Wien 1791
Sachs-Villate: Enzyklopädisches französisch-deutsches Wörterbuch. Zweiter Teil: Deutsch-Französisch, Berlin-Schöneberg 1911
Sanders, D.: Wörterbuch der deutschen Sprache, Leipzig 1860/65
– Kurzgefaßtes Wörterbuch der Hauptschwierigkeiten in der deutschen Sprache, 1872
– Wörterbuch deutscher Synonymen, Hamburg 1872
– Deutscher Sprachschatz, Hamburg 1877
Sarrazin, O.: Verdeutschungswörterbuch, Berlin 1912
Schambach, G.: Wörterbuch der niederdeutschen Mundart der Fürsthentümer Göttingen und Grubenhagen, Hannover 1858
Scheffler, K.: Die Schule. Verdeutschung der hauptsächlichsten entbehrlichen Fremdwörter der Schulsprache, Berlin 1896
Schirmer, A.: Wörterbuch der deutschen Kaufmannssprache, Straßburg 1911
Schmeller, J. A.: Bayerisches Wörterbuch, bearbeitet v. G. K. Frommann, München 1872–1877
Schottelius, J.: Teutsche Sprachkunst, Braunschweig 1641
Schulz, H. und Otto Basler: Deutsches Fremdwörterbuch, Straßburg u. Berlin 1913 ff.
Schützeichel, R.: Althochdeutsches Wörterbuch, Tübingen 1969
Soltau, D. W.: Beyträge zur Berichtigung des Adelung'schen grammatisch-kritischen Wörterbuches (Eine Nachlese zu Adelungs Wörterbuch), Wien 1811
Stalder, F. J.: Versuch eines schweizerischen Idiotikons, Basel u. Arau 1806
Steinbach, C.: Vollständiges deutsches Wörterbuch, Breslau 1734
Stieler, C.: Der Teutschen Sprache Stammbaum und Fortwachs oder Teutscher Sprachschatz, Nürnberg 1691
Thibaut, W. A.: Wörterbuch der französischen und deutschen Sprache, Braunschweig 1898
Trübners Deutsches Wörterbuch, begründet von A. Götze, hrg. von W. Mitzka, Berlin 1939–1957
Voigtel, Tr. G.: Versuch eines hochdeutschen Wörterbuchs, Halle 1793 bis 1795
Wachter, J. G.: Glossarium germanicum, Leipzig 1727
Wahrig, G.: Das große deutsche Wörterbuch, Gütersloh 1967
Wander, K.: Deutsches Sprichwörter-Lexicon, Leipzig 1867–1880
Wasserzieher, E.: Woher? Berlin 1918, 13. verbesserte Aufl. besorgt von W. Betz, Bonn 1952

Weigand, Fr. L. K.: Deutsches Wörterbuch, 5. Auflage neu bearbeitet von Karl von Bahder, Hermann Hirt u. Karl Kant, Gießen 1909/10
Wenig, Ch.: Gedrängtes Handwörterbuch der deutschen Sprache mit Bezeichnung der Aussprache und Betonung nebst Angabe der nächsten sinnverwandten Wörter, Lichtensteig 1831, Köln 1870
Wörterbuch der Gegenwartssprache, hrg. von Klappenbach und Steinitz, Berlin 1961 ff.

II. Sekundärliteratur

Abel, P.: Veraltende Bestandteile des mittelhochdeutschen Sprachschatzes, Erlangen 1902
Adelung, J. Ch.: Von veralteten Wörtern. In: Magazin für deutsche Sprache, Ersten Jahrganges, Zweites Stück, Leipzig 1783
Bach, A.: Geschichte der deutschen Sprache, Heidelberg 1965
v. Bahder, K.: Zur Auswahl in der neuhochdeutschen Schriftsprache, Heidelberg 1925
Behaghel, O.: Die deutsche Sprache, Wien u. Leipzig 1917
– Verlust und Ersatz im Leben der deutschen Sprache. In: Von deutscher Sprache, Lahr 1927
Betz, W.: Aufgaben und Möglichkeiten einer deutschen Sprachakademie. In: Wi. Wo. 4, 1953/54
Biener, C.: Untergegangene althochdeutsche Wörter. In: PBB. 63 (1939), S. 119 ff.
Blackall, E.: Die Entwicklung des Deutschen zur Literatursprache, Stuttgart 1966
Carstensen, B.: Bemerkungen zu Wörtern auf -er. In: Muttersprache 73(1963), S. 172–177
Daniels, K.: Erfolg und Mißerfolg der Fremdwortverdeutschung. Schicksal der Verdeutschungen von J. H. Campe. In: Muttersprache 69(1959), S. 46 ff., 105 ff.
– Substantivierungstendenzen in der deutschen Gegenwartssprache, Düsseldorf 1963
Darmesteter, A.: La vie des mots, 1893
Debus, F.: Die deutschen Bezeichnungen für die Heiratsverwandtschaft, Gießen 1958
Delbrück, B.: Grundfragen der Sprachforschung mit Rücksicht auf Wundts Sprachpsychologie erörtert, 1901
Dornseiff, F.: Bezeichnungswandel unseres Wortschatzes, Lahr 1955
Dt. Wortgeschichte, hg. v. Fr. Maurer u. Fr. Stroh, 1959/1960
Ecker, K. H.: Die Eräußerungsverben des Deutschen. In: Muttersprache, 73 (1963), 104 ff.
Ekblom, R.: Etudes sur l'exstinction des verbes au prétérit en -si et en -ui en français, Uppsala 1908
Engel, E.: Deutsche Stilkunst, Berlin 1911
Erben, J.: Die sprachgeschichtliche Stellung Luthers. In: Beitr. z. Geschichte d. dt. Spr. 76(1955), S. 166 ff.
Erdmann, K. O.: Die Bedeutung des Wortes, Darmstadt 1966

Fleischer, W.: Wortbildung der deutschen Gegenwartssprache, Leipzig 1969
Freudenberger, M.: Beiträge zur Naturgeschichte der Sprache, Leipzig 1900
Fröhlich, R.: Wortwandel und Sachwandel. In: Muttersprache 1953, S. 117–120
Gamillscheg, E.: Die Sprachgeographie und ihre Ergebnisse für die allgemeine Sprachwissenschaft, Bielefeld und Leipzig 1928
Götze, A.: Grundsätzliches zum Absterben von Wörtern. In: AASF, Bd. XXX, 1934
Haltenhoff, J.: Zur Geschichte des nhd. Adjektivsuffixes -icht, Heidelberg 1904
Hemken, E.: Das Aussterben alter Substantiva im Laufe der Sprachgeschichte, Kiel 1906
Henzen, W.: Schriftsprache und Mundarten, Bern 1954
– Der heutige Bestand der Verben mit -ver. In: Festgabe für Theodor Frings, Berlin 1956, S. 173/189
– Deutsche Wortbildung, Tübingen 1965
Hirt, H.: Etymologie der neuhochdeutschen Sprache, München 1921
Hittmair, A.: Die Partikel be-, Wien 1882
Holthhausen, F.: Vom Aussterben der Wörter. In: GRM. 1915, Heft 4.
Hopfgarten, G.: Der Untergang altfranzösischer Wörter germanischer Herkunft, Halle 1926
Hotzenköcherle, R.: Entwicklungsgeschichtliche Grundzüge des Neuhochdeutschen. In: Wi. Wo. 12(1962), S. 321 ff.
Iskos, A.: Deutsche Lexikologie, Leningrad 1963
Jaberg, K.: Wie Wörter untergehen. Antrittsvorlesung vom 19. 1. 1907. In: Neue Züricher Zeitung, 1. Februar 1907
Jaeschke, K.: Beiträge zur Frage des Wortschwundes im Englischen, Breslau 1913
Jellinek, M. H.: Geschichte der nhd. Grammatik von den Anfängen bis auf Adelung, 1913 ff.
Jochmann, C.: Über die Sprache, Heidelberg 1828
Kieft, A.: Die Homonymie als Faktor in der deutschen Sprachentwicklung. In: Neuphilologus, 26, S. 267 ff.
Klappenbach, R.: Gliederung des deutschen Wortschatzes der Gegenwart. In: Deutschunterricht 12(1960), H. 5, S. 29–45
Kluge, F.: Von Luther bis Lessing, Leipzig 1918
– Abriß der deutschen Wortbildungslehre, 1920
v. Knigge, A.: Über den Umgang mit Menschen, Hannover 1788
Korn, K.: Sprache in der verwalteten Welt, 1959
Kuen, H.: Beobachtungen an einem kranken Wort. In: Festschrift für Ernst Tappolet, Basel 1935
Kuhberg, W.: Verschollenes Sprachgut und seine Wiederbelebung in neuhochdeutscher Zeit, Altenburg 1933
Kurth, R.: Bildung und Gebrauch der Wörter auf -ung. In: PBB. (Halle) 78 (1965), S. 307 ff.
– Über den Gebrauch der Bildungen auf -ei, -erei und -elei. In: PBB (Halle) 75 (1953), S. 442 ff.

– Zum Gebrauch der sogenannten ge-Abstrakta. In: PBB (Halle) 75, (1953), S. 314 ff.
Langen, A.: Deutsche Sprachgeschichte vom Barock bis zur Gegenwart. In: Dt. Philol. Aufriß, I. 2. Aufl. 1957, Sp. 931 ff.
Leopold, M.: Die Vorsilbe ver- und ihre Geschichte. In: Germanistische Abhandlungen von Fr. Vogt. 27. Heft, Breslau 1907
Lexer, M.: Zur Geschichte der Lexikologie, Würzburg 1890
Lindqvist, A.: Kultur- und Gesellschaftsleben im Spiegel der Sprache, 1955, S. 104 ff.
Mackensen, L. Die deutsche Sprache unserer Zeit, 1956
Meyer, C. F.: Die Vor- und Nachsilben der neuhochdeutschen Sprache, Magdeburg 1935
Meyer-Lübke, W.: Einführung in die romanische Sprachwissenschaft, Heidelberg 1920 (83–87)
Möller, G.: Deutsch von heute, Leipzig 1964
Moser, H.: Entwicklungstendenzen des heutigen Deutsch. In: Deutschunterricht 6 (1962), S. 40 ff.
Mulch, R.: Seelische Bedingungen im Leben der Wörter, Gießen 1933
Müller, M.: Wortkritik und Sprachbereicherung in Adelungs Wörterbuch, Berlin 1903
Müller-Fraureuth, K.: Die Wiederbelebung alter Wörter. In: Wiss. Beihefte zur Zs. d. ADS, Nr. 2 (1891), S. 57–71
Nyrop: Leben der Wörter, Leipzig 1903
Oberdörffer, W.: Das Aussterben altenglischer Adjektiva und ihr Ersatz im Verlaufe der englischen Sprachgeschichte, Kiel 1908
Offe, J.: Das Aussterben alter Verba und ihr Ersatz im Verlaufe der englischen Sprachgeschichte, Kiel 1908
Öhman, S.: Wortinhalt und Wortbild, Stockholm 1951
Öhmann, E.: Über Homonymie und Homonyme im Deutschen, Helsinki 1934
– Über die Wirkung der Homonymie im Deutschen. In: Wi. Wo./Sprachwissenschaft S. 140
Otto, F.: Richard Wagners poetischer Wortschatz, Biala 1916
Panzer, F.: Der deutsche Wortschatz als Spiegel deutschen Wesens und Schicksals, 1938
Paul, H.: Prinzipien der Sprachgeschichte, Tübingen 1957
Piur, P.: Studien zur sprachlichen Würdigung Christian Wolffs, Halle 1903
v. Polenz, P.: Sprachnormung und Sprachentwicklung im neueren Deutsch. In: Deutschunterricht, Jg. 1964, H. 4, S. 67 ff.
Porzezinski, V.: Einleitung in die Sprachwissenschaft, Leipzig und Berlin 1910
Porzig, W.: Das Wunder der Sprache, Bern 1957
Richter, E.: Über Homonymie. In: Festschrift für Paul Kretschmer, 1926, S. 167 ff.
Scheffler, K.: Der verhüllende oder euphemistische Zug unserer Sprache. In: Wiss. Beihefte zur Zs. d. allg. dt. Sprachunterrichts, H. 12/13 (1898)
Schmidt, W.: Lexikalische und aktuelle Bedeutung, Berlin 1963

Schneider, W.: Stilistische deutsche Grammatik, Freiburg 1959
Schöne, M.: Vie et mort des mots, Paris 1947
Seidler, H.: Allgemeine Stilistik, Innsbruck 1953
Sperber, H.: Über den Affekt als Ursache der Sprachveränderung, Halle 1914
Storfer, A. J.: Wörter und ihre Schicksale, Berlin und Zürich 1935
Teichert, F.: Über das Aussterben alter Wörter im Verlaufe der englischen Sprachgeschichte, Kiel 1912
Teller, W. A.: Vollständige Darstellung der deutschen Sprache in Luthers Bibelübersetzung, Berlin 1794/95
Thomas, R.: Wandlungen der deutschen Sprache seit Goethe und Schiller, Augsburg 1922
Törnqvist, N.: Nhd. *Gadem:* ein etymologisches Rätsel. In: Neuphilologische Mitteilungen LXI (1960), S. 153 ff.
– Zum Wortbildungstyp *Wagehals, Taugenichts.* In: Neuphilologische Mitteilungen, 1959, S. 12 ff.
Tschirsch, F.: Geschichte der deutschen Sprache, Bd. 1, S. 140 ff. Bd. 2, S. 63–65, 73/74, 17, 124, Berlin 1969
Vorkampf-Laue: Zum Leben und Vergehen mhd. Wörter, Halle 1906
Wellander, E.: Studien zum Bedeutungswandel im Deutschen, Uppsala 1917
Webinger, A.: Altbewußtes Sprachdenken, 1934
Weise, O.: Unsere Muttersprache, Leipzig und Wien 1909
Weisberger, L.: Von den Kräften der deutschen Sprache, Düsseldorf 1962
Weinhold, K.: Die deutschen Monatsnamen, Halle 1869
Welter, E. G.: Die Sprache der Teenager und Twens, Frankfurt a. M. 1964
Wilmanns, W.: Deutsche Grammatik, II. Abt.: Wortbildung, Straßburg 1899
Wundt, W.: Völkerpsychologie. Bd. 1. Die Sprache, Leipzig 1904